U0593638

翔安地名

香山文化丛书 第二辑

厦门市翔安区文化和旅游局 编

陈炳南　洪水乾　著

图书在版编目(CIP)数据

翔安地名 / 陈炳南，洪水乾著. -- 厦门 ：厦门大学出版社，2022.10

(香山文化丛书. 第二辑)

ISBN 978-7-5615-8138-4

Ⅰ. ①翔… Ⅱ. ①陈… ②洪… Ⅲ. ①地名-厦门 Ⅳ. ①K295.74

中国版本图书馆CIP数据核字(2021)第049187号

出 版 人 郑文礼
责任编辑 王鹭鹏
美术编辑 张雨秋
技术编辑 朱 楷

出版发行 厦门大学出版社
社 址 厦门市软件园二期望海路39号
邮政编码 361008
总 机 0592-2181111 0592-2181406(传真)
营销中心 0592-2184458 0592-2181365
网 址 http://www.xmupress.com
邮 箱 xmup@xmupress.com
印 刷 厦门市竞成印刷有限公司

开本 720 mm×1 000 mm 1/16
印张 24
字数 280千字
版次 2022年10月第1版
印次 2022年10月第1次印刷
定价 100.00元

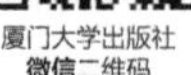
厦门大学出版社
微信二维码

厦门大学出版社
微博二维码

翔安地名
香山文化丛书
第二辑

总序

翔安区地处福建省东南沿海，扼闽南金三角要冲，历史文化悠久，与海峡对岸有“五缘”之亲。

翔安虽是新区，却历史悠久，因“紫阳过化”而得“海滨邹鲁之乡，声名文物之邦”美誉，具有深厚的文化底蕴。翔安丰厚的历史文化资源是厦门文化发展的沃土，翔安的民间文学成为重要的文化遗产，是发展文化创意产业的重要资源。

翔安区委区政府十分重视文化创意产业，近几年来，为了推动文化遗产的保护与利用，彰显翔安的人文，文化部门以“以文促旅，以旅彰文”为发展目标，投入相当的人力物力，对境内的民俗文化、民间艺术、文物古迹进行发掘与整理，期望藉由丰富的文化遗产促动翔安与外界的交流发展，促进翔安历史文化的繁荣昌盛。

在翔安区委、区政府的重视与支持下，区文化部门编辑出版了“香山文化丛书”第一辑五册，获得良好的社会反响，受此鼓励，又采录编撰“香山文化丛书”第二辑，包含《翔安非遗》《翔安古厝》《翔安掌故二》《翔安地名》《翔安古志——马巷厅志》《翔安名人——林希元研究》等六册。

其中,《翔安非遗》集民间艺术、工艺、制作、工具、童玩、美食等非遗文化为一体,记录当地的非物质文化遗产,这些遗产既有闽南非物质文化遗产的共同特征,又有翔安独特的历史遗传,内容精萃,涉猎甚广,瑰丽传承,能留住乡愁。

《翔安古厝》则用十一个章节详述翔安古民居、宗庙、寺院等古建筑营造规模的形制与布局、技艺与特征,全书近二十万字,图片六百余幅,图文并茂。

《翔安掌故二》在《翔安掌故》一书的基础上,用《戏曲人生》《古风遗训》《豆棚闲间》《溯本追源》四个章节整理续录一百余则掌故、趣闻,风格独特,语含机锋,亦庄亦谐,散发泥土芳香。

《翔安地名》全书共分八章,虽然重心放在阐释地名由来,但有独特的编辑角度,着力探究其内涵,挖掘、传承、吸纳和弘扬传统文化,以丰厚文化内涵融史料性、知识性和故事性于一炉,增强趣味性与可读性,读者可从中明了翔安古代的历史、地理。

《翔安古志——马巷厅志》第一部分于乾隆四十一年由万友正编纂,清光绪十九年黄家鼎接着编纂第二部分。观览厅志,可知地理之变迁,经济之盛衰,政治之得失,文化之发展,鉴古察今,继往开来,惠及后昆。但由于修志的时间久远,现代人阅读已有较大障碍,方便大众阅读,丛书编辑委员会请专人本着求真务实的精神,以科学态度加以校注。

《翔安名人——林希元研究》文集,是对我区新店街道垵山社区山头村林希元这一明代理学名宦和廉直诤臣，福建历史文化名人的学术思想，对其执政为民，刚正不阿人生轨范研究成果的结晶。此书的出版对于深化林希元的学术研究，推进厦门地方文化建设，廉政建设，弘扬传统文化，促进两岸和海内外文化交流有积极意义。

“香山文化丛书”第二辑付梓，值得庆贺。这是文化强区之举，整理出的珍贵文化遗产可供后人学习与借鉴。

我们期待传统文化的传承更加有序，期盼民间艺术在翔安这块沃土上得到更良好的发展，祝愿“香山文化丛书”越出越好，思想性与艺术性结合得更加完美。

是为序！

中共厦门市翔安区委常委、宣传部部长

二〇二二年六月

翔安虽是新城，但属域为原马巷厅辖区，地处闽南金三角中心地带，自古就是经济、文化较发达的区域，其民俗极富闽南特色，又独具风采，是古同安历史文化的一部分，翔同共享“海滨邹鲁”美誉。这里古陆道纵横交错，有形成于唐代的从小盈岭至凤南南山岭的官驿干线，有形成于宋代的沈井至刘五店的千年古道……还有建于唐代的倒桥、建于宋代的通济桥、建于明代的翁墓桥……每一个角落都蕴涵着丰富的人文内涵，每一个乡村街镇都积淀着深厚的闽南文化底蕴，小街巷里、小村庄中、每个老地名的背后都有动人的历史故事或美丽传说。这一个个老地名就是翔安历史文化的一张张“活名片”，是一笔不可多得的非物质文化财富，是增进地缘亲和力的纽带。

云散各处的古道、古桥，沧海桑田，有的已湮没，有的濒临破败……随着城市的拓展和变化，许多老地名也逐步消失，其所负载的文化记忆渐渐淡化，抢救老地名史料，刻不容缓。

在中共翔安区委和区政府的支持下，翔安区文化馆深刻认识到地名并非简单的标识代号，而是地缘文化的重要载体和文化象征，包含渊源于政治、经济及社会生活诸方面的历史内容。国际上，联合国也将地名认定为非物质文化遗产，正越来越重视。编辑委员会怀着强烈的历史责任感，依靠广大文史工作者，广征博索，精心编撰，通过文字和图片记录老地名蕴含的历史文化信息，此书的出版，值得庆贺，值得推荐。

本书独辟蹊径，不落窠穴，以地名背后蕴含的历史文化内涵来谋篇布局，有独特的编辑角度，含有鲜明的文史特色，令人耳目一新；着力探究其内涵，注重对传统文化的挖掘、传承、吸纳和弘扬，以丰厚文化内涵结纳史料性、知识性和故事性，改变了一般地名图书以实态描述为主的风格；全书避免堆砌单调枯涩的技术语言，文字虽朴实无华，语言却通俗易懂，可读性强。

编写本书，既是对地方史料的挖掘和抢救，也是对地名文化的继承和开拓，有利于读者深入了解翔安区的版图，推进翔安区的开发开放。本书就像一扇展示翔安风土人情的窗口，读者依之，可以看到翔安区的前世今生。本书也是不可多得的乡土教材，使翔安人更热爱翔安。

本书还是联系海内外翔安亲人的桥梁。我们要保护这些珍贵文化遗产并发扬光大，期待今后能出更多这样的好书。

是为序。

厦门市翔安区人民政府 副区长 颜荔红

二〇二二年三月于厦门翔安

翔安历史区划

姓氏与村落

废村的造成

翔安各镇街地名

翔安山水地理

翔安已废村落

翔安地名辨析

古文选

翔安历史区划

2003 年 10 月，析同安东半县设立翔安区。翔安区位于古同安东界，除现在的金门、烈屿之外，相当于清乾隆四十年(1775)马巷厅辖区范围。翔安区辖四镇一街一场，分别是新店镇、马巷镇、内厝镇、新圩镇和大嶝街道，原国营大帽山农场也由市管划归区管。

宋至清区划

同安在宋代以前的区划并无文字记载。

翔安区辖为宋代永丰乡长兴里(部分),绥德乡同禾里(部分)、民安里、翔风里(部分)。

元代,同安县改里为都,永丰、明盛、绥德三乡之下统四十四都。永丰乡下辖原从顺里西界一至五都,原感化里西界六至八都,原归德里西界九至十都,原长兴里东界一至三都,计十三都。明盛乡下辖原仁德里西界十一至十三都,原安仁里西界十四至十六都,原积善里西界十七至二十都,计十都。绥德乡下辖原同禾里东界四至七都,原民安里东界八至十一都,原翔风里东界十二至二十都,原嘉禾里西界二十一至二十四都,计二十一都。翔安辖区范围相当于永丰乡长兴里东界一至三都中的金柄、罗田;绥德乡东界同禾里五至七都,不含三忠;民安里东界八至十一都;翔风里东界十二至十六都。

明洪武元年(1368),恢复里制,里下辖都,长兴里并为一都。洪武二十年(1387),为防倭患,徙大、小嶝岛二都人民于内陆。后都下设图。成化六年(1470),大、小嶝二都人民奏复其旧。

清沿明制。乾隆四十年(1775),析翔风、民安二里(丙洲除外,划归从顺里)及同禾里的五、六、七都置马巷厅。光绪间行保甲制,改图为保。至清末,马巷厅的行政建制层级为厅—里—都—保—甲(每保十甲,每甲十户)。

民安里(八至十一都,计十六保)。十一都马巷保。八都曾林保(即东园保)、莲塘保、西塘保(即港墘保);十都蓬莱保、白头保(即十都保);九都鸿鼎保、黄厝保(有村无保)、董水保(蓬莱保兼管,有村无保,系添入)、内林保、山前保(有村无保)、陈塘保、市头保、内垵保、刘厝保、小崎保(丙洲除外)、前厝保、上吴保。

同禾里(五至七都,计十七保)。五都三忠宫保、内官保、洪坑保(即东魁保)、僻埔保、山头保、梨宅保(即李宅保)、郭田溪保。六都七里保、沈井保、辜宅保(即后田保)、陈库保、宅吴保、施王保。七都锄山保、路坂尾保、新圩保、山岬保。

翔风里(十二都、十三都,计二十四保)。十二都后莲保、窗兜保、浦尾保、城场保、井头保、柏头保(即龙头保)、新宅保、封侯保(即山后陈保)、曾吴保。十三都洪林胡保(即洪厝保)、圣林保、洪前保、炉前龚保(即普陀保)、文崎保、浦南保、桂园保、东界保、刘五店保、澳头保、欧厝保、李彭蔡保、山前保(有村无保)、后仓保(即后村)。

原管金门十保:后浦保、古湖保、古贤保、仓湖保、刘浦保、阳田保、汶沙保、烈屿保、大嶝保、小嶝保。

现在的翔安区在原马巷厅辖的基础上不包含翔风里十七至二十都(金门、烈屿)和同禾里五都三忠宫保;增加同安县永丰乡长兴里锡园保、古宅保、金柄保、寨仔后保和罗田保。

民国时期区划

民国前期(1912—1927),同安区划沿袭清制。民国元年(1912),裁马巷厅,析同安县嘉禾里(今厦门岛)、金门、大嶝、小嶝置思明县,同年升思明府。民国四年(1915),析金门、大嶝、小嶝置金门县,大嶝属金门县第七区。

一、民国十七年,沿袭清制

民国十七年(1928)版《同安县志》列清及民国同安县行政区划(部分)。

长兴里:永丰乡一、二、三都,三都并一都,在县东十至五十里,共领十七保:峰寮、梨山、安岭、辜东、锡园、北头、后珑、辜宅、杜田、嘉塘、后萧、寨仔、行村、金柄、荷炉、竹坝、罗田。

同禾里,统绥德乡四、五、六、七都。在县城东界十至二十里,共领三十一保。四都辖八保:康榕、石浔、龙窟、兰田、洪塘、欧行、沟墘、后麝。五都辖十一保:山头、僻埔、洪坑、内官、三忠宫、李宅、后塘仔、董厝、龙湫、郭山、陈仓。六都辖七保:七里、辜井、沈井、施王、郭山后、后田洋、大溪。七都辖五保:山岬、锄山、卢山尾、宅吴、新圩。

民安里,统绥德乡八、九、十、十一都。在县东界三十里及今沙溪、小盈岭处,共领十六保。八都辖四保:莲塘、曾林、西塘、店头。九都辖一保:鸿鼎。十都辖一保:蓬莱。十一都辖十保：市头、小崎、前厝、丙洲、上吴、内垵、陈塘、刘厝、内林、马家巷。

翔风里，统绥德乡十二、十三、十四都。在县东界三十里，共领二十一保。十二都辖十保：后莲、石崎、城场、井头下莲、窗兜、浦尾、柏头、曾吴、封侯、新宅。十三都辖七保：卢山龚、山前、桂园、浦南、洪林湖、东界、刘五店。十四都辖四保：李彭蔡、后仓、澳头、欧厝。

二、民国二十四年，实施保甲制

民国二十四年（1935）初，实施保甲制度，废里、都旧制，重新进行区署、保甲（联保）编制，年底完成，实行县—区—联保—保—甲层级制，同安县划为三区三十七联保四百零六保四千零四十五甲。民国二十七年（1938）初，联保增至四十个，设二十二个办事处，区署不变。全县划为三区二十二个办事处四十个联保四百零六保。同安县第二区（驻马巷）。

第十办事处：三忠宫。联保：马巷、官山。保数二十六。

第十一办事处：新圩。联保：公安。保数十六。

第十二办事处：莲塘。联保：民安、石峰。保数二十一。

第十三办事处：后树。联保：舫山、新村。保数二十一。

第十四办事处：澳头。联保：振南、九堡。保数二十一。

第十五办事处：新店。联保：仁风，保数十七。

第十六办事处：内垵。联保：福海、侯牧。保数二十二。

第十七办事处：洪塘。联保：同禾、浔麝。保数二十二。

三、民国二十九年，实行乡镇制

民国二十九年(1940)，同安县第二区区划(括号里为原保番号)。

金山乡辖六保：军村、竹山、山林、溪埔、古宅、埔顶，一千一百五十三户，七千七百零七人。以原辖各保与长兴划来第六十二保编成。

马巷镇，辖七保：舫阳、五权、牖民、三乡、侯亭、桐梓、后滨，一千二百九十八户，一万零二百七十四人。以马巷联保原辖各保与侯牧联保划来第六十保编成。

民石乡，辖十二保：曾林、莲岗、霞莲、曾厝、营上、桂林、沈井、西塘、锦田、沙溪、鸿山、许厝，二千二百三十八户，一万五千八百六十一人。将原来石峰、民安两联保合并编成。

舫山乡，辖八保：大宅、沙尾、珩厝、东园、吕塘、后村、蔡厝、浦边，一千五百一十七户，一万零一百四十九人。

振南乡，辖十一保：前浯、彭厝、欧厝、澳头、浦园、东界、刘五店、浦南、和平、炉前、钟宅，一千八百二十八户，一万一千六百三十七人。

仁风乡，辖七保：洪厝、新店、浦溪、湖头、蔡浦、窗东、市头，一千二百零六户，八千八百九十九人。

侯牧乡，辖九保：亭洋、塘头、新亭、城场、井头、琼新、内垵、赵厝、李厝，一千五百零一户，一万零一百七十九人。原侯牧联保第六十保划归马巷镇。

官山乡，辖七保：前垵、仑头、内官、三忠、新浦、霞墩、龙窟，一千四百七十七户，八千一百七十五人。

同禾乡，辖八保：石浔顶保、石浔下保、霞溪、溪东、苏厝、洪塘、龙秋、布塘，一千五百八十七户，九千一百一十七人。另由公安联保原辖第十八保划归编成。

公安乡，辖八保：郭山、黄岗、御前、云路、松泽、东寮、诗坂、新圩，一千五百零八户，九千八百八十八人。原辖第十八保划归同禾。

四、民国三十二年，撤区建乡设保

民国三十二年(1943)，现翔安区辖包括长兴乡五山(山头、西山除外)、金寮、美后、古宅、埔顶，同禾乡布塘马塘、三忠胡厝，马巷镇、民石乡、仁风乡、振南乡、侯牧乡、公安乡以及原属南安的莲河、霞浯，原属金门县的大小嶝。

1.长兴乡

长兴乡，驻后垄，辖十四保，自五显至埔顶。

五显保(五显宫)，下辖：五显宫、寨阳、上峰、美珠堂、下峰。

塘宅保(塘边)，下辖：塘边、宋宅、洪厝、庄上、秀人尾、大崎、新宅、水阁内、西坑尾。

安美保(垵炉)，下辖：垵炉、坂人尾、后坝、下寮、刘厝。

西洋保(新店)，下辖：东市、下许、岭下、新店、刘厝、竹仔林、梨仔林、邱厝、新厝。

潘溪保(潘厝)，下辖：潘厝、上厝、马塘、后烧、后溪、崎路、宫仔边。

后塘保(后塘)，下辖：后塘、黄坂、下路坝、布厝、马豆。

军村保(陈钦寮)，下辖：下欧坑、陈钦寮、棋盘厝、后埔、田厝、下埔、军村。

行宫保(后垄),下辖:东行、乌石、后垄、石厝、山头后、下庄。

竹山保(寮野),下辖:竹坝、鳌头、寮野、溪西、潭内、东塘、蔡厝口、北山、上寮。

五山保(后亭),下辖:山头、西山、田中央、溪口、后亭、涵头、五房。

金寮保(金柄),下辖:金柄、李厝寮、芳田、曾厝、下寮。

美后保(后埔),下辖:美林、后埔。

古宅保(古宅),下辖:芹内、古宅、后地、大路、下部、寨仔尾、后炉、上部、罗田。

埔顶保(埔顶),下辖:山后桥、埔仔、红毛岭、山边、村门、内官、刘厝、古坑、加塘。

2.同禾乡

同禾乡,辖十一保,自洪塘主三忠。

洪塘保(洪塘),下辖:白石、新宅、埔下、月龙、新厝、顶欧坑、油厝、董厝、顶下楼、洪塘。

苏厝保(苏厝大社),下辖:大乡、宫口、尾厝、五柱、顶下角、下宅。

石浔保(石浔),下辖:石浔。

霞溪保(霞溪头),下辖:宅美、霞溪头、康浔。

溪东保(顶溪头),下辖:顶溪头、东宅、行军塘、龙秋、过坑。

龙秋保(前垵顶),下辖:许垵、龙秋、前垵顶、前垵下、小古宅、朝拜埔。

布塘保(布塘),下辖:布塘、竹仔林、缉熙亭、田坂下、上埔、赵厝、马塘、大溪。

新埔保（埔后），下辖：后埔、新厝、新厝后、古来潭、花厅、丁厝、埔后、五塘、山仔后、布厝宅。

霞墩保（顶厝），下辖：下墩、和尚山、顶厝、下厝、社坛、塘边、面前。

龙堀保（龙堀东），下辖：龙堀东、龙堀西、纪大乡、后房。

三忠保（苏店），下辖：后溪、三忠宫、枋厝、苏店、祖厝边、内宅、过溪、下张、胡厝。

3.马巷镇

马巷镇，驻后滨，辖八保，自舫阳至桐梓。

舫阳保（古垵），下辖：张林、路边许、古垵、张厝、店头庄、坪边、溪上、下内田。

侯宾保（郑坂），下辖：郑坂、上庄、侯滨。

五权保（三恒），下辖：六坎街、金沙地、井脚街、沙市街、八宝街、三恒内、山仔尾。

牖民保（四房林），下辖：六坎街、金沙地、三脚街、桥仔头、六路内、大井巷、牛磨巷、后壁亭、后街园。

三乡保（横街），下辖：大宫口、新中街、大井巷、横街、林厝、楼仔内、卧龙边、苏厝。

三民保（上元街），下辖：横街、四甲街、十八坎、上元街、祖厝口、大街、后街路、朱王宫。

侯亭保（上元街），下辖：深沟、大宫口、四甲街、十八坎、上元街、街市头、东路、六间仔。

桐梓保（塘仔头），下辖：塘仔头、竹仔脚、林边。

4.民石乡

民石乡，驻曾厝，辖十五保，自曾林至西塘。

曾林保（曾林），下辖：曾林。

沈井保(沈井),下辖:沈井、姑井、何垄、庄垵、云头、松兜。

桂林保(草埔宫),下辖:桂林、草埔宫、前边、园下、后寮、七里。

营上保(营上),下辖:营上、坝上许、坝上陈、路山头、后垵。

曾厝保(曾厝),下辖:曾厝、马池内、官路下。

赵岗保(赵岗),下辖:赵岗、湖口、新厝、后蝶、东塘。

莲塘保(莲塘),下辖:莲塘、横路、店头、东岗、杏坑、尾山。

锦田保(田中央),下辖:田中央、新垵、面前山、茂前、官塘。

沙溪保(沙溪),下辖:蔡宅、小路边、顶下沙溪、小盈、后垵、锄山。

鸿山保(古店),下辖:洋坂、前垵、古店、前宅、林下、黄山前、小岗山、后窑。

黄厝保(黄厝),下辖:黄厝、周后、东烧尾、内塘边。

许厝保(许厝),下辖:许厝、许山头、后房、行溪、后田。

霞塘保(霞美店),下辖:霞美店、塘头、后坑。

莲院保(莲后),下辖:莲后、莲前、院内、内田。

西塘保(西塘),下辖:上塘、西塘、内厝、蔡厝口、东界。

5.仁风乡

仁风乡,驻吕塘,辖十二保,自市头至茂林。

市头保(西亭),下辖:市头、西亭、下坂。

溪西保(溪尾),下辖:溪尾、亭塘、顶曾、沟沙、宋厝、后山、造店、朱坑、根岭、孙厝。

洪前保(洪前),下辖:洪前、前边、东山、浦尾、山前、山尾。

洪厝保(洪厝),下辖:洪厝。

湖头保(湖头),下辖:湖头、吴厝、后曾、祥吴、宋坂。

新店保(新店),下辖:新店、东坑、东莲、东村。

大宅保(大宅),下辖:溪边后、沙门、蔡塘、大宅、后宅、陈坂。

沙美保(沙美),下辖:沙美、霄垄、埕前。

珩厝保(珩厝),下辖:珩厝、白头。

东园保(东园),下辖:东园。

吕塘保(吕塘),下辖:西林、尾头下、中堡、林边、后珩、埔边、吟兜、梁厝、后坑。

茂林保(茂头),下辖:茂头、东坂、后树、董水前、董水。

6.振南乡

振南乡,驻浦园,辖十四保,自前语至浦滨。

前浯保(前浯),下辖:前浯、山头、海头、竹浦、铁灶、后墩、下尾。

彭厝保(彭厝),下辖:彭厝、傅厝。

欧厝保(彭厝),下辖:欧厝。

澳头保(澳头),下辖:澳头、上苏、上施、西边。

浦园保(浦园),下辖:浦园、烧厝、林厝、马池塘、下庙、前埠。

东界保(东界),下辖:东界、林头、下店、南尾。

刘桂保(刘五店),下辖:桂园、刘五店。

浦南保(浦南),下辖:浦南、山头、南边、内垵。

厚平保(和平),下辖:许厝、文崎、石茂山、尾厝、柯厝、和平。

炉前保（炉前），下辖：炉前、双过山、杨厝。

钟宅保（钟宅），下辖：顶下钟宅、后房、那前、洪坑、送洋、石塘。

后村保（后村），下辖：后村、郭厝。

蔡厝保（蔡厝），下辖：蔡厝、后头。

浦滨保（浦边），下辖：汪厝、港尾、浦边、石厝、洋塘。

7.侯牧乡

侯牧乡，驻塘厝港，辖十四保，自亭洋至窗东。

亭洋保（黄厝），下辖：山顶头、坑尾、黄厝、亭洋、利内尾、则代行。

塘头保（塘厝港），下辖：塘厝港、下边、普头、顶下店、后阁。

新亭保（山后亭），下辖：山后亭、新乡。

城场保（诗场），下辖：诗场、周柄、后寮、新宅。

井头保（井头），下辖：井头、亭头、亭下厝。

琼头保（琼头），下辖：琼头。

内垵保（山前），下辖：山前、内林、田边、内垵、下庄。

赵厝保（赵厝），下辖：赵厝、前厝、山头、万家村、下方、同仔尾。

李厝保（李厝），下辖：李厝、小崎、下李、西炉、打埔、后柄。

内官保（内官），下辖：内官、何厝、双溪湖、沟墘、坝口、后曾。

洪垵保（洪坑），下辖：西厝、青泉、洪坑、前庵、上吴、下厝尾、东边。

仑头保(仑头),下辖:下茂庵、枋兜、竹仔脚、仑头、新厝下、小后者、塘生洋。

蔡浦保(蔡浦),下辖:蔡浦、后莲、东浦、浯溪。

窗东保(窗东),下辖:窗东、曾厝。

8.公安乡

公安乡:驻新圩,辖十二保,自郭山至东陵。

郭山保(郭山),下辖:郭山、刘厝、埔墘、后西尾、新厝、前院、西许。

霞美保(林尾),下辖:井上、树兜、霞洋、林尾、埔尾下、何宅、后溪。

松泽保(上宅),下辖:上宅、深溪、后田洋、店仔、杜厝。

云东保(云头),下辖:面前埔、东寺庄、曾坝洋、同光、云头、蕴溪。

帽山保(乌山),下辖:宅兜、宫仔尾、乌山、田边、松管院。

黄岗保(黄岗),下辖:黄岗。

新圩保(新圩),下辖:洋尾、新圩。

衡山保(上宫),下辖:后行、上宫、下曾尾、前山。

御路保(御宅),下辖:路坂尾、御宅、曾溪、村尾、村内。

诗东保(诗坂东份),下辖:溪墘、高厝、岩后、部内、下埕、诗坂东份。

诗西保(诗坂西份),下辖:诗坂西份、下埔市。

东陵保(东陵),下辖:东陵、院西、钟尾(蒋尾)。

五、民国三十三年,整编乡镇

民国三十三年(1944)八月,同安县再度整编为十乡三镇,辖一百五十保。同安东半县区划,沿用至同安解放。

长兴乡，辖九保：古宅、金埔、后埔、竹山、行宫、明溪、西洋、五显、布塘，驻地寮野。

同禾乡，辖十保：洪塘、顶霞、苏厝、石浔、同龙、内官、洪溪、三忠、新霞、龙泉，驻地洪塘。

马巷镇，辖十四保：琼江、麟凤、窗东、山亭、潮阁、海滨、黎安、侯滨、舫阳、五权、牖民、侯亭、三乡、桐梓，驻地马巷街。

民安乡，辖十五保：曾林、桂林、六乡、霞莲、湖岗、西塘、锦莲、沙溪、鸿山、许厝、沙美、珩厝、东园、蓬莱、大泽，驻地莲前。

翔风乡，辖十六保：坂亭、祥湖、重经、洪前、洪钟、乐群、浦南、刘桂、东界、振玖、澳头、普山、敦厚、蔡厝、松山、槐庭，驻地新店。

公安乡，辖七保：郭山、祥云、凤路、帽山、新圩、诗坂、东陵，驻地新圩。

一九四九年后区划

一九四九年初，暂以民国时的旧保甲为基础，划全县为七区一百五十保二千三百二十五甲。第四区驻布塘，辖十九保；第五区驻马巷，辖三十保；第六区驻曾厝，辖二十二保。

一、废除保甲制，建立乡政权

1950 年年底至 1951 年 3 月，全县共建立七区二镇，下辖一百三十九个乡，九个街道。

翔安区有关的乡镇：

第四区，驻布塘，有十九个乡，五千九百一十四户，二万六千五百四十人，辖洪塘、苏厝、顶霞、石浔、同龙、新霞、内官、洪溪、三忠、龙泉、五显、西洋、明溪、布塘、行宫、竹山、古宅、后埔、金埔。

第五区，驻马巷，有二十六个乡，一万零一百七十一户，四万零七百一十五人，辖琼头、麟凤、黎安、海滨、窗东、桐梓、潮阁、坂亭、洪前、洪钟、后村、东界、蔡厝、祥湖、刘浦、彭厝、欧厝、浦园、许山、普山、新店、澳头、乐群、山亭、舫阳、后滨。

第六区，驻曾厝，有二十二个乡，六千七百零三户，二万九千七百八十四人，辖曾林、莲塘、东园、湖岗、西塘、珩厝、霞莲、许厝、沙美、六乡、鸿山、大泽、桂林、沙溪、蓬莱、新圩、东陵、郭山、祥云、帽山、凤路、诗坂。

马巷镇，一千一百八十八户，八千零五十五人，辖后亭街、三乡街、五权街、牗民街。

二、土地改革后，翔安有关区划

1952年，经过三年的剿匪、镇压反革命、土地改革，全面开展民主建政。同安县与现翔安区有关的区划：

第七区，驻布塘，辖十六乡：金埔乡、古宅乡、后埔乡、龙泉乡、石浔乡、竹山乡、同龙乡、苏厝乡、三忠乡、郭山乡、美塘乡、布塘乡、新霞乡、洪塘乡、行宫乡、明溪乡。

第八区，驻马巷，辖十三乡：黎安乡、内官乡、洪溪乡、海滨乡、山亭乡、琼头乡、仁风乡、窗东乡、祥湖乡、后滨乡、舫阳乡、莲溪乡、马巷镇。

第九区，驻曾厝，辖十六乡：黄厝乡、许厝乡、鸿山乡、西霞乡、沙溪乡、莲塘乡、六乡乡、湖岗乡、曾林乡、桂林乡、东陵乡、诗坂乡、新圩乡、东云乡、帽山乡、凤路乡。

第十区，驻洪厝，辖十七乡：珩厝乡、东园乡、沙美乡、茂泽乡、吕塘乡、新店乡、后村乡、蔡厝乡、普山乡、彭厝乡、欧厝乡、浦园乡、东界乡、刘浦乡、洪钟乡、乐群乡、洪前乡。

三、实行区镇制，翔安有关区划

1956年6月，翔安省在同安县境，为东半县，区划如下。

汀溪区一部分：牧茶乡、新凤乡。

马巷区：曾垵乡、诗林乡、新垵乡、舫山乡、海峰乡、巷西乡、海鸣乡、普谊乡、前哨乡、西岩乡、水电乡、盐山乡。

马巷镇：后亭街、三乡街、五权街、牗民街。

四、撤区并乡镇

1958年3月,撤区并乡、镇。镇下设居委会,乡下辖高级农业社。

原新凤乡、牧茶乡、诗林乡合并为新圩乡。

原西岩乡和水电乡的洪前、洪钟、新店三个支点合并为新岩乡。原新垵乡、舫山乡和曾美乡的湖岗、六乡二个支点合并为巷东乡。原海峰乡、海鸣乡合并为巷南乡。原巷西乡和曾美乡的曾林支点合并为巷西乡。原盐山乡和水电乡的吕塘支点合并为盐山乡。原前哨乡、普谊乡合并为前线乡。

五、人民公社建制,撤销乡建制

1958年下半年,开始建立人民公社,撤销原乡建制。至1959年2月,全县共建立七个人民公社,六个农林场,下辖一百二十七个大队、五个居委会。布塘公社、马巷公社、新店公社所辖范围与现翔安区划有关。

布塘公社,三十二个大队:美塘、苏厝、竹山、五显、西洋、古宅、下墩、新霞、三忠、龙泉、郭山、同龙、布塘、上宅、店仔、后垄、明溪、后埔、东陵、诗坂、新圩、桂林、帽山、面前埔、金柄、石浔、洪塘、云头、凤路、埔顶、碧岳、顶露。

马巷公社,二十五个大队:联合、光华、许厝、黄厝、山峰、新莲、锄山、曾美、五星、曾林、黎安、洪溪、内官、苗圃、海滨、后滨、蔡浦、窗东、山亭、琼江、仁风、祥湖、朱坑、舫阳、旱作站。

新店公社，二十个大队：丽山、海山、浦东、西岩、珩厝、沙美、霄垄、吕塘、蔡厝、普进、前浯、茂林、鸿江、洪厝、彭厝、东园、澳头、欧厝、浦园、新店。

六、精简机构，公社撤并

1960年4月，精简机构，全县合并为四个人民公社，下辖一百一十六个大队、五个居委会，设立十个农林场。撤销布塘公社建制，将所属的埔顶、金柄、新圩、诗坂、东陵、桂林、帽山、竹山、后垄、布塘、明溪、美塘、五显、西洋、三忠、龙泉、郭山、同龙、洪塘、石浔、后埔二十一个大队并入汀溪公社；撤销新店公社建制，将所属沙美、霄垄、珩厝、东园、吕塘、新店、浦东、澳头、欧厝、海山十个大队并入马巷公社。

七、恢复区建制

1961年9月，恢复区建制。

汀溪区新圩公社，十三个大队：金柄、后埔、古宅、凤路、新圩、诗坂、东陵、桂林、帽山、面前埔、庄垵、云头、上宅。

马巷区马巷公社，一个大队：五星。

马巷区巷东公社，十二个大队：山峰、后垵、黄厝、许厝、内塘、光华、西塘、霞美、赵光、曾厝、官路、美山。

马巷区巷西公社，十四个大队：曾林、后许、沈井、黎安、桐梓、内垵、垵边、内官、何厝、前庵、洪溪、同美、西炉、赵厝。

马巷区巷南公社，十二个大队：亭洋、山亭、城场、窗东、蔡浦、湖莲、郑坂、后溪、西坂、市头、舫阳、朱坑。

马巷农场，四个大队：后田、新垵、琼坑、锄山。

新店区新店公社，十个大队：上吴、湖头、东坑、杨厝、红光、电明、新店、洪前、浦尾、溪尾。

新店区盐山公社，七个大队：沙美、霄垄、珩厝、东园、茂林、香山、吕塘。

新店区前线公社，七个大队：蔡厝、海山、前浯、彭厝、浦园、古罗、普边。

县直公社渔业公社，十四个大队：欧厝、澳头、西边、东界、鸿江、埯山、许厝、和平、井头、陈新、琼头、丙洲、后田、炉星。

八、撤销区级建制，撤销渔业公社

1964 年 4 月，同安县撤销区级建制，撤销渔业公社，此后直到翔安新区成立之前，区划相对稳定。同安东半县与翔安区有关的有五个公社。

新圩公社十四个大队：金柄、后埔、古宅、凤路、新圩、诗坂、东陵、桂林、帽山、面前埔、庄垵、上宅、云头、村尾。

巷东公社十四个大队：山峰、后垵、黄厝、许厝、内厝、光华、西塘、霞美、赵光、曾厝、官路、美山、锄山、新垵。

马巷公社二十个大队：五星、曾林、后许、沈井、黎垵、桐梓、内垵、垵边、内官、何厝、前庵、洪溪、同美、西炉、赵厝、后滨、西坂、市头、舫阳、朱坑。

新店公社二十四个大队：上吴、新店、洪前、浦尾、溪尾、沙美、霄垄、珩厝、东园、茂林、大宅、吕塘、蔡厝、海山、前浯、彭厝、浦园、古罗、普边、欧厝、澳头、西边、东界、刘五店。

东坑公社十八个大队：埯山、许厝、和平、炉星、井头、陈新、琼头、亭洋、山亭、城场、窗东、蔡浦、后莲、郑坂、洪厝、杨厝、东坑、湖头。

其他农林场：大帽山农场，白云飞林场（场部设在新圩诗坂村高厝，该场创办于1960年，1972年6月下马，由新圩公社接管），海滨林场（场部设在马巷公社西炉大队崎头宫，为省内第一个红树林场）。

九、撤销东坑公社，划归马巷新店

1969年2月，撤销东坑公社建制，所属琼头等十个大队并入马巷公社，湖头等八个大队并入新店公社。

十、南安属部分区划划归同安

1971年3月，原南安属的大嶝公社及石井公社的莲河、霞浯两个大队划归同安县。

十一、调整区划，部分街道、大队更名

1980年，为三个街道、十三个大队更名、复名。1982年，调整区划，同安东半县划分为五个公社。

新圩公社，下辖新圩、古宅、后埔、金柄、凤路、村尾、帽山、云头、面前埔、上宅、诗坂、东陵、桂林、庄垵十四个大队和新圩良种场、白云飞林场两个场。

马巷公社，下辖琼头、陈新、井头、城场、窗东、蔡浦、山亭、亭洋、郑坂、后莲、曾林、后许、沈井、桐梓、黎安、内垵、前庵、内官、何厝、垵边、洪溪、同美、西炉、赵厝、后滨、西坂、市头、朱坑、舫阳、五星三十个大队和后亭、友民、三乡、五美四个居委会以及根岭农场、东坑围垦等农场。

新店公社，下辖新店、莲河、霞浯、沙美、霄垄、珩厝、东园、茂林、大宅、吕厝、溪尾、祥湖、湖头、东坑、洪前、洪厝、炉星、和平、下许、垵山、刘五店、东界、钟宅、浦园、西滨、澳头、欧厝、彭厝、前浯、浦边、后村、蔡厝三十二个大队和鼓锣农场、红志农场两个场。

巷东公社下辖上塘、山峰、后垵、黄厝、许厝、莲塘、光华、霞美、赵岗、曾厝、官路、美山、新垵、锄山、琼新十五个大队和巷东农场、巷东林场两个场。

大嶝公社，下辖田墘、蟳窟、双沪、阳塘、东升、小嶝、北门、新村、山头、嶝崎十个大队。

十二、建立乡镇人民政府

1984 年 4 月，恢复马巷镇建制，下辖友民、三乡、后亭、五美等四个居委会和五星村委会。同年 9 月，政社分开，建立乡、镇人民政府。马巷公社为后滨乡，巷东公社为内厝乡，新圩、新店、大嶝等公社均保留原名改社为乡，并成立新店乡陈塘回民村委会。

1987 年，新店撤乡建镇，撤后滨乡并入马巷镇。1988 年 12 月，新圩撤乡建镇。1991 年 12 月，大嶝、内厝撤乡建镇。1993 年 3 月，马塘从新圩村析出，建立马塘村民委员会。

翔安区区划

2003年4月26日，经国务院批准：设立厦门市翔安区，将厦门市同安区所辖新店、新圩、马巷、内厝、大嶝五个镇划归翔安区管辖，区人民政府驻新店镇。10月19日，厦门市翔安区人民政府正式挂牌成立。

2003年，翔安区辖五个镇：新店镇、新圩镇、马巷镇、内厝镇、大嶝镇。

2004年，翔安区辖五个镇、一个农场，共有一百零一个村委会，七个社区，两个居委会。全区户籍人口二十六万零一百三十一人，流动人口一万三千六百四十五人。

大嶝镇面积十四点六平方公里，户籍人口一万九千二百零四人。村委会九个：田墘、山头、蟳窟、嶝崎、双沪、阳塘、北门、东埕、小嶝。

新店镇面积一百零五点五平方公里，户籍人口八万一千二百一十六人。居委会一个：新兴社区；村委会三十四个：新店、莲河、霞浯、沙美、霄垄、珩厝、茂林、大宅、吕塘、溪尾、祥吴、湖头、东坑、洪前、洪厝、炉前、下后滨、下许、垵山、刘五店、东界、钟宅、浦园、西滨、澳头、欧厝、彭厝、前浯、浦边、后村、蔡厝、陈塘、东园、鼓锣。

马巷镇面积六十一点零八平方公里，户籍人口七万八千六百七十六人。社区七个：五美、友民、三乡、后亭、五星、桐梓、后滨；村委会二十七个：琼头、陈新、井头、城场、窗东、蔡浦、山亭、亭洋、郑坂、后莲、曾林、后许、沈井、黎安、内垵、垵边、前庵、内官、何厝、洪溪、同美、西炉、赵厝、西坂、市头、朱坑、舫阳。

内厝镇面积六十八点一七平方公里，户籍人口三万七千五百六十二人。村委会十五个：上塘、前垵、后垵、黄厝、许厝、莲塘、莲前、霞美、赵岗、曾厝、官路、美山、新垵、锄山、琼坑。

新圩镇面积八十点五六平方公里，户籍人口三万九千三百一十四人。居委会一个：龙新；村委会十六个：新圩、古宅、后埔、金柄、凤路、村尾、乌山、云头、面前埔、上宅、诗坂、东寮、桂林、庄垵、后亭、马塘。

大帽山农场面积二十一点七二平方公里，户籍人口四千一百五十九人。

2005 年 9 月 28 日，福建省人民政府《关于撤销厦门市翔安区大嶝镇建制设立大嶝街道办事处的批复》：同意撤销厦门市翔安区大嶝镇建制，设立大嶝街道办事处，原大嶝镇的行政区域为大嶝街道办事处的行政区域，大嶝街道办事处驻原大嶝镇驻地西田。翔安区辖四个镇、一个街道、一个农场：大嶝街道、新店镇、新圩镇、马巷镇、内厝镇、大帽山农场。

姓氏与村落

翔安

讲地名，必须讲村落；说村落，又离不开说姓氏。姓氏源流，有其严密性，不可易性，如无出处，不敢轻易妄加臆断。一千多年间，姓氏并非一成不变，村落也时时刻刻发生变化。

姓氏与族谱

同安经朱子过化，文风日盛。但自宋末以来，历经战乱。翔同的典籍不多，朱子的《大同集》为同安县志学之始，蔡献臣总纂的《同安县志》为大成，清嘉庆年间，吴堂修《同安县志》，都没能保留到今天。只有乾隆四十一年(1776)万友正从《泉州府志》《同安县志》中析修出的《马巷厅志》保留至今，这与历任马巷厅署通判的努力是分不开的。民间各姓氏纂修的族谱，是志学的补充，但大多讲述各自家族的发展史、血缘的传承史，很少涉及国家、地方和他姓。大嶝田墘的《金嶝田墘郑氏族谱》别具一格，其中的《金嶝实录》叙述同安县的一些大事，难能可贵。乱世藏粮，盛世修书，田墘因五世郑擅迟有外甥林希元这样的大儒才能修纂出如此高乘的家谱。

翔安各姓氏族谱，大体上修葺于明朝前期、中期。清朝初期，很多家谱毁于战火。到清朝康乾盛世，特别是乾隆时，各姓氏族谱都进行过全面的修纂，有幸保留到民国时期。由于文人不多，修族谱很不容易。翔安人早就有吃冬的习惯，于是将在家族中延续的，记载家族血统的文字载体称为“冬簿”。族谱也好，冬簿也好，都是手抄本，是真正的孤本，消失了不可能再现。可惜的是，“文革”中各姓氏的族谱多遭厄运，在“灭四旧”中毁了，少数保留下来的，都是家族中能人冒着生命危险抢救下来的。

对族谱的重视，实质希望保持血统的纯一。但在家族繁衍过程中，保持血统的纯一很不容易。重男轻女的现象也是这样产生的，为了延续香火，大多选择抱养，而且强调不与生父母来往，以此当作自己的亲生孩子，来满足自己没有传承人的奢望；也有择婿入赘的，择婿很不得已。

大凡族谱都据实记载家族中发生的事情，是褒是贬丝毫不敢马虎，这也可能导致族谱的损失和销毁。金门下坑《浯卿陈氏世谱·重续谱序》："前六七年，应瑞续谱成有日矣。会岛美成叔将之台，舟泊寮罗，盛衣冠造馆谒余，且言愿索族谱钞誊。瑞意正欲公我族人，以垂不敝，敬以谱奉。越数月，令人之岛取回，曰：'已失之矣。'岁乙巳，瑞入泮，躬到岛美，访得其情，始知为养子所灭没也。初意殊忿，既而转自念曰，非我族类，其心必异，于若辈又何难焉。嗟夫！族之有谱，所以传实也，乌容一毫私意，姑息于其间哉。夫养子直书义也，若辈不察，毁而弃之，欲以灭我族人之口，而不知其自处不厚。昔明祖于文英、文忠各赐姓，后以功勋灿如，英复姓沐，忠复姓李，盖不没其实，以绝人后之意也。若辈倘有贤子孙发甲登第，能为功于我族，亦宜念厥自家本始，追所从出，俾生者、养者两无遗憾。斯则得矣，胡乃顿灭吾谱，自彰其过耶？"《金嶝田墘郑氏族谱》被开天窗，盖黑印……族人难免良莠不齐，就如陈姓养子，以族谱如实记载，就把它毁了。

地名的搜集、考证，如果有各姓氏的族谱为参照，可以大大提高真实性，但幸存的、古老的族谱不多。志书中所记载的地名，只是大概。要搜集翔安地名，难度甚大。

村落的形成

不经过大的变动，地理现状一般不会发生大的变化。翔安保留到现在的村落名称，大部分确定于宋朝。地本无名，有人居住、开发、利用，才有地名。中原姓氏南迁，大多发生在朝代更替、战争动乱时期，不因时局所迫，没人愿意背井离乡。

最早开发一个地方的姓氏，为居住村落取名时各有理由，各有想法。家族由于种种原因迁徙到别处，开发新的居住处也好，利用其他姓氏残存的村落也好，都要对居住地重新命名。反之，其他姓氏迁到他们遗留下来的断壁残垣，除了充分利用一切可能利用的资源，也利用原来的村落结构、名称、房屋坐向。宋朝以后，各村落有较稳定的地名，有所改变，也是在口音不变的情形之下，以书面的形式，为美好愿望而施行，墓前村演化为“茂前村”。新圩镇金柄村紫云黄氏从泉州府城迁居大帽山西麓，并不以姓冠地名，而取居住地形胜命名为坑柄。山麓本多坑，柄是山脉形状，后来雅化为“金柄”。

一、族群迁徙

大凡动物都趋吉避凶，人在这方面更能显示出优势。历史上每次战乱必定造成族群大迁徙。

《同安县许氏族谱后序》：“吾祖都督许□公，承建元皇帝铜符,握虎节,入镇兹土,同安之邑未名也,是以故老相传‘未有同安,先有许督’之称。”同安县域还未命名之前,汉武帝就遣“许督”率兵驻扎,应该是同安最早的姓氏记载。

宋之前,中原光州固始人入闽自西晋开始,较大规模的就有三次:

《闽书》载:“永嘉二年,中原板荡,衣冠姓氏入闽者八族,所谓林、黄、陈、郑、詹、丘、何、胡是也。”于时,范、蔡、于、王、袁、谢、周、荀、江、殷姓也正南迁。

《闽中记》:“永嘉之乱,中原士族林、黄、陈、郑四族先入闽。今闽人皆称固始人。”

唐总章二年(669),泉、潮间蛮獠反,高宗诏令光州固始人陈政为岭南行军总管事,率府兵五千六百名,将校自许天正以下一百二十三员,驰往七闽百粤之界的绥安县地以镇抚。初战获胜,后因将士水土不服,病死较多,加之寡不敌众,作战失利,退守九龙山(今漳州南),奏请朝廷派兵增援。朝廷命陈政兄陈敏、陈敷率固始“五十八姓”军校增援。军队行至浙闽交界,陈敏、陈敷染病卒。其母魏氏率众南下与陈政会合。仪凤二年(677),陈政卒,其子元光代父领兵,镇抚闽南。垂拱二年(686),陈元光奏请获准,开建漳州。建置漳州以后,陈元光“乃率众辟地置屯,招徕流亡,营农积粟,通商惠工,奏立行台于四境,时巡逻焉”。从这时起,“东距泉、兴,南逾潮、惠,西抵汀、赣,东接诸岛屿,方数千里,无烽火之惊,号称乐土”。五千六百名官兵和“五十八姓”军校幸存者在漳州地区落籍。有聚落,就开始有地名。

唐僖宗光启元年(885),寿州人王绪率农民军攻陷光州,固始东乡人王潮、王审邽、王审知三兄弟奉母董氏率乡民五千人从义军入闽，后来发展到众数万。唐昭宗大顺二年(891)，王潮为福建节度使。光化元年(898)，王审知为威武军节度使。后梁开平三年(909)，王审知封为闽王。唐末五代随王潮、王审知入闽的中原将士有数万人，对福建历史的发展有重大影响。

南宋末期，元兵长驱直入。为避战乱，中原人纷纷举族迁徙入闽。

二、族群分衍

族群繁衍迅速，村落不断扩张。大村落的名称满足不了族人对方位的判断，在宗族圈里平时的交流中，就会产生很多麻烦，大村落中角落的名称就开始产生。这些名称不是合族事先商议好的，一般较为随意，只要习惯了，族人认同所指的方向、位置，地名就不知不觉地确定下来了。村落各角落的命名有一定的模式。根据翔安地理的特点，北为上、顶，南为下、尾，于是就有位于村北的称为顶角、顶厝，位于村南的就称下头、尾厝；以特色建筑物的坐向称呼，就是向东厝、向西厝、向南厝等；以建筑物结构称呼，取其特征就有三落、楼仔后等；大村落中各房居住处所几乎都有一定的角落，族人交流时一般以其在族中的支系，称之为几房、几柱、后房等；村落向周围开拓，新出现的角落就以新厝角、顶新厝、下新厝命名，不管多久，都是“新厝”，这是和旧村落相对而言的。这些角落名称，言简意赅，一旦约定俗成，平时交流即节省时间，大家又心知肚明。

祖居地日渐受居住环境约制，村落无法容纳众多人口；受耕地面积的限制，有限的耕种收获无法满足日益膨胀的族人口腹，村落不断扩大，耕地不断向四周扩大。黎明时分下地干活，走到田间地头已是晌午，挖不了几锄头，又到午餐时间。假如把午餐也带上，虽能填饱肚子，但没有休憩场所，体力无法得到充分恢复。结伴进行简易搭盖，日子长了，小村落就形成。如许厝的后房、许山头，山后亭的浦头、下边。村落周围耕地的命名，隆起处称为墩，平坦处称为埔，平缓处称为坂，斜陡处称为坡、崎，低陷处称为湖、洋，边沿称为墘、边，中心称为内。又有以溪、坑、林、石等实体命名。这些地名形成后，平时下地干活，一说大家都知道。这些族人称呼惯了的地名，一旦开辟为新居住点，就以习惯的称呼命名村落。小村落的取名既可因地势而定，也可视开拓者在家族中的房份而定，如“后房”。

三、崇尚风俗

大体上是望族先人卒后，因其时崇尚厚葬，族人自愿或被委派于墓葬周围结庐护墓，几年后繁衍定居，如周后张氏守张墓，金门蔡氏守蔡复一墓，许厝许氏守通判墓，阳塘张氏守张廷拱墓。也有富贵人家，为先人守墓而购买童男童女，俗称墓奴，在坟墓周围住久，也发展出村落。

这种情形产生的小村落，一般不会维持太久。不过，也有很多随遇而安的，不求闻达，只求衣食无忧，自然而然地在新居住地繁衍成族。族落一旦形成，村名也就在周围流传。这种村落名称，通常延续旧地名，或是以实体事物为取名依据，一般不称“厝”“宅”，如“墓前”“墓头”。

四、外出营生

小民出外营生，或一人，或多人，离家远了，无法每天回家歇息，只得暂搭草寮。住久了，渐渐适应周围环境，也就形成聚落，对所居之地产生好感，不舍离弃，回到旧聚落大肆宣扬，部分族人也就附和，迁往同处，结为一族。这种村落一般以“寮”为名。清初新店汪厝社汪沼十四世孙，到新圩一带养鸭，搭寮居住成为村落，取名“下寮”。东园张氏由金门青屿到李厝放鸭，因聚落在李厝之东的园地，故取村落名为“东园”。

村落的命名

村落有以冠姓，以地形，以故事，以谶言等形式命名，故较大村落多以冠姓、地形为村名，或两种形式结合。又以闽南、潮汕一带特有的“厝”代替北方的“庄”。有几百年历史的古镇马巷，虽多姓杂居，也各有各的角落。

一、较早开发的村落一般都是冠姓地名

宋朝时期境内从新圩开始，有曾溪、曾厝、下曾尾，到翔安中部的曾厝、曾林，到马巷镇后莲、曾厝，新店的顶曾、下曾，再到琼头北面海滨的曾山……从北到南都有曾姓留下的痕迹。一个翔安三个曾厝，能以曾姓冠溪名，可见宋朝时期曾姓在翔安的家族是何等的庞大。福建许多曾氏尊曾中彦为曾氏入闽开基始祖。曾中彦有三个儿子：长子曾美返迁江西新淦县；次子曾良则迁居江西石城石壁下；末子曾俊居宁化橄榄树村。曾俊下传第四世曾恩。曾恩有五个儿子曾江、曾淮、曾河、曾汉、曾海，五兄弟先后从橄榄树村迁徙至上杭县茶地陈坑、兰溪磜头、庐丰扶阳、中都长岭下、紫金山曾坑等村，开基闽西曾氏一族。

曾溪紧邻村子南面的地方有条石板铺就的长蛇小道，蜿蜒在崇山峻岭间，从晋江、南安穿行过来。古道边竖立有一方石碑，碑身呈长方形，碑上镌刻释迦牟尼佛祖像。粗犷的佛像独具魅力，展现佛与常人之间的交流，既呈现亲切之

情，又显出镇地扛天之势，傲然之风，使人产生敬畏之情。古雕刻之精美，散发出无法掩盖的光彩，该佛像石刻无纪年，但从造像的艺术风格看，与五代造像很相似，有唐代艺术遗风，构图巧妙，型制独特，在大同安尚属首次发现，是特别珍贵的文化遗物。

传说中，宋代曾溪一带有一位名人叫“曾半朝”，能称为“半朝”的，其名分与来头肯定不小，富裕的家底引来流寇，曾姓横遭劫难。

古人择水而居，曾溪自古是曾姓宗族的居住之地，故而得名。然而，曾溪村曾姓宗族早已迁移至同安莲花镇云埔村居住，全宗族迁居的原因现在已不可知。曾溪村已由黄姓宗族相守居住，经历四百五十多年，“曾溪”二字却一直相传沿用。曾溪村最初的模样远非今天看到的，当时的村庄之大，远大于今天，村庄的形成和发展有两大因素至为关键，一是地缘，二是血缘，前者决定生态条件和环境，后者关系村之凝聚力及子孙后代发展。

境内早些时候的萧姓家族应该也是一个大家族。宋朝时，从现翔安西面的浦园社区肖厝（萧后来简写成肖）自然村开始，到内厝镇许厝村（原村名为萧厝），从许厝绕鹊鸟髻山北面的东烧尾（烧与萧谐音），一直到霄垄（霄即萧），都是萧姓族人居住的地方。这条自西向东的萧姓分布居住带告诉我们，在古同安东界内，萧姓家族也相当庞大。宋姓也是古同安的一大望族，聚落有宋厝、宋坂等。这些望族为什么消失，是战乱、灾疫，还是山匪、流寇，导致他们向同安以外区域迁居？都有可能，曾姓本来就大量繁衍于闽西、江西一带境内沿海的迁界可能迫使他们干脆远迁投靠族人。

许厝、洪厝、彭厝，这些地名不是一有人居住就这样命名的。许姓入住岳父村落时，村落叫萧厝。后来，萧姓逐渐没落到完全消失，萧厝变成许姓村落，许姓人觉得叫萧厝已不合时宜，就把村落名改成许厝。许厝堂号"高阳"，但百年后碑石题头却用"萧山"，应该是不忘萧姓岳父对许姓的深情。金门彭用乾后裔迁居翔风里十三都松山，除了以新居住地冠姓为彭厝，还在家族迅速繁衍后，各房分居开拓周围角落，并以前埔、后墩等命名。

二、较早开发的村落也以地理形状命名

金柄（坑柄）、西塘、后许（湖口）等，就以地理形状命名。以地理形状命名有其特性，大多以目标大的固定物为参照。翔安地势北高南低，以固定物为参照物的，北面称后、头、顶、上，南面称前、尾、下，东、西不变。如黄山前在鸿渐山南面，跟"黄"似乎没有关系，但鸿渐山又称为黄菊山，以山上多产黄菊，村落又为黄姓居住，称为黄山前就很自然了；塘头本为柯厝乡，因村前有塘头塘而改为塘头。

民以食为天，食以水为本，翔安虽有九溪，但常常断流，靠天吃饭解决不了问题，各姓氏选择聚落的首要考虑因素是水源。《马巷厅志·水利》："周官设'稻人'董治水利，以资民用，有备所以无患也。厅治原同邑东界，昔人谓不患潦而患旱。泉坝陂塘，载诸邑乘。为问今之枯涔涸辙，厅属中尚有有志兴复者，追寻而浚瀹之，则三里皆沃壤矣。"翔安村落以"塘、井、坝、溪"等命名的比比皆是，如西塘、吕塘、莲塘，沈井、姑井、井头，坝上、曾坝洋，溪口、溪上、溪尾。地势较为平缓的村落，称为"坂"，如郑坂、施坂、洋坂；地势凹陷

的村落，则称为“坑”，如洪坑、东坑、后坑、琼坑、坑尾；沿海地势陡峭处的村落，则以“崎”为名，如嶝崎、小崎、崎口、石崎、崎头；山间地势平坦处的村落，则多称为“埔”，如后埔、面前埔、后炉埔。翔安地名还有一个特有的用字“垵”。“垵”字不能用“埯”的意思去理解，可以指比较平缓的小土岗，也可以指较低洼的位置，就如马鞍，它高高地安放在马背上，但本身就是一个凹陷的器物。

三、故事、谶言也是村落命名的形式

马巷镇亭洋社区的则大行自然村的命名是典型，不了解典故就不知道这个村落名称的由来。《马巷厅志》：“叶九师翁，马巷人。先世学尤溪法，至翁有幻术。日，往十二都至田畔，有耕者方插秧，翁曰：‘尔勿早归，俟吾回。’耕者曰：‘待尔何为？’翁知其不理，默放两草屦于田中，须臾化为双鲤。耕者争逐，日暮不获，秧因以乱。翁至嘻曰：‘尔辈何不早归？’口中默念数语，双鲤依然草屦。众怪之，共付一笑而散。今其地名执鲤。”闽南语鲤鱼叫作“鲢”。“鲢”又与“大”同音，“执”“则”方言同音，是追的意思。村落形成后，就以“则大行”命名。同美万家春自然村是以朱熹的谶言命名。另有“利来尾”“长生洋”等吉利村名，令人回味无穷。

单姓氏村落

自古闽南一带对姓氏的纯洁性都特别讲究，翔安也不例外。几千年的姓氏源流当中，由于种种原因，姓氏经常发生变化。“六桂堂”为一姓演化为六姓，是部分有血缘关系的洪、江、翁、方、龚、汪六姓的总称。不明底细的人，还以为是来自不同的宗族。据《史志》和《姓氏谱系》，洪氏出于唐尧时的共工；江氏为虞舜时伯益的后裔；翁氏为周昭王庶子溢，被赐姓翁为开基始祖；方氏为神农氏八世孙帝榆罔后裔方雷氏，另一支则源于周代卿士方叔；龚氏起源于神农氏后裔的共工氏。

一姓拆为六姓自有它的血泪史。唐末五代，京兆翁氏三十五世祖翁何随父翁轩入闽，卜居莆田福兴里竹啸庄，传至三十九代翁乾度(898—951)，官拜闽国补阙郎中，娶妻林氏，生有六子。翁乾度堂叔翁承赞是闽国王审知朝中宰相。五代后晋高祖天福年间(936—944)，闽国被南唐和吴越瓜分而亡，翁乾度为避国乱，携眷归隐莆田竹啸庄，将六子依次改为洪、江、翁、方、龚、汪六姓，分散逃亡四方，各以改后的姓氏定居繁衍。认祖归宗后，因各自族群枝繁叶茂，不便改回翁姓而取“六桂”为总堂号。

同姓不同血缘关系的族群，为了便于区别，也都会给自己的家族取个堂号。堂号常书写于大红灯笼上，遇家族庆典则张挂之，用以彰显家族姓氏来源，故又叫“灯号”。再往前追溯，就是更遥远的“郡望”。

一、同姓村落

同姓村落血统的纯一是不可能的，大家族注重枝繁叶茂，但各支派之间也存在各种不平等。古时有嫡庶之别，同是兄弟，嫡出庶出地位不同，待遇也不同。一个小家族尚且如此，同一村居人更是矛盾重重。

翔安各姓氏以同姓聚居为主，乡下村落更为讲究，一个村落两三姓同处的可能建立在异姓之间有好感，或姓氏之间势力相当的前提下。假如两姓群体力量悬殊，则较弱的一方必定迁走，或日子久了被同化。这不是隐姓埋名，而是放弃祖宗记号，改从他姓。不被同化，闽南语为“昧歁起”[①]。

姓氏改变的另一种情形是抱养。封建社会里重男轻女，童养媳一般不改姓，抱养或购买男孩则是为了传宗接代，自小抱养，因年纪太小，改姓也无所谓。男性入赘有几种情形：男性自身改变姓氏，后代也一样从女方姓氏；男性不改姓，所传后代以原先约定，或从父姓，或从母姓；比较特殊的是马巷桐梓的朱陈结合，朱陈不能称之为复姓，而应称组合姓。不管哪种方式，讲究的都是一脉相承，薪火相传。

有时姓氏虽然相同，但血统不一样。如郑坂郑氏，几支不同血缘关系的同姓聚在一个村落，同敬一脉祖先，正如俗语所说“五百年前是一家”。还有一种情况是同一祖先的几个支脉，一起往一个角落迁徙，定居后，同姓同族。在迁界

① 昧歁起（vēi kiā kì）：不好在这个村落继续待下去。

中，小姓氏家族，由于受官府欺压、驱赶，本来人丁就不旺，加上背井离乡，路上家破人亡，到内地又因势单力薄，分不到嗷嗷待哺的一杯羹，只好低头依附于大姓人家，更名改姓，入村随俗。

二、一姓繁衍的村落

翔安素有陈、林半天下之称。一姓繁衍的村落，一般都较为古老，如新圩镇金柄，内厝镇许厝、黄厝，马巷镇山后亭、内官，新店镇的洪厝、后村、蔡厝，这些村落，一旦遇到太平盛世，家族繁衍迅速，在耕地有限的情况下，就会向四周扩张，或远迁定居。新产生的村落还是一姓村落，而且血统更加纯正。

这些村落，在明清的几次迁界，也是整个家族迁徙，族人之间都互相照应。迁界解严之后，又都是因恋乡而整个家族迁往原祖居地。若途中遇见有好的村落无人定居（估记是哪个家族迁界时，离开同安地界，不再回来），就可分支定居。村落还是旧村落的社名，但姓氏早已改变。

三、大村落的形成

一个姓氏繁衍成一个大村落必须有几个条件：一是地理位置，二是姓氏素质。

翔安海岸线漫长，从东到西分布着：莲河霞浯、珩厝、东园、茂林、蔡厝、后村、彭厝、欧厝、东界、洪厝、窗东、井头、琼头、山后亭等，这些村落几乎是单一姓氏，对应吴、王、张、蔡、郭、彭、王、许、洪、林、陈等姓，村落人口总数少则二三千人，多则五六千人；在翔安内陆中形成大家族体系的只有内官官山陈、许厝萧山许、莲塘九牧林、金柄紫云黄、诗坂云岭陈、乌山帽山蔡。两相对比，要形成大家族，地理位置是非常重要的。

自明朝至清朝，倭寇来犯，几次迁界，都无法动摇沿海村落这些大家族的根基。丰富的渔产、盐产是当地赖以生存的物质基础。太平时期，这些村落的先民半农半渔，一年四季衣食无忧，这就加快人丁繁衍的速度。平时，这些大家族要在沿海生存下来，除了渔、耕、盐日常劳作，还要团结一心，训练自卫组织。经过水的洗礼，他们拥有坚强的体魄、坚韧的性格，遇倭寇、海盗来犯，大家族合力抵御，往往不会让来犯者占多少便宜。家族势力大了，敢闯的就出海开垦澎湖、台湾，下南洋扎根围垦。

翔安内陆大姓氏依山傍水而居，新圩水源丰沛、土地肥沃，很适合生存。家族一旦在一个角落扎根，一有机会，就会向周围拓展。这些大姓村落，除了耕、樵等日常劳作，还会往副业方面发展，人们生活中的衣、食、住等物质资料就从他们手中生产，正好可以和沿海居民交流所需，取得互补。马巷、新圩集市为沿海村落与内陆村落的物质交流提供方便。不过，内陆的生存条件毕竟比不上沿海一带，一年只有两季的五谷收成，全靠储粮来维持生活，下者遇上天灾人祸，立刻就会受到饥荒困扰；沿海居民则通过掌握潮汐规律，每天都可以下海捕捞，以维持一家人的生活。

多姓氏村落

多姓氏村落的产生有其必备条件，地理位置很关键，异姓和平共处也很重要。

一、多姓氏村落的产生

一般多姓氏村庄多出现在交通要道上，如沙溪、沈井、澳头、刘五店。交通要道人流量大，旅客长途跋涉，住店歇息必不可少，一有机会就有可能定居。历代官府也会在相应的交通要塞设置店铺，既为驻兵提供物质条件，也为统治阶层创造经济来源。驻兵在一个地方待久了，也会长住下来。清朝康熙之前，翔安范围之内，对外交流的重要地点，陆路有民安里的沙溪街，海路有翔凤里的刘五店墟、澳头墟。刘五店、澳头是古同安沿海两个最重要的贸易港口，是同安内外货物的聚散地。早在明朝，就有刘、高、林、童、王等姓看中刘五店这个天然良港而定居；澳头有苏、蒋、徐、余等姓定居。沙溪在南、同两县的交界处小盈岭坡下，唐朝开元中期，拓小盈至南山古道六十九里，沙溪就逐渐形成街衢，常年旅客不断，多姓氏在此经营，为旅客提供方便，沙溪有陈、林、张、蔡等姓杂居。直到后来潘姓从湖边社迁到沙溪上游、后垵对面，沙溪旧街才被新店街取代。此外，姓氏迁徙的中转站也会发展成多姓氏村落，如文崎、七里、小嶝。弹丸小嶝就定居着邱、洪、周、郑、许、张、吴等姓。

七里则有林、陈、谢、蔡、徐、黄等姓聚居。七里东面是店头社，西南面有店尾山，古代时这里是极繁华的区域。从马巷经曾林、营上到七里，有一条新街路；从七里往臭头山北麓有一条铺着整齐板石的街路通往出米岩山后，沿白云飞山腹经三岭，过锄山直达南安地界。此地自古有"小凤州"之称，凤头就在臭头山（即沙壤，以风化石为主体的小山丘，草木都不生长）。从七里沿山麓往北直到后寮东北面，只要挖地几尺，就能挖到铺着整齐方砖的地面，很难想象当时七里自然村周围的繁荣情景，也很难想象，这样的村落是在什么情况下消失的。

二、多姓氏村落的维持

几个姓氏共同居住在一个村落，能和睦相处是不容易的。刘五店、澳头居民平时以航运贸易为生，相互之间有生意上的往来，即和气生财；一遇到外敌来犯，几个不同姓氏的小群体，同心合力，共同对外，日子长了，就和平共处。沙溪也是如此，平时村落与村落之间，村落中角落与角落，不同姓氏之间为耕地、宅基地或日常生活琐事而产生的矛盾，在这里已经转化为经济上的矛盾，为了生存，只能挖空心思，搞活经济，适者生存。

廢村的造成

地名的描述和考究，因历史、时间原因，必定混有各种传说，但传说与实际有出入。民间传说中就有很多艺术创作，有迷信，有褒贬。翔安很多姓氏的根源传说本来就存有许多水分，有牵强附会，有依靠大姓之处。

地区不同姓之间往往因琐事而械斗，这种械斗不会导致村落的消失，一旦天灾人祸，其中一姓因瘟疫而合族迁走，留居的一姓有可能会对这一姓氏的迁徙加上许多流言蜚语。导致废村的原因是多种多样的。

战祸

历史上，改朝换代大都会引起战火，给百姓带来灭顶之灾。翔安虽处东南海滨，天高皇帝远，战火不如中原激烈，但也遭遇兵燹。战火是导致废村的主要原因。

翔安地处闽东南沿海，历来是军事、经济、贸易、交通等重地；翔安海岸线绵长，更占据着对外交流、对外防御的重要位置。南宋末期，宋帝昺从翔安经过，一路上躲避元兵追杀，翔安的大多数村落受元兵荼毒；元末明初，张士诚、方国珍残部与倭寇勾通，以台湾、澎湖为窠穴，掠劫福建沿海州县；明朝时期，内外勾结，倭寇不断来犯，杀人屠村在所难免；晚明，郑氏反清复明，根据地选中同安这块宝地，双方为这兵家必争之地，杀得难分难解，虽不比同安屠城，有过之而无不及。其中有应郑姓的，遭清军围剿，有不应郑氏的，遭郑军合攻。据传许厝东面刘宅，就遭到郑国姓的围剿。

南宋灭亡之前，元兵长驱直入同安，同安周围仁人志士，纷起勤王，丘葵遣子从军，就是一例。自元朝入主中原，就实行民族歧视政策。元末，泉州府地区十年战乱（1357—1366）和明嘉靖年间（1522—1566），倭寇大举进犯闽南沿海，烧杀抢掠，不知毁了多少个村落。

明末清初，郑成功从石井起兵，越小盈岭进入同安地界，攻占同安城，以金门、厦门为根据地，反清复明。光绪版《金嶝田墘郑氏族谱》记载：“郑森者，芝龙子，府庠生也。以赐姓恩深，因辞庙焚儒衣，起义海上，收兵南澳，据厦门，号思明州。遣郑泰交通番舶，贸易外邦，以资兵饷。奉永历年号，称国姓，而我嶝自是不得安矣。丁亥春，漳、泉等处以起义为名，盗贼蜂炽，群遭荼毒。戊子春，国姓兵从石井翻越小盈岭攻同安。九都之人好斗，偕吾将拒于店头山，兵民溃，同安破。委嘉禾进士叶翼云主同安，邱缙、林壮猷副之。正法八九都乡总，不妄杀一人，时快之。”金嶝郑氏族谱的记载，郑氏国姓兵对翔风里八九都未进行过屠村（也有屠村的可能，只是没有文字记载）。据说国姓兵驻扎于新店五营山一带，对周围村落进行征兵征粮，林厝王姓凭借闽王后裔，奋起反抗，就差点被郑氏国姓兵剿灭。

又据《金嶝实录》载：“癸巳，清攻海澄，兵败。秋七月，闽省沿海派饷，官宦富户俱遭派索……派饷有‘潘剥皮’之号，筑造有‘冯剔骨’之名。指吏官潘庚钟、工官冯澄世也。凡沿海有从海上出兵者，清则每船罚三百两银，而我嶝惫矣。八月，屯兵马家巷，拆毁八九都屋宇，荒其三冬，使之贫穷，以隆武妃故也。”“乙未，造高崎、浔尾、蟹仔屿、牌头、白沙沿边城寨，以防清兵渡海。凡产米一石者，派民夫一名以应役。一年纳谷二季，刻剥劳苦难堪，而吾嶝革瘁矣。”[①]

民间传说南明福州隆武帝南逃时，藏一妃于马家巷民间，故同安东界民安里八九都惨遭屠杀。郑军的剔骨剥皮，清军的拆毁屋宇，荒其三冬，凄惨景象，可想而知。

清顺治年间，清兵和国姓兵在同安展开拉锯战。清占领同安，同安是反清复明的摇篮。明朝残存势力由中原入

---

① 癸巳：清顺治十年（1653）。乙未：清顺治十三年（1656）。

福州，入同安，最后拥戴鲁王监国于金门。同安城三次属清，三次属明，生灵涂炭。康熙十七年(1678)七月，郑军刘国轩部利用“三藩之乱”五取同安，攻陷惠安、兴化，围泉州。这种战乱状态，一直延续到康熙二十二年(1683)，同安成了明清易帜在中华大地上最后的主战场。四十年的战乱，清军、郑军的征粮、征兵，直接导致翔安人举族迁往处地，是废乡的主因之一。

明末清初郑成功反清复明时，茶山社望族宋氏因族人支持郑成功反清，遭受清兵的围剿，村舍夷为平地，死亡无数，幸存的逃入民安里九都莲塘边社(今内厝镇黄厝村内塘边)定居，现分长、二、四、五房，三房远迁广东海丰，茶山社于是废村。

迁界

《明实录》记载，为了围困、剿除盘踞在沿海岛屿的元朝残存势力，明太祖下令“片板不许下海”，严禁人民扬帆出海贸易。自洪武四年至二十七年（1371—1394），明王朝相继严令“不得私通海外诸国”，禁止民间使用“番香番货”，“敢有私下与诸番互市者，必置之重法”。

明朝洪武年间，为防倭寇，“（周）德兴至闽，按籍佥练，得民兵十万余人。相视要害，筑城一十六，置巡司四十有五，防海之策始备”。周德兴大肆征夫建金门、中左、高浦等五所，金门又下辖峰上、管澳、田浦、陈坑四个巡检司。同安土地贫瘠，人丁不众，洪武防倭禁海迁界，受苦的是翔安人民，特别是大小嶝岛民。

清时，郑成功盘踞金厦。清从顺治开始，几次迁界，以康熙元年最彻底。沿界挖沟筑墙，设寨建台，分兵把守，严禁民众越界，官道以南，片瓦无存。有记载，“勒期仅三日，远者未及知，近者知而未信。逾二日，逐骑即至，一时跄踉，富人尽弃其赀，贫人夫荷釜，妻襁儿，携斗米，挟束稿，望门依栖。起江浙，抵闽粤，数千里沃壤捐作蓬蒿，土著尽流移”。顺治十七年（1660）九月，清廷下“迁界令”，翔安沿海八十八保居民迁居内地。同安东界民安里十八保，同禾里八保，翔风里二十四保，共五十保，有一半在迁界范围之内。清康熙元年（1662）迁界，翔安区域从小盈岭铺沿店头铺、沈井铺，到同安三忠宫铺官道，尽徙路南面沿海居民于新圩、汀溪、莲花等内地。清廷迁界对翔安辖区自然十分重视，凡支海多、港湾多、渔民多及郑军活动频繁的地方，迁幅都较大。嘉靖四十一年(1562)，是年查田，同安耕地计二千五百九十六点七二顷。迁界后，同安以灌口寨、苎溪桥、石浔、三忠宫和小盈等地为界，共豁田地一千九百四十一顷余。康熙十七年(1678)，查田，同邑迁界后耕地面积共二千四百五十三点二九顷，其中应包含迁界后官道以北新增的耕地。迁界导致废村。

康熙二十二年(1683)，台湾归正后，清廷废止迁界令。同安东界人口从明洪武时的三万左右，剧降至七千左右。到乾隆二十一年(1756)，同安东界人口也不过两万。迁往新圩、五显、莲花等地的移民陆续迁回故里，祖居地一片荒芜。恋家的就地取材，以残石片瓦为墙，以茅草为棚，简易搭盖，族人聚在一起又成一个村落；灰心丧气的，从此不恋故土，远徙他乡。清道光六年(1826)十二月初八，朝廷准开海禁，此后大批同安移民入台垦殖。

倭寇进犯

嘉靖二十年(1541),倭寇犯莲河、东园、珩厝诸社至鸿渐山,村民千余被熏毙于鸿渐山北麓一大山洞内,时人称“千人洞”。嘉靖二十七年(1548),倭军占浯屿,犯大担外屿,被击退。嘉靖三十三年(1554),倭寇泊浯屿掠同安。嘉靖三十七年(1558),倭寇泊浯屿,火其寨。五月,倭寇攻县城,被知县徐宗爽击退。嘉靖三十八年(1559)夏,倭寇攻县城,指挥白震、同知李时芳、教谕吴金率军民固守;五月,倭寇掠大嶝,倭寇由浙至浯屿焚掠。明嘉靖年间,地震、灾疫接连发生,官府腐败,民不聊生。东南沿海岛民,纷纷私自与海外诸番交易,引入倭寇,内外勾结,肆虐荼毒东南沿海。

嘉靖三十九年(1560)三月,倭寇大掠浯洲。知县谭维鼎率兵民抗击,参将王麟、把总邓一贵追击至鼓浪屿与刺尾屿,大败之。四月初二,倭寇进攻金门阳翟。阳翟各乡男女万余人,涌入官澳巡检司城里。城破时,倭寇纵火屠城,城内外积尸遍地,妇女集体投海不可胜数。十月,倭寇掠县东滨海村社。嘉靖四十年(1561)正月,倭寇掠同安;六月,倭党马三岱掠东界诸乡,谭维鼎大败马三岱于三魁出米岩;十二月,倭寇两万余由晋江浮海攻县南门,被击退。嘉靖四十三年(1564)二月初五,戚继光追倭至同安王仓坪,毙倭数千,救出男女三千余众。隆庆三年(1569)四月,倭寇犯同安,指挥张奇峰尽擒其党,泉属各县倭患俱平。

倭寇犯同安无不从海路入侵，翔安位于同安东界，更是首当其冲。自嘉靖二十年（1541）至隆庆三年（1569）二十八年间，同安倭患达十一次，其中攻城六次，官府传舍及民居数千家悉为灰烬。倭寇每次来犯，都有内应，打的是闪电战，杀人放火，抢掠一空后，又扑往其他地方，他们不会在一个地方久留。有的家族经不起侵犯，举族外迁，虽然后世陆续有其他族姓入住荒废的村社，但无人居住的小村落就成了废村。

制度废村

由于身份和官品、爵位等级不同，享受特权的范围也不一样。元朝推行民族歧视政策，各民族在法制上不平等，蒙古人享有许多特权。明代为天下诸色人等规定了严格的等级，大体以士、农、工、商……这种顺序排列下来。寒门子弟想要出人头地，光耀门楣，封妻荫子，就只有一条路——读书考进士。一旦考中秀才，就有了功名，按规定就算见到县令也不用大礼参拜；一旦中了举人，那就有了做官的资格；一旦中了进士而且进了翰林院成了庶吉士，只要不犯重大错误，登阁拜相也有可能。按照规定，每到一定的品级，家里的父母、妻妾、子女都可以一起沾光，父母、妻子可得诰命，子女可得恩荫。

以庠生为例，庠生也就是秀才。在明、清时期，庠生是地方士绅阶层的支柱。在地方乡社中，他们是知书识礼的读书人。他们在地方官前享有特权，常作为一般平民与官府之间沟通的渠道。遇有地方上的争执，或者平民要与官衙打交道，经常都要经过庠生出面调停。他们会乘机使用各种伎俩大捞一笔。

按规定，古代成丁都有服徭役的义务，每年在本县承担一定时期的无偿劳役，轮番从事地方的土木工程、修路造桥以及县里科派的劳动。县、乡士绅阶层中的三老及孝悌力田者；博士弟子、其他通一经者及特诏优许复除者；或生子、服丧者，逢天灾兵祸之害而暂获复除者；徭役的义务实际全落到中产阶级以下的人民身上了。如官员经过同安，一到小盈岭，各村社就要轮番派徭役当轿夫，沿途把这些官老爷送进送出。

士绅阶层享受免除徭役、丁税的特殊待遇，更高层次的士绅，甚至可以福荫整个家族。为了得到家族的荫庇，小姓氏、小村落的平民百姓会放弃姓氏，改从他姓，以逃避徭役、丁税。在这种情形之下，小村落就废村了。大家族这棵大树下也不好乘凉，要付出代价，只是比那些无依无靠的低阶平民好过一点。

平民百姓除了服徭役之外，每年还需缴纳苛捐杂税。乡社中，有地位的士绅阶层可以受县官委托，收取税租，在收租过程中，平民百姓要受这些人的剥削。农民交租用斗量，地主豪绅通过采用“踢斗”的方式剥削农民。踢斗指农民交租时，稻谷倒在斗里，要高出斗面，直到谷子掉落地上，收租人踢一下斗，斗中的粮食稍平，算是一斗，掉落地上的粮食归收租人所有。

小村落、小姓氏经不起层层盘剥，只得通过改姓投靠不需完税的大姓人家，或举家逃离祖居地。不过尽管逃离故居，跑到哪里，都免不了要服役、完税，只是有轻有重而已。

苛捐杂税猛如虎，小村落经不起折腾，一但遇到天灾人祸，转眼间就消失了。

自然灾害

万历三十二年(1604)十一月初九酉时,大地震,声如雷,城垣民舍多塌毁,地裂丈余,溢泥水逾月。万历四十六年(1618)三月,大雨雹如斗,崩城坏屋,压死两百余人。

康熙三十七年(1698)四月二十八日夜,暴雨成灾,崩城毁屋,死者千余。嘉庆四年(1799)四月初十至十一日,特大台风、洪水为灾,摧屋毁桥,百年未见。民国十年(1921),南同山区似虎非虎的白额猛兽数十只,结伙入社伤人,黄山前、前宅、小冈山、蔗下等社被啮三十余人。这种自然灾害,一般不会导致废村。小村落损失严重,也有可能举族迁徙。

《明史》记载:"成化十一年八月,福建大疫,延及江西,死者无算。"清道光二十三年(1843),嘉禾里霍乱又流行。咸丰八年(1858),嘉禾里霍乱流行。光绪十年(1884),厦门梧村首发鼠疫,由香港传入。光绪二十一年(1895),鼠疫大流行,延至二十六年方息,死人无数。宣统元年(1909),天花、鼠疫、霍乱、赤痢流行。民国成立之后,翔安区域也发生多次瘟疫,可怕的瘟疫导致废乡。

厦门是东南沿海最早的对外通商口岸,霍乱从海路传入福建,延及江西等地。东南地区对鼠疫最早的记载发生于清光绪二十一年(1895),民国版《同安县志》载:"光绪二十一年,大疫,鼠先死。染者或肿项,或结核、吐血,流行甚盛。"《金门县志》也记载了鼠疫在同安一带流行的情况:"光绪二十年，后浦头、后水头、沙尾等乡，忽发生鼠疫，传染甚速，死数百人，为金门前所未有。二十一年，鼠疫传染各乡，后浦为甚。”鼠疫俗称“发粒仔症”，方言简称“发陵”。据不完全统计，1889－1950年，六十年间，马巷地区鼠疫染病四万四千多例，死亡三万五千余人。

鼠疫传染一般通过逢圩赶集、探亲访友、迎神赛会等社会活动向周围蔓延。翔安沿海、内陆是复杂多次性发生，山区是散在一次性发生。翔安沿海、内陆鼠疫流行比山区严重，多呈间歇性重复传染。染病率占马巷地区总人口的六成多，特别是巷西、巷东，相隔一两年就发生一次鼠疫。鼠疫通过老鼠、跳蚤传染。流行初期，来势迅猛，病情严重，病死率高；中期，逐渐缓和；末期，染者偶能得生。先发热者必死；先有淋巴腺肿较大者，偶能幸存。因马巷区域与厦门岛内接触频繁，传染最广，琼头、井头、诗场、陈头、山亭、塘厝港、内垵、亭洋、店顶、利来尾、许垵、后莲、桐梓、曾林、沈井、曾厝、营上、坝上、赵岗、东界、美山、珩厝、白头、东园、沙美、霄垄、蔡厝、欧厝、澳头、和美是重疫区。这些范围内的村落都是现在的行政村、自然村，那些没列出来的小村落，很多不到几天死的死，逃的逃，成了废村。

除了霍乱、鼠疫之外，痢疾、猩红热、天花也是可怕的疫情。天花是我国古老的疫种之一，在一个地区传染，稚幼十伤其七，死者相望。

铁灶社位于前浯的西边，村庄的南面是彭厝和后墩，西面是洋塘、下庙、马池塘，北面是山头和竹浦，有条铁灶溪从西南边流过，村中居住着洪、郭两姓。村落建筑坐东朝西，地势东高西低。铁灶村自古村小人少，在1944年以后，归前浯管,解放后不久就废村了。有一种说法,因为村庄正对下庙村的鼓锣岩寺,得罪开闽王而废村,实际上,因解放前卫生条件差,各种疾病流行,特别是瘟疫,常常是今天有人染上瘟疫死了,明天出殡,后天抬棺材的人就染上了。这样加剧传染,人口骤减,幸存的人只好迁往前浯村,从此不想再回这个伤心地。瘟疫才是铁灶社废村的主因。

在这六十年的鼠疫大流行中,新圩区域逃过一劫,但新圩毕竟也不是人间天堂。有一首民谣在新圩一带流传:"溪仔墘,六角井。黄枝脚,蜘蛛肚,会呷昧行路。"这首民谣形象地描述了新圩、内厝山区一带流行的恐怖疾病——"大肚子病"(血吸虫病)。血吸虫病在翔安区域流传有上百年历史。解放前,科学技术落后,百姓知识落伍,一染上此病还以为是居家"风水"出了问题,四处求神问佛,均无济于事。

血吸虫病危害严重,导致家破人亡,村落毁灭。大帽山辖区中的后寮、大箱、后头洋、宫头洋、东塘、山坑洋、巷口、石厝,新圩镇诗坂陈姓居住的溪仔墘、六角井、高厝,村尾村内境辖的黄竹内、顶厝后、厝桶仔、壶内、黄田、田边、黄厝,帽山村境辖的宅兜,东陵村境辖的营厝,内厝镇锄山村境辖的唐房,美山村的西林等二十二个自然村因血吸虫病而成为废墟。血吸虫病导致人口殆尽四百二十七户,死亡二千六百四十八余人,房屋倒塌一千二百七十三间,田地荒芜一千七百六十七余亩。村尾村七个毁灭的村落因无从查访,不计算在内。新圩镇下埕、岩后、村尾、村内、曾溪,内厝镇锄山松后、蔗下,死亡二百一十三人,房屋倒塌一百七十八间,田地荒芜二百零五亩。

改革移民安置

随着社会的发展变化，各个时期的改造搬迁也造成村落消失。从巷东公社建设蔗下水库（蔗下村消失），到翔安新区大开发、大建设的移民造福工程，很多小村落又消失了。

这种废村，这种迁徙和以前不一样。他们离开破烂不堪的祖居地，满怀希望、欢天喜地地乔迁新居。马巷镇万家春、山头、清泉、双溪湖、丁亭五个自然村三百二十九户居民，在翔安火炬工业园区开发建设时，整体迁入附近的安置楼，并不离开祖居地。2007 年，大帽山开始移民造福工程，大帽山古坑、后炉、上部、内官、村门五个村第一批移民二百一十八户、一千人。2013 年 11 月，罗田、寨仔尾是翔安第二批大帽山移民自然村。大帽山居民离开交通不便的山旮旯里，离开祖祖辈辈居住，有几百年历史的危房，他们欢欣鼓舞地走向大都市。

翔安各镇街地名

翔安

翔安区辖大嶝街道、新店镇、马巷镇、内厝镇、新圩镇、大帽山农场，共一百一十二个村居，其中有马巷镇五美、友民、三乡、后亭、滨安和新店镇新兴六个城市社区，七十六个村改居社区，三十个行政村，三百七十个自然村。

大嶝街道

大嶝岛、小嶝岛、角屿岛、白哈礁组成的嶝岛群岛位于厦门市翔安区东南海面，面积约十三平方公里。清乾隆四十一年(1776)，大小嶝岛和金门属马巷厅管辖。民国元年(1912)，裁马巷厅，析同安县嘉禾里，翔风里金门、大嶝、小嶝置思明县，同年升思明府。民国四年(1915)，析金门、大嶝、小嶝置金门县，大嶝属金门县第七区。1950 年 4 月，金门县工委撤销，所属大嶝区划归南安县管理。1955 年 5 月，福建省政府宣布成立金门县人民政府，大嶝区归金门县管辖，因金门还没解放，大嶝区仍由南安县代管。1971 年 3 月，原南安属的大嶝公社及石井公社的莲河、霞浯二个大队划归同安县。莲河、霞浯并入新店公社。改革开放后，大嶝大桥把大嶝岛与翔安区新店镇连接起来。

大嶝街道位于翔安区东南大嶝岛，街道办事处驻西田，与金门岛最近距离仅一千八百米，区域面积十三点二平方公里，有人口一万八千三百二十八(2010 年)。辖九个村改居社区：田墘、山头、蟳窟、嶝崎、双沪、阳塘、北门、东埕、小嶝，共二十一个自然村。大嶝岛古称金嶝、嶝山，环绕金嶝的都是海域。神龙入海，奔向嶝头。东出湖边，西出红甓，又出山头下尾。为田墘护卫，福泽肥厚。前则蟳游于窟，后则麦晒于埕。左则来垄献果，右则炉口成丹。四兽环四物，海月石华，水母目虾，鱼盐珠米，奉献于前。

大嶝确实是个好地方。不过，原始的大嶝岛不是人间天堂，历史上，大小嶝岛深受倭寇、海盗洗劫。大嶝岛原本贫瘠，为沙壤盐碱地，水源奇缺，没有几亩良田，只能种植地瓜、花生、高粱等抗旱农作物，岛民大多靠海滨结为村落，过着半渔半耕的原始生活。历代禁海迁界中，金嶝岛民经历多次灾难。洪武禁海，大小嶝岛民迁于大陆沿海；清朝迁界，大小嶝岛民更是蒙受其害。解放初期，大嶝成为我国东南沿海的最前线，岛民冒着生命危险，支援解放军解放金门，留下光辉一页；在“八二三”炮击金门中，大小嶝岛涌现出许多动人事迹，被国务院、中央军委授予“英雄三岛”称号，如今它已成为中国名镇。

全国唯一的对台小额商品交易市场在厦门大嶝，于1998年5月经国务院办公厅、中央军委办公厅联合批准设立。1999年5月局部建成开业。2010年5月，乘海峡西岸经济区建设开展之际，大嶝对台小额商品交易市场改扩建工程开工，定名为大嶝小镇。大嶝小镇规划面积约八十三万平方米，实际用地面积约八十万平方米，建筑面积一百一十二万平方米，总投资约三十五亿元，分三期建设。其中一二期用地五十二万平方米，建筑面积六十万平方米；三期用地二十八万平方米，建筑面积五十二万平方米。由台湾李祖原建筑师事务所规划设计，中央军委办公厅联合发文批准设立，目的在于增强对台经贸合作的吸引力，加快台湾和厦门乃至两岸经贸合作的步伐。

大嶝小镇的开设以促进两岸合作交流为宗旨，重点建设台湾商品展示交易商城、街店等商业设施，仓库、货场、简单包装及贴标、信息化服务平台等物流设施，传统产业博物馆、民俗风情博物馆等文化交流设施，特色酒店、餐饮、休闲娱乐等配套设施；重点引进台湾生产厂商、经销商和大陆从事对台经贸及文化交流的商家入驻。打造集商贸、旅游、休闲、购物于一体的独具对台特色的商贸旅游综合体、台湾民生消费品集散中心，成为跨越海峡的经贸金桥。

田墘社区

田墘社区在大嶝岛中北部，辖田墘、路口、上红壁、土厝四个自然村，十三个居民小组，有二千七百六十余人。社区居委会驻田墘，以驻地村名为居委会名。清属同安县翔风里大嶝保。1914 年起属金门县，称嶝西乡田墘保。1950 年属南安县大嶝区嶝西乡。1958 年成立田墘大队，属大嶝公社。1971 年为田墘大队，属大嶝公社。1984 年改称田墘村委会，属大嶝乡。耕地三百五十亩，农渔盐并举。2005 年 2 月为翔安区大嶝街道田墘社区。

田墘村位于大嶝岛中北部。传明洪武五年(1372)郑姓自海澄迁入，垦荒定居，建村于田边，故名田墘。有人口一千八百七十人，多郑、谢姓。唐垂拱年间，河南光州固始郑姓与五十八姓军校从开漳圣王陈元光入闽。郑氏苗裔郑柟(原名构)与弟郑桂驻漳州海澄积善里，传至十世孙郑外，字尚温，于明永乐年间分居同安东界翔风里十五都田墘村(龙田)，灯号“荥阳”。郑尚温又从田墘迁居霄垄，尚温夫妇早逝，留下独子文曲，字世昌，号萧山，仅五岁，由姐万娘抚养，万娘为养弟不嫁，被称为“烈姑婆祖”。郑文曲为田墘一世祖，生有五子，分五房(其中五子为养子)。传至四世长房郑裕宗之子郑长华、郑长旺、郑长荣，二房郑岱宗子郑晚胜，三房郑贤宗子郑振成等返回田墘定居。

上红壁自然村始建房时，以红甓砖砌外墙，防风雨侵蚀，故称红甓，后写作红壁。有顶下两自然村，此村在东北，故称顶红壁，后改为上红壁。上红壁属田墘社区，下红壁属蟳窟社区。有三百七十余人，多谢姓。明洪武年间，红壁村二世祖谢茂昌四兄弟迁住翔风里十四都后仓保竹浦村，繁衍成大族，历三世至成化八年（1472）迁回大嶝复业，谢文怀、文尧迁回上、下红壁。

路口自然村地处大嶝岛北面，村东北有大路，早期是大嶝岛各村往码头搭渡船必经之处，故名路口。1982 年，该地出土唐宋古钱一百多斤。有三百四十余人，多郑姓。

土厝自然村位于上红壁东北，清代写作泥厝。初建居时是土墙瓦顶，称泥厝。"泥"与"土"方言同音，后作"土厝"。有一百八十余人，多郑姓，由龙田郑氏分衍。

山头社区

山头社区位于大嶝岛中部，仅辖山头自然村，有六个居民小组，八百二十余人，多郑姓。居委会驻山头，以驻地村名为居委会名。清属同安县翔风里大嶝保。1914 年起属金门县嶝西乡田墘保。1950 年属南安县大嶝区嶝东乡。1958 年成立东星大队，属大嶝公社。1960 年属田墘大队，1961 年析置山头大队，1965 年又归田墘大队。1981 年再析置山头大队，属大嶝公社。1984 年改称山头村委会，属大嶝乡。2005 年 2 月为翔安区大嶝街道山头社区。为明万历年间，荐辟广东恩平知县蔡标故里。

山头村位于大嶝岛中部小山之顶，故名山头。开基祖龙田二世从田墘分居山头，灯号“荥阳”。郑文曲迁居霄垄，为萧山一世祖，生五子，分五房份。传至四世，一半居霄垄，一半迁居故里田墘、山头。

蟳窟社区

蟳窟社区位于大嶝岛西部，辖下红壁、上蟳窟、下蟳窟三个自然村，有七个居民小组，居民一千七百七十余人。居委会驻蟳窟，以驻地村名为居委会名。清属同安县翔风里大嶝保。1914 年属金门县，为嶝西乡蟳崎保。1950 年属南安县大嶝区嶝西乡。1961 年析置蟳窟大队，属南安县大嶝公社。1971 年为蟳窟大队，属同安县大嶝公社。1984 年改称蟳窟村委会，属大嶝乡。2005 年 2 月为翔安区大嶝街道蟳窟社区。

下红壁自然村位于大嶝岛中部，初建房时，外墙壁嵌红甓，以防风吹雨打，又美化装饰，人称之“红壁”。下红壁靠近蟳窟，又在上红壁西南角下方，故称下红壁。有三百五十余人，多谢姓。

上、下蟳窟在红壁村西南。下蟳窟村后有小山，形似蟳。村子建于蟳嘴处，因地势略低，处在上蟳窟南侧，故称“下蟳窟”。有八百余人，多谢姓。村西南有一座解放大嶝岛英雄烈士公墓，墓前一棵千年古榕树。

上蟳窟在下蟳窟北面，地势略高，因地势符合“上北下南”的取名习惯，故称“上蟳窟”。有六百三十余人，多谢姓。在上、下蟳窟之间，有谢姓宗祠一座，堂号“宝树”。

红壁村二世祖谢茂昌四兄弟于明洪武年间因禁海迁居

后仓保竹浦社，繁衍成大族。谢姓历三世至成化八年(1472)迁回大嶝复业，谢文怀、谢文尧居上、下红壁；谢文品、谢文强居上、下蟳窟。

嶝崎社区

嶝崎社区位于大嶝岛西南部，是由大嶝大桥进入大嶝岛的第一村落，辖嶝头、崎口下二个自然村，有十二个居民小组，二千四百余人。居委会驻崎口下，取嶝头、崎口下首字为居委会名。清属同安县翔风里大嶝保。1914 年属金门县嶝西乡蟳崎保。1950 年属南安县大嶝区嶝西乡。1958 年属蟳崎大队，1961 年析置嶝崎大队，属大嶝公社。1971 年属同安县大嶝公社嶝崎大队。1984 年改称嶝崎村委会，属大嶝乡。2005 年 2 月为翔安区大嶝街道嶝崎社区。

崎口下自然村原名蹽前，意为人们待退潮时从海路“蹽澥”过海之前的歇息地[①]。后为看护滩涂，方便生产，在崎口村前大崎沟建居，名崎沟下，方言音近“崎口下”。有一千四百余人，多蔡、谢姓。崎口下蔡姓由新店镇蔡厝分支；

嶝头自然村位于大嶝岛西端。原宋姓始居地，又名上宋。自然村位于崎口下村西，未形成村落之前，从同安蔡厝渡海，在此登岛，故名嶝头。有一千零五十余人，多蔡、宋姓。宋氏入闽二十五世宋永灵从莆田双池迁入同安，任县衙文案。永灵生二子兴祚、觉灵。永灵早殁，两子投靠同安翔风里十三都钟宅村姑丈洪建肃家。明景泰四年(1453)，宋氏二世宋兴祚由莆田荔城双池巷迁居大嶝“山顶头”上

---

① 蹽澥(liǎo dê)：退潮后，从海底滩涂涉过。

方，拓衍嶝头上宋乡，尊宋永灵为一世祖，灯号“荔苑”。兴怍生四子——仁慈、义慈、礼慈、智慈。新店镇蔡厝蔡景仁长子蔡太荣后裔分衍嶝崎坪兜角落；山后亭陈仁秉六世孙陈源清后裔分居嶝崎；嶝崎黄姓由内厝镇黄厝黄姓分衍。

双沪社区

双沪社区位于大嶝岛南部，辖双沪、东莲两个自然村，有六个居民小组，二千零七十余人。居委会驻双沪，以驻地村名为居委会名。清属同安县翔风里大嶝保。1914 年属金门县，为嶝西乡双沪保。1950 年属南安县大嶝区嶝西乡。1958 年称双沪大队，属南安县大嶝公社。1971 年为同安县大嶝公社双沪大队。1984 年改称双沪村委会，属大嶝乡。2005 年 2 月为翔安区大嶝街道双沪社区。

双沪位于大嶝岛西南，嶝崎东面。双沪原名淳厚，为许姓、叶姓居住地。后因故更名“霜雨”，以方言同音，渐演变为“双沪”。有一千六百余人，多许姓。文崎许厝萧山派许肃七世孙许良森于明正统八年(1443)与十世许周焕捕鱼至浯江。后从文崎下许迁居大嶝淳厚。继良森之后，八世许廷铉由下尾店移居淳厚；从此萧山许氏在淳厚村各自蕃衍成一个支派。许良森传至四世子期，于明嘉靖年间，因事累潜踪汀溪五峰，为五峰开基祖，分布许厝、当店、庄上三个自然村。

东莲自然村聚落呈方形状，与双沪自然村毗邻。有四百六十余人，多许姓。

阳塘社区

阳塘社区位于大嶝岛东南部，只辖阳塘自然村，有十二个居民小组，三千四百五十余人。社区居委会驻阳塘。清属同安县翔风里大嶝保，1914 年属金门县，称嶝东乡阳塘保。1950 年属南安县大嶝区嶝东乡。1958 年称阳塘大队，属大嶝公社。1971 年为同安县大嶝公社阳塘大队。1984 年改称阳塘村委会，属大嶝乡。2005 年 2 月为翔安区大嶝街道阳塘社区。为明万历年间，文进士都察院右副都御史张廷拱；清康熙年间，行伍出身金门游击张正故里。

阳塘村离金门岛仅八公里，系大嶝岛内最大的自然村。阳塘张姓为二支系合居。张天爵祖籍河南光州府固始县，唐僖宗乾符五年(878)，张天爵随王潮入闽，以参谋参与削平王仙芝、黄巢之乱，授南剑刺史。哀帝天祐四年(907)，朱温篡唐，张天爵弃官避居闽南，择居南安贤坂里。张天爵后裔遍布海内外，分族集居于南安石井镇前坂村、大溪村、章文村、蔡盈村，水头镇金厝村；晋江安海镇西垵村、型厝村；同安祥桥西塘村；翔安大嶝街道阳塘村、内厝镇黄厝村周后等地。元朝末年，阳塘开基祖张肇南自南安章文乡迁居大嶝南尾垦殖，明洪武元年(1368)，因边海边居民顽愚难驭，官府令岛民内迁，张姓迁居十四都图(今翔安新店镇洋塘仔)，以农为生。成化八年(1472)，准原民回籍，四世张尹廉率宗亲返回南尾复业。相传明代张氏迁入之前，余姓已在此地居住，形成村落，冠姓地名余厝。张姓挖八口池塘纪念祖籍地，将余厝改为阳塘，灯号“清河”。

另一支派为晋江张林张镜斋派下。张镜斋生九子，分衍九大房，其中五子张信郎居晋江赤西。万历年间，因遭恶蚁危害，始祖张天水迁居大嶝阳塘开基上山份，灯号“儒林”。

阳塘王姓人家从南安深坑分居，灯号“开闽”。

北门社区

北门社区位于大嶝岛东北部，辖北门自然村，三个居民小组。有八百一十余人，多蔡姓。居委会驻北门。清属同安县翔风里大嶝保，1914 年属金门县嶝东乡四堡后保。1950 年属南安县大嶝区嶝东乡。1958 年称东星大队，属大嶝公社。1961 年析置北门大队，1965 年与东星大队再次合并，1975 年再析置北门大队，属大嶝公社。1984 年改称北门村委会，属大嶝乡。2005 年 2 月为翔安区大嶝街道北门社区。

北门自然村地处大嶝岛东北部，为独立行政村，东北与东埕村毗邻。北门村和小北门村蔡姓，于明万历年间从金门琼林下坑墘迁此，始祖蔡永宗。小北门村大部分蔡姓徙居台湾彰化等地，小部分迁入北门村，现小北门村已废。祠堂对联“派本琼林原由固始 地名嶝屿宅奠北门”。

东埕社区

东埕社区位于大嶝岛东北部，辖东蔡、麦埕、溪墘、后店、坑尾五个自然村，有七个居民小组，一千九百余人。居委会驻后店，以东蔡、麦埕两个自然村各取一字成“东埕”，为居委会名。清属同安县翔风里大嶝保。1914 年属金门县，称嶝东乡四堡后保。1950 年属南安县大嶝区嶝东乡。

1958年称东星大队，属大嶝公社。1984年改称东埕村委会，属大嶝乡。2005年2月为翔安区大嶝街道东埕社区。为明嘉靖年间，文举人两淮运使王佐和清雍正年间，文举人王飞龙故里。

东蔡自然村为蔡姓居住地，且在大嶝岛之东，故名东蔡。有六百余人，多蔡姓。东蔡开基祖蔡兴旺于清初从晋江金井镇塘东田头行船至大嶝东埕海域，遇台风，避风东蔡，后定居，灯号“青阳”。

后店自然村原名院兜，相传四堡后有一老人在此开店铺，后逐渐形成村落，故名后店。有一百二十余人，多王姓。王审知裔孙居住于院兜，灯号“开闽”。大嶝院兜一部分王姓又分衍大嶝阳塘。明洪武二年(1369)迁界，王庭从大嶝院兜迁居内陆珩厝，明成化间，王庭次子王肇翼派下王乾思迁回大嶝院兜恢复祖业。

溪墘自然村原村前有一溪流。相传村民从民安里迁入，为纪念祖居地仍名为溪墘(原名溪边)。有三百五十余人，多陈姓。新店陈坂陈元达生四子，长子陈太和，分衍后坑村、浦边村。陈泽由后坑迁居大嶝溪墘村。

坑尾自然村因初建村时，村在坑坪之末端，故名坑尾。有一百七十余人，多谢姓。明洪武八年(1375)，全嶝岛民尽内迁，谢茂昌四兄弟迁居翔风里十三都后仓保沿海竹浦社，繁衍成大族，历三世至明成化八年(1472)迁回红壁复业。谢文辉迁居坑尾。

麦埕自然村原名烈池，据传建居前，原有晒谷埕，四无荫蔽，用于晒麦，故称麦埕。有七百余人，多曾姓。明末，晋江县登流里三十五都(现称下辇，属晋江池店)，曾姓三兄弟徙居同安翔风里，长兄居十七都龟山西麓，改村名烈池为麦埕，灯号“龙山”。

小嶝社区

小嶝岛为翔安区东南沿海大嶝岛东部的小岛，面积仅为零点八平方公里，是祖国大陆距离金门最近的地方，相距仅三千二百米。小嶝社区辖前堡、后堡两个自然村，有六个居民小组，二千五百余人。清时同安县翔风里小嶝保。1914 年属金门县小嶝乡。1950 年为小嶝乡，属南安县大嶝区。1958 年改称海燕大队。1965 年更名为小嶝大队，属大嶝公社。1971 年由南安县代管划归同安县，为大嶝公社小嶝大队。1984 年改称小嶝村委会。2005 年 2 月为翔安区大嶝街道小嶝社区。

小嶝岛地处翔安、南安、晋江、金门交界处，扼浯海之咽喉。东与晋江市围头隔海相望，西与大嶝岛毗邻，南照金门岛北太武，北倚鸿渐山，自古以来，这里水路畅通，是北上泉州，南下厦门的船舶必由水道，“引漳泉而控浯海”，地理位置十分重要。小嶝岛文化积淀深厚，理学名贤丘葵长期隐居小嶝，岛上留下许多和他有关的文物古迹。小嶝岛与金门隔海相望，鸡犬之声相闻，1958 年“八二三”炮战，小嶝经历过硝烟战火的洗礼，是炮战的最前方。如今小嶝地面上有原始状态的明碉暗堡、战壕以及对台广播的原址，地底下有纵横交错的坑道。炮战中涌现许多英雄人物，党和国家授予“英雄三岛”光荣称号。小嶝岛风光秀丽，景色宜人，是休闲旅游的好地方。

前堡自然村位于小嶝岛西侧，从大嶝岛乘退潮蹽濒先到的称前堡，靠大嶝一侧。有一千九百余人。

小嶝前堡邱姓始祖丘葵，字吉甫，隐居小嶝后，自号钓矶。南宋恭宗德祐二年(1276)，元军占领泉州，丘葵遣长子必书随张世杰入粤抗元，自己携家人由泉州逃至同安五峰避难，将丘妻子吴氏和三子造物安顿在五峰的一处远房亲戚家。自己带着次子丘俗隐居海岛，先秘藏大嶝，随后隐藏小嶝岛。当年丘葵三十六岁，吴氏死后，丘葵继娶金门欧崎许氏，又生四子丘信。丘葵卒于元元统元年(1333)，终年九十岁。丘葵生前在小嶝留下钓矶、棋局石等遗迹，可惜于解放初期毁于战火。现小嶝邱氏为丘葵四子丘信的后裔，堂号“理学传芳”，分四房份——顶角大厝内、东面厝、西面厝、石埕，有人口一千余人。清代，顶角大厝内房份播迁民安里八都后坑。丘必书秉承父命随张世杰入粤抗元，兵败后，占据海南岛，自创堂号“琼山”。明代，其裔孙丘濬进士及第后到小嶝谒祖归宗，在宗祠悬挂“理学名贤”匾额。

小嶝前堡许姓系明末清初金门珠浦五十郎许忠铺派下三房大前厅十四世裔孙许君杉和许八兄弟的后裔，从金门后浦徙居，灯号“金马玉堂”。有二百七十八人。

小嶝前堡李氏七十多人。小嶝李氏开基祖李乃育，字崇基，又字煌远，号廿郎，南安洲江人。生于宋理宗淳祐十年(1250)。获其父致政首肯，李煌远携眷从南安洲江迁居小嶝，生一子名孙助。孙助子德宗、显宗。德宗年二十，生子取名贤忠，越二年又生贤佑，后连育四子仙保、仙奴、仙养、仙兴。

小嶝张姓，由张肇南后裔从南安石井三乡，于明洪武元年(1368)开基小嶝前堡及大嶝阳塘(大部分)，灯号"清河"。

同安"芦山堂"避居苏厝，二十一世苏惜儿，生七子，子孙繁衍苏厝二十四社，分支马巷三乡、小嶝。

前堡周姓，为北宋儒家理学思想鼻祖周敦颐后裔，灯号"濂溪"。

后堡自然村位于小嶝岛东面，靠角屿岛一侧。有一千余人，多洪、吴二姓，部分陈姓、李姓。

南宋时期任福州奉谏议大夫洪皎次子洪道，因避战乱，于南宋绍兴十年(1140)隐居小嶝屿后头堡，创分堂号"嶝山"。有八百人左右。洪道后裔五世洪衮入赘翔风里十二都浦尾保附近林家，定居于窗兜，后繁衍成春、夏、秋、冬四房。

吴姓由马巷内垵迁徙，郡号"延陵"。现有二百余人。

陈坂部分陈氏后裔，为守护"蜘蛛墓"祖坟迁入小嶝后堡。

新店镇

新店镇位于翔安区东南沿海突出部，东与南安市石井镇相邻；东南与大嶝及金门岛隔海相望；西南与厦门岛相瞩；西临东咀港；西北、北承马巷镇；东北与内厝镇接壤。翔安区行政中心位于该镇祥吴村。全镇总面积一百一十八点二九平方公里。有人口九万二千七百七十人（2010 年）。

宋至民国前期，新店镇大部分属翔风里十三、十四都，小部分属民安里十都。民国二十七年（1938），属于同安县第二区第十五办事处，联保取名"仁风"，设有十七个保。民国三十二年（1943），属同安县仁风乡、振南乡。解放初，属于同安县第五、第六区。1952 年，同安县第十区驻地在洪厝。1958 年下半年，开始设人民公社，撤销原乡建制，新店镇行政中心开始向新店村转移。至 1959 年 2 月，全县共建立七个人民公社，新店开始成为同安东南沿海新店公社驻地，辖二十个大队。1961 年 9 月，恢复区建制，新店区下辖新店、盐山、前线三个公社。1964 年 4 月设立东坑公社，由现马巷镇和新店镇的部分社区组成。1969 年 1 月，撤销东坑公社，垵山、湖头、东坑、洪厝、杨厝、炉星、和平、下许八个大队划归新店公社。后来新店乡、新店镇的辖区基本上是 1961 年 9 月新店乡的管辖范围。1971 年原属南安县石井公社的莲河、霞浯两个大队划归同安县新店公社。

新店镇辖莲河、霞浯、沙美、霄垄、珩厝、东园、茂林、大宅、吕塘、溪尾、陈塘、新店、祥吴、湖头、东坑、洪前、洪厝、炉前、下后滨、下许、安山、刘五店、东界、钟宅、鼓锣、浦园、西滨、澳头、欧厝、彭厝、前浯、浦边、后村、蔡厝三十四个村改居社区和新兴社区，一百十一个自然村。

新店镇是新兴的，充满活力的乡镇，辖区范围可与马巷镇并驾齐驱。新店村能发展成新店镇的经济、文化、交通中心，与其地理位置关系密切。清乾隆马巷设厅时还没有新店这个地名，时名“圣林铺”，位于下尾店、刘五店之间。后改为三角埕铺；马巷通澳头、刘五店的交通要道经过这里，这里慢慢成为集镇，洪厝洪姓立马抓住这个机遇。

“圩”是一个集市范围。以前农村经济不发达，百姓之间每月的交易都有固定的日子，到了交易日，周围农家、渔家就把剩余的可以交易的物品带来赶圩，就地摆放，买卖完成后，各自回家下地干活。“店”是有固定交易场所的地方，一般选在人流量大、宽阔平坦的地点，有固定的店铺。新店的来历就是这样，几座店铺修建在道路两旁，为来往的客人提供各种方便。规模大了，就会由店而改称街，但既然以新店为名，就不会再有多大的变化。新店现在还保留着一些古老而简陋的店面。

新店镇辖区内有多处文物古迹，如垵山明朝“理学名宦”林希元故里、东界石塔、彭厝彭德清纪念馆、洪厝洪朝选墓、吕塘蔡贵易墓和望洋阡。

香山寺位于新店镇东部，建于北宋靖康二年(1127)，供奉清水祖师。朱熹曾在寺东山麓岩上书有“真隐处”三字，寺南原有供奉朱熹的“香山书院”，是科举时代知识分子攻读经史、吟诗唱和的地方。清乾隆年间开始，马巷、新店一带的农民每年农历正月初六都成群结队地到香山寺赶庙会。1996 年 5 月，香山寺被同安县人民政府定为第六批文物保护单位；2004 年 11 月，被福建省人民政府确认为省级风景名胜区。

新店镇海岸线长，以其特殊的地理优势，农、渔、盐三大产业相结合，促进辖区经济发展，迅速成为可与马巷镇比肩的新兴乡镇。

新兴社区

新兴社区，顾名思义，是新店镇新兴的城市社区。新兴社区居委会位于翔安区东方新城，有五居民小组，一千七百五十余人。1987 年新店乡改为镇建制，实行以镇辖村后，新兴路两侧商住楼林立，经商人口日益增多，为了加强管理镇辖区内的非农户口，经同安县政府批准，于同年 9 月 26 日成立居委会。

莲河社区

莲河社区位于新店镇辖区最东面，离新店镇中心大约十公里，辖莲河自然村，五个居民小组，二千四百余人。社区居委会驻莲河，以驻地村名为社区名。早期此地为牡蛎重要交易场所，故取村落名为“来蚝”，方言雅化为莲河。原属南安县石井公社，1971 年划归同安县，属新店公社。1984 年改称莲河村委会，属新店乡。1987 年属新店镇。2006 年 3 月为新店镇莲河社区。

莲河聚落略呈棱形，盛产海盐，清代设莲河盐场。东邻南安洲江村，南隔海与大嶝岛相望，码头与大嶝岛对渡，是沿海居民交流的重要渡口。莲河自然村落有五百多年历史，至今有保留较为完好的古街、古集市、古渡口等。在大嶝大桥还未通车之前，莲河处于南安、同安、金门的交界点，多姓氏杂居，非常热闹、繁华。

莲河多吴姓，由西面霞浯村跨过鬼仔巢沟迁此聚居[①]。

明洪武二年(1369)，大嶝院兜王庭迁居珩厝，五子王肇智业儒，中明永乐二十一年(1423)癸卯科乡榜第四名举人，授南京教谕，开基莲河，后裔分迁厦门、安溪。

下尾店杨肃十七世孙杨进瑶迁居上塘社，其子四十九郎迁居莲河社，为莲河杨姓一世祖。

明末清初，因避战乱，南安诗山二十四世余铂贤携眷到同安十二都院下开基。余铂贤生四子，长子于清代迁广东饶平雁塔村，季子于莲河经商，后定居莲河。现莲河余姓有一百余人。

莲河李姓始祖李从梅，为南安洳江李君怀支派，从金门徙居而来，郡望“陇西”。

霞浯社区

霞浯社区位于新店镇东南部九点六公里，辖霞浯、赤土埕、前岑三个自然村，有十个居民小组，约四千人。居委会驻霞浯村，以驻地村名为这社区名。原属南安县石井公社霞浯大队，1971 年划归同安县新店公社。1984 年改称霞浯村委会，属新店乡。1987 年属新店镇。2006 年 3 月为新店镇霞浯社区。为清代荐辟州兵备道吴慎、武举人吴帮兴故里。

---

① 鬼仔巢沟(guī ā xiǔ gāo)：其地因乱葬海难死者，故名。

霞浯在新店镇东南沿海，莲河西侧，村旁原有溪流入海处叫浯江，村落在浯江下游，故名下浯，写作霞浯。聚落呈棱形。人口约二千四百人，多吴姓。南宋名相吴潜受奸佞陷害，于景定三年(1262)五月惨死循州(今广东潮州)，祸及族人。吴潜五世孙吴瑞举家南逃，南宋景炎元年(1276)"因幼主之难遁居泉南之南邑四十六都霞浯乡"繁衍生息至今已传二十三世，灯号"延陵衍派""梅里传芳"。吴瑞生四子，长子可行、次子可隐、三子可远就地繁衍，后裔外迁翔安地界有马巷、莲河。四子可深于元武宗至大三年(1310)移居漳州石码涂仔社。

前岑在霞浯西南海边六百米，村后有一小而高的山地，故名前岑。聚落呈长条状。人口约二百五十人，多吴姓。

赤土埕在霞浯西北面，所在地为赤壤土，可作农作物晒场，故名赤土埕。聚落呈二字形排列。人口约一千一百人，多吴姓。

沙美社区

沙美社区位于新店镇东八点一公里，辖沙美自然村，有九个居民小组，一千二百二十余人。居委会驻沙美，以驻地村名为社区名。清属民安里十都蓬莱保。1943 年属仁风乡沙美保。1950 年称沙美乡，属第六区。1955 年属洪钟区。1959 年改称沙美大队，属新店公社。1984 年改称沙美村委会，属新店乡。1987 年属新店镇。2006 年 12 月为新店镇沙美社区。

沙美北靠海拔二百三十米的鹊鸟髻山，东与南安石井镇西福村接壤，原村名沙尾，后雅化为今名。

金门沙尾彭氏始祖彭子安，于元末由兴化到金门投靠浯洲盐场母舅，娶金沙里后学村罗尾娘，居翔风里十七都汶沙保沙尾乡。彭子安三子彭用斌徙居长兴里后萧保后萧社，今属五显镇后烧。彭用斌生三子，第三子彭孔学之子彭敬初又由后烧徙居胡丘沙尾，是为翔风里沙美开基始祖；次子彭孔仕先徙南安院上，后徙鹊山赤下埕，解放后并入沙美。村落也以金门原籍地沙尾为村名。历代地名演变多趋雅化，金门沙尾今作沙美，现属翔安的沙尾也称沙美。村中彭氏家庙有幅相传是彭友圃撰写的楹联："山号鹊峰鹊胡云峰鹊头耸翠，里名沙美沙何以美沙里藏金。"

"参天之木必有其根 环山之水必有其源"，现今翔安彭氏的聚居地之一，新店镇"沙美"这个村名，沿用金门沙美原名，深含不忘祖地的意思。

霄垄社区

霄垄社区位于新店镇东八公里，辖霄垄自然村，村原为冠姓地名萧垄，后衍为今名。有三个居民小组，一千四百余人。居委会驻霄垄，以驻地村名为社区名。清属民安里蓬莱保。1943 年属仁风乡沙美保。1950 年属第六区沙美乡。1959 年从沙美析置霄垄大队，属新店公社。1984 年改称霄垄村委会，属新店乡。1987 年属新店镇。2006 年 3 月为新店镇霄垄社区。

霄垄村位于沙美社区南面一点八公里，村中有大塘将村子隔东南、西北二段，各有通路，形成"十"字形聚落。村多王、郑、李姓。

王姓系闽王王审知之后裔，其祖先大概于南宋孝宗年间由晋江迁入现翔安区新店镇珩厝村，由东王分衍而来。霄垄王氏为东王开基祖王仁斋幼孙王元户四房王益和三房下厅份王远所传。王益字润生，生于明天顺四年(1460)，其子长荣生于明成化十五年(1479)，据此推测，东王开基霄垄应于明成化十四年(1478)之前。

郑尚温从大嶝田墘迁居霄垄，尚温夫妇早逝，独子郑文曲，生于明太祖洪武五年(1372)，为霄垄郑氏开基始祖。文曲生五子，分五房份，传至四世，一半居霄垄，一半迁回故里田墘、山头。

李姓尊“五山李君怀”为始祖，始祖由南安洮江林边分支住同安萧垄村树兜李，即霄垄李厝，郡望“陇西”。

霄垄丘姓，由小嶝开基祖丘葵裔孙丘栓避战乱率子迁居，郡望“河南”。

宋末，许天正裔孙四十九郎治远、五十郎忠辅从诏安迁到同安浯岛。治远八世孙许肇建于明嘉靖二十二年(1543)避倭患迁居同安，入赘桐屿(古名童屿)。九世孙许邦灿迁居小嶝，灯号“金马玉堂”。霄垄许氏开基祖为许君衫九世孙许甘碧，从小嶝徙居。

珩厝社区

珩厝社区位于新店镇东南部八公里，辖珩厝、白头二个自然村，有十三个居民小组，有四千三百余人。居委会驻珩厝村，以驻地村名为社区名。清属民安里蓬莱保。1943 年属仁风乡珩厝保。1950 年为珩厝乡，属第六区。1955 年属洪钟区。1959 年改称珩厝大队，属新店公社。1984 年改称珩厝村委会，属新店乡。1987 年属新店镇。2006 年 3 月为新店镇珩厝社区。

珩厝自然村地处东园东南一公里，霄垄南面零点八公里。明代王姓从晋江珩墩分居于此，取名珩厝。聚落呈长方形。有三千八百余人。多王姓。村民自明代起以晒盐为主，兼营渔农。为清顺治年间文举人，连江教谕王陛、王峙故里。

珩厝王姓分东王、西王两支派。东王始祖王仁斋，系王审知十一世孙，于宋代由晋江珩墩迁入同安东海隅，灯号"太原"。东王支派由晋江何地迁入，各有说法，清同治六年(1867)《宫口谱》王果芳序言中记有三说：一是杏墩，二是五店市，三是安平。珩厝东王族人多信杏墩迁入之说，但无文字或实物以确证。宋度宗时，王仁斋幼孙王元户，咸淳六年(1270)进士及第，广置海埭塘荡，东至富水，西至板溪。王元户传五子，长房王盘，为珩厝东头份支祖；二房王贞，为下舍份支祖；三房王远，为下厅份支祖；四房王益(养子)一为新楼份支祖；五房王尚，为楼下份支祖。长房后裔皆迁台湾，四房分居霄垄，五房分居同安城内大老衙后。现珩厝东王族人，多系三房王远十世孙；少许为二房所衍。珩厝东王三房下厅派以王远为一世祖，各支房祖，十世绳武于明代嘉靖间开基宫口，为大厝分基祖。其弟绳烈开基田头，绳烈长子懋德于嘉靖末开基新厝。十一世焰生于明末开基祖厝后。十二世君度开基头虱洞。十三世王尾开基顶厝(十四不详)。十五世诒谋于康熙末开基石埕、五柱。下厅西房分祖则是六世王佑生于明洪武年间开基。三房下厅派后裔分衍新店镇霄垄、吕塘中保及内厝镇前垵村小路边自然村。

西王始祖王庭于明洪武二年(1369)由大嶝院兜(今后店)迁入,灯号“开闽”。王庭传五子,长子肇斋,开基珩厝;次子肇翼,子孙多半外迁,至明成化间有乾思一脉迁回大嶝院兜恢复祖业;三子肇珍,子孙外迁;四子肇世,分迁同安感化里上龙保竹仔脚(今莲花上陵村);五子肇智业儒,开基莲河。

珩厝自然村梁姓角落,由蔡厝村梁厝社二房分衍迁居。

白头自然村地处珩厝西南二百米。传说此地有块大白石,人称仙石,村民经常在此抛锚停靠船只,后来建居,称为白石头,后简称白头。聚落呈长方状。村南为盐田。有三百八十余人,多陈姓。陈坂陈诸明四子陈太江开基繁衍白头社。

东园社区

东园在新店镇政府驻地东六点四公里,辖东园、埕前两个自然村,十七个居民小组,四千零七十多人。居委会驻东园,以驻地村名为社区名。清属民安里蓬莱保。1943 年属仁风乡东园保。1950 年称东园乡,属第六区,1955 年属洪钟区。1959 年改称东园大队,属新店公社。1984 年改称东园村委会,属新店乡。1987 年属新店镇。2006 年 3 月为新店镇东园社区。

东园附近原地名为李厝。东园在香山南麓,香山风景名胜区内有多处遗址、石刻以及纪念雕塑,它们是人文景观的重要组成部分，如朱熹“真隐处”和“海镜”“乐谷窝”等石刻。明建文二年(1400)，同安翔风里东界十七都青屿社张必宜携子张乐所，渡海到同安翔风里十都李厝埔东畔养鸭，向李厝借用溪边东面一垄园地，搭棚居住，后渐成村落，因始居住地恰在李厝东南园地，故名东园。聚落呈长条状。清康熙年间，东园张勇省前往澎湖捕鱼谋生，开基澎湖东石社。勇省生五子，晚年思乡心切，带三子张午回东园，六十八岁卒于东园，墓葬香山南麓，碑额左右竖写“澎湖到祖”四字。

李厝埔李氏始祖李穆亭，举人出身，官居礼部侍御，封谏议大夫，后为福建盐运使。明洪武二十年(1387)，李穆亭由南京城钱街石牌脚到李厝埔开基繁衍，其后裔播迁南安水头曾山乡。李厝埔现有李姓三百二十余人。

埕前在东园东北面。住房建在晒谷埕前，故名埕前。聚落呈块状，残留两座红砖古厝，其中一座加建护龙厝。有十余人，为钟、王姓，现居住东园村。埕前已成废村，遗址在厦门大学翔安校区内。

茂林社区

茂林社区在新店镇东五点一公里，辖茂林、东坂两自然村，七个居民小组，有一千九百四十余人。居委会驻茂林，以驻地村名为社区名。清属民安里蓬莱保。1943 年属仁风乡茂林保。1950 年称大泽乡，属第六区。1955 年，属洪钟区。1960 年，改为茂林大队，属马巷公社。1964 年，属新店公社。1984 年改称茂林村委会，属新店乡。1987 年，属新店镇。2006年3月为新店镇茂林社区。为清康熙年间，文举人蔡宸枫故里。

茂林位于东园自然村西北一公里，西南临董水前，西与陈坂、吕塘后树接壤。为茂林居委会驻地，有一千五百余人口，原名湖龙头，其地形似鳗鱼头，前有大塘，似鳗鱼欲入水中，故又称鳗头，以方言谐音为茂林头，后简称茂林。聚落呈三角形。晋江青阳蔡厝十五世蔡乔轩，于宋嘉定十一年(1218)迁南安渚园社。渚园蔡氏第六代蔡延时，于明洪武二年(1369)迁居同安民安里十都湖龙头社，即今茂林社区，灯号“青阳”。

东坂自然村地处茂林西偏北五百米处。村位于垄上，又在陈坂村东面，故名东坂。聚落呈“二”条状。有四百九十余人，多蔡姓。

茂林北面香山脚下山坳里的湖边社，又称潘林社，是翔安潘姓祖居地。后来潘姓后人迁到马巷印斗山脚林柄和内厝顶沙溪，潘林社成了废乡。

大宅社区

大宅社区在新店镇东北四点五公里，辖大宅、后宅、陈坂三个自然村，十个居民小组，一千八百五十余人。居委会驻后宅，沿用旧保名大宅为社区名。清属民安里蓬莱保。1943年属仁风乡大宅保。1950年为大泽乡，属第六区。1955年改属洪钟区。1959年称丽山大队，属新店公社。1964年为大宅大队，属新店公社。1984年改为大宅村委会，属新店乡。1987年属新店镇。2006年3月为新店镇大宅社区。

大宅自然村地处香山西南偏南方向，西与吕塘社区接壤，古名大泽。明嘉靖年间，金门大治人陈冲华看中大宅这块宝地，到这里繁衍生息；明嘉靖年间，为避倭患，金门浯阳信房十九世名宦陈沧江胞弟陈伟，由翔风里十八都仓湖保大治社迁入繁衍，以祖籍大治命名，后方言谐为“大泽”，后再雅称为“大宅”。聚落分南北二块，有八百二十余人，多陈姓，灯号“浯阳”。

后宅自然村地处大宅山两小山岗坳处，山的突出部是大宅，取在大宅背后之意，故名后宅。聚落呈方块状。陈姓由大宅繁衍，有二百二十余人。

陈坂自然村地处大宅自然村以南六百米，古地名蘑峰，陈姓建居坡度平缓的垄地，改冠姓地名为“陈坂”。聚落呈方块状，有八百三十余人。陈坂开基始祖陈浮实于元至正二年(1342)，由福清江阴乡泽水村占泽社分衍，灯号“颍川”。浮实生四子。长子诸大分衍陈坂长房。次子诸明(元达)生四子，长子陈太和，分衍后坑村、浦边村，后又分衍大嶝溪墘村；次子陈太奇，开族诗坂，后分衍东寮、院西、廊内、蒋尾、井上、下洋、御宅、岩后。三子名陈太元，马銮授业并成家立业，裔孙繁衍銮井十八社里，后又分衍广东省海丰、陆丰和福建漳浦等地；四子陈太江开族白头社。部分陈姓由金门斗门分衍。

新村在大宅东北五百米处。1958 年因海防需要，建数座房屋，用以疏散沿海村落居民，今无常住人口。

吕塘社区

吕塘社区在新店镇驻地东二点五公里，九溪出海口东畔，辖林边、西林、董水、中保、后树、董水前、尾头下七个自然村，十个居民小组，有三千三百余人。吕塘，取废村落吕厝、塘边第一字。社区居委会驻林边。以片村名吕塘为社区名。清属民安里蓬莱保。1943年属仁风乡吕塘保。1950年称吕塘乡，属第六区。1955年属洪钟区。1959年为吕塘大队，属新店公社。1984年改称吕塘村委会，属新店乡。1987年属新店镇。2006年3月为新店镇吕塘社区。境内有明浙江按察蔡贵易（金门人）墓葬及明通政使柳智太监碑。为清康熙五十年（1711），文举人侯官教谕洪圣科故里。

林边自然村在新店村东二点五公里。村落地处长满树林的小山岗边，故名林边。村西南有几口大池塘可供灌溉。聚落呈方块状。八百左右人口，多洪姓。洪姓尊洪萃斌为开基始祖。洪萃斌为嶝山始祖洪道玄孙洪裒之孙。洪裒，字平岩，元时举孝廉方正，授龙岩教授，致仕后荣归大嶝岛小嶝村后堡自然村，置有田地数十亩及海埭二处。洪裒生育三子——名良、名善、名定。名定之子萃斌因喜好吕塘地方的山光水色，地杰人灵，于明洪武二十年（1387）迁徙开基林边自然村，分堂号为"东林"。洪姓分居吕塘林边、尾头下、中保自然村。后来柏埔洪氏十世洪体士，名儦，再迁入。嶝山派后裔是否迁出，谱无记载。现使用堂号"柏埔"。

尾头下自然村地处林边自然村西北，九溪尾端，吕塘港之前，故名尾头下。聚落呈长方形。有三百余人，多洪姓。

西林自然村地处林边自然村西北偏北不到一公里，新莲路北侧，九溪东畔。九溪东畔有三座山分别以三个村落命名——林边山、后树山、西林山，山上均长满苍翠的松柏林，柳姓从中原迁徙香山西面的九溪东畔古称"狮山"的山脚下，山上树林茂密挡住九溪出口处，素有"狮象把水口"之称。"狮"和"西"闽南话谐音，故取名西林。聚落呈方块状。有八百余人口，多柳姓。宋淳熙年间，柳氏因避金国统治而南迁入闽，居惠安县辋川乡五柳村湖边社，后分居泉州南门关坝头乡。柳撝谦为西林一世祖，长子柳辅，次子柳弼，驻西林社；三子柳凤鸣播衍南京；四子柳思昌分居后树社。西林柳氏灯号"河东"。柳辅之子柳智，字澄渊。明正统十三年(1448)邓茂七领导的农民起义军攻入同安。幼童柳智被官军所掳，惨被阉割后送到京师当太监，后任南京针工局和戊字库内府主事，曾捐修西林溪朱坑段堤岸，造福乡梓。柳智晚年思念在战乱中死去的亲人，特遣人回乡修墓，立《南监重修柳氏先茔墓表》。宋制置使刘锜八世孙刘元真举乡进士，元朝中期，刘元真留长子刘敏于祥芝大堡，带次子刘谩、三子刘宗、四子刘宁居住于同安民安里十都西林社。尔后，刘谩迁居于宋厝；刘宗移居大庭，后定居海头；刘宁移居海滨，置五铺，后取名刘五店。

董水自然村地处林边自然村东南不到一公里，九溪出海口的滩涂边。村落处于两溪流交汇之间，百姓欲过海必须在此等水退潮方能淌过去，"等水"与"董水"闽南话谐音，又因董姓聚落，故名"董水"。聚落呈长方状。有六百六下余人，多董姓。董思安于唐末五代从军，由河南固始县入闽，为漳州刺史。其后裔于宋初徙居泉州冷井，播迁莆田沙堤等处。董思安四世孙董简慈之子董元福、董元寿于北宋中期由泉州冷井徙居同安民安里蓬莱保，居于九溪入海口附近，取居住地名为董水。村东狮山南麓有明代浙江按察使蔡贵易墓地及墓道坊。

中保自然村地处林边北面，尾头下东面。因村落处于四个小山岗中间，九溪的出海口，地势险要，故名中堡。聚落呈长方状。有三百三十余人，多姓练、洪。当年，九溪出海口的董水前隔海港与蔡厝、洞庭对峙，是蔡厝、后仓一带的书生赴泉州赴考的必经之路，没有小船过渡，加上地势险要，董水前与蔡厝村共议，修一座石质的"六坎桥"。江西新淦人练高，字伯尚，元末领乡荐，隐居不仕，以文章气节重于时，明初洪武间召为起居注，以直言忏旨，出为州府同知、通判。其子练子宁，名安，以字行，洪武十八年(1385)以贡士廷试对策，力言强国富民之道，擢为一甲第二名，授修撰，累官吏部侍郎，任左副都御史。明燕王"靖难"，练子宁忠于建文帝，不事明成祖，被断舌磔死，抄家灭族。幸免者从临汀府避入武平中堡乡。明万历年间，练子宁五世孙练世运和其他姓氏民工从武平中堡到同安参加修建六坎桥，练氏白天在海港施工，晚上到西林山下的土坡上建筑一座五十平方米的红瓦五架厝。六坎桥修好后，有的民工就地安居，繁衍生息。村落名乃延用武平县中堡乡名，取村名为中堡，后写成中保，分堂号"新淦"。现中保自然村有洪、练、李、王姓。王姓为珩厝西王支派。

后树自然村地处九溪出海口东北部的小山岗下，与董水前连襟睦邻，西北部与董水村毗邻，东部与茂林村接壤，聚落呈长方状。据传原来村后小山岗有茂密的相思树，蓊蓊郁郁，村后两棵大榕树为当年郑成功扼守董水前的驻兵所植，故命名为后树。柳撝谦四子柳思昌拓居后树，有三百余人，多柳姓。

董水前自然村地处后树山山麓的突出部临海处，聚落呈三角状。董姓为表明本村居民的辈分为董水村董氏之前，故取村名为董水前。有一百五十余人，多董姓。《董氏族谱》载：董思安四世孙董简慈之子董元福、董元寿，北宋中叶由泉州冷井徙居同安民安里十都董水前社，董简慈为始祖，董元福、董元寿为开基祖，后裔又衍董水村，现分为大六柱、小六柱、东树下三个角落。

吕塘社区除西林位于新莲路北侧之外，其他六个自然村都在新莲路南侧。居住着洪、练、李、王、柳、董、谢等姓氏族群。明清时期，已废乡的自然村有吕厝、塘边、坑园埔、新厝仔、松仔头。

溪尾社区

溪尾社区位于新店镇东一点五公里，辖溪尾、浦尾两个自然村，六个居民小组，有一千七百余人。居委会驻溪尾，处九溪下游故名，以驻地村名为社区名。清属民安里陈塘保。1943 年属仁风乡溪西保。1950 年为普山乡，属第五区。1955 年属洪钟区。1961 年改称溪尾大队，属新店公社。1984 年改称溪尾村委会，属新店乡。1987 年属新店镇。2006 年 3 月为新店镇溪尾社区。

溪尾自然村地处九溪下游，聚落沿九溪西岸呈南北走向长方块状。多余姓，祖先为南靖客家人，有一千零五十人左右。明洪熙元年(1425)，余子玉由南靖沥水迁居同安南山开基(今莲花蔗内村)。至六世余怀珍问卜改从妻姓陈。万历间，二房五世余端好以养鸭为生，赶鸭群入九溪觅食，顺流而下，至翔风里十四都溪尾的赤山上(今浦尾寨仔山)，结草为庐，开基溪宅社。余端好夫妇早逝，留下一女二男，女居长，名余冬，长男余汝照，次男余汝穆。余冬终身不嫁，含辛茹苦把两个幼弟抚养成人，族人尊她为“贞义姑”“姑婆祖”。余汝照为溪尾开基祖，灯号“下邳”，分堂号“赤山”。二世二房余汝穆后来携妻儿回同安南山蔗内村祖籍，现为南山下房柱，后裔均改陈姓。清初战乱、灾疫交替，溪尾四房多人迁居广东海丰县，拓承余村和桥余村。清同治三年(1864)，溪尾余吉聿于澳头村经营豆腐生意，后携弟吉清定居于澳头上苏社，今已繁衍七世。也有另外一种说法，余姓原是元朝贵族帖木儿子孙，元末遁居于锄山蔗下。余姓由锄山蔗下沿九溪放鸭定居于此。

浦尾自然村在溪尾南面五百米，位于九溪西岸入海处，故名浦尾。聚落自东而西呈四列。多陈姓，七百余人。浦尾开基始祖陈福寿，承漳州南院接永春岵山派系，“忠”公系南院第十六世孙。陈福寿于明代由金门分居于浦尾村开基繁衍，自创灯号“浯浦南陈”，意即由浯洲迁入浦尾。福寿生二子，长子陈瑊，次子陈琮，其时家运不佳犯官司，恐被官缉拿，故陈瑊再回永春，陈琮暂避邻乡甘蔗园。园主康家发现，将陈琮带回家避难。康家将爱女许配陈琮为妻。后康、陈两家祖业由陈琮共同继承，人丁兴旺。

陈敦源一代因命案举家南逃，后改姓辜，在浦尾的居家角落已废。中国近代文化奇人辜鸿铭本姓陈，是清代同安县浦尾十二世祖陈敦源之五世孙，属浦尾陈氏十六世“叔”字辈。浦尾《浯浦陈氏家谱》记载：浦尾陈氏在清代已分衍出坑尾、顶厝、过沟、田墘及尾厝五个角落，村民农渔兼作，土瘠海浅，生计艰难。陈敦源系清代乾隆间人，属浦尾十二世“敦”字辈，全家居于尾厝角。其先世乃书香门第，小康之家，甚得乡里敬慕。不想传至敦源一代，因性情急躁，又极嗜酒，致家道中落，终因酒后与村边乞丐营里的一名乞丐争执，失手伤他人性命。陈敦源夜里酒醒心惊，害怕官府缉拿，迅即携带家眷，摇着自家小渔船外逃，不知所终。直到抗战前，陈敦源后裔不断以先祖陈敦源之名号写信回浦尾寻亲认祖，村人才知其去向。原来当年敦源南逃海外，辗转到马来亚吉打，登陆落户，成为当地斩榛辟莽、开辟蛮荒的华人前驱，时间比英国殖民者入侵马来半岛还早数十年。事过境迁，陈敦源背井离乡，痛定思痛，负疚后悔不已，难以释怀，遂改“陈”为“辜”，以示忏悔之情，从此子孙皆为辜姓。

浦尾洪姓为窗东东房二十三世洪允溠所衍。

陈塘社区

陈塘社区位于新店社区东北一公里，辖陈塘自然村，一个居民小组，二百八十余人。居委会驻陈塘村，以驻地村名为社区名。清属民安里陈塘保。1943 年属仁风乡溪西保。1950 年为普山乡，属第五区。1955 年属洪钟区。1961 年为溪尾大队，属新店公社。1984 年成立陈塘村委会，属新店乡。1987 年属新店镇。陈塘原为溪尾行政村的自然村，因是厦门市唯一的回族聚居地，周边均为汉族，村民许多风俗习惯不同，故析分出来，建立独立行政村。2006 年 3 月为新店镇陈塘社区。

明天启年间，晋江陈埭丁氏回民徙此，建居于池塘旁，名为陈塘，亦称亭塘。聚落呈梯形，村民多丁姓。陈塘丁氏，灯号“陈江”。陈埭丁氏一世丁谨（带斋）为阿拉伯人，元朝平章政事赛典赤·赡思丁之裔，于元至元年间，从苏州迁泉州文山里。三世硕德乃率子丁善迁居陈江雁沟里，即现在晋江陈埭。陈江十一世大长房次子丁启生，于明天启年间迁居同安东界民安里九都陈塘，陈塘丁氏建有祖庵奉祀祖先，祖庵实为清真寺的隐形，建筑平面呈“回”字形。

新店社区

新店社区在新店镇政府驻地南，辖新店、东村两自然村，十一个居民小组，一千七百七十余人。居委会驻新店，以驻地村名为名。清属翔风里洪林胡保。1943 年属仁风乡新店保。1950 年为新店乡，属第五区。1959 年为新店大队，属新店公社。1984 年改称新店村委会，属新店乡。1987 年属新店镇。2005 年 2 月为新店镇新店社区。

新店自然村为新店社区居委会驻地，为新店镇中心。多洪姓，有一千五百五十余人。相传明嘉靖年间，洪厝村民在此搭茶寮，这里是沙溪和马巷通往澳头、刘五店的铺站。清乾隆时在此设圣林铺，有铺司兵四名，后裁一名，改设三角埕铺。在此歇脚的过客多了，居住在这方土地的洪氏族群便在古道两旁相对面设店面，从事起服务性的经商行业，取地名为新店。新店自然村里还残存着当初的古街道。洪厝东房洪杰分衍西街头，东房洪汇分衍草仔市、九柱，东房洪臻分衍北街甲。

东村自然村在新店古街道的东侧，故名东村。多洪姓，有一百三十余人。东村部分由洪厝东房分衍，大部分属嶝山派。

祥吴社区

祥吴社区位于新店镇中北部与马巷镇交界处，辖上吴、下曾、宋坂、宋厝、沟沙、顶曾、东浦、浯溪、后山九个自然村，二十个居民小组，有人口二千零五十余人。居委会驻下曾，以上吴自然村的雅名祥吴为社区名。清属翔风里曾吴保。1943 年属仁风乡湖头保。1950 年为祥湖乡，属第五区。1955 年属马巷区。1959 年为祥湖大队，属新店公社。1961 年析出湖头大队，仍称祥湖大队。1984 年改称祥吴村委会，属新店乡。1987 年属新店镇。2006 年 3 月为新店镇祥吴社区。

上吴自然村地处新兴路最北端西侧，原为吴姓居住地，附近有吴厝，故取名上吴。聚落略呈梯形。有人口五百六十余人，多洪姓。窗东冬房三世洪阳密开基马巷洪坑，后被陈氏取代，十六世徙居祥吴，现分三房柱。一部分为柏埔十二世洪朝辅（名柱）所衍。

下曾自然村地处上吴南面五百米，属祥吴居委会驻地。始为曾姓居住地，原本统称为后曾，马巷通新店的公路建成后，把后曾分成东西两个村落，东面叫顶曾，西面称为下曾。聚落略呈三角形。有人口四百五十余人，多洪姓。柏埔洪氏西房九世伯芳（名宽）所衍；张氏由东园分衍。

宋坂自然村地处下曾南侧。原为宋姓居住地，故名宋坂。多洪姓，有人口五百四十余人。柏埔洪氏东房十四世洪国鼎由下店徙居；宋坂郑氏由大嶝田墘分衍。

宋厝自然村地处后山岩南面，西与沟沙交界。冠姓地名，原为宋姓居住地，聚落呈东西二长条状。有人口六百余人，多刘姓。宋厝刘氏开基始祖刘谩于明永乐年间由西林社迁居刘厝溪社，后迁居宋厝。刘氏分三房，“彭城”衍派，分堂号“刘溪”。朱坑造店翁龚后裔翁咸分居宋厝。

沟沙自然村东面与宋厝相邻，地处后山岩南侧。因地表裸露，风沙侵蚀，流水冲刷成沙沟，故名“沟沙”，方言谐音叫“九沙”。1950年后，多方治理，植树造林，改善生态，故雅称为“金沙”。聚落呈弧形。有人口三百余人，多陈姓，为山后亭六世陈天恩分支。

顶曾自然村地处下曾东面。原为曾姓居住地，西边称下曾，此为顶曾。聚落略似棱形。有人口二百四十余人，多洪姓，由柏埔洪东房和平村派下十三世洪朝佩（名锵）所衍。

东浦自然村地处上吴西北五百米，西面与马巷镇蔡浦、后莲相邻。清代地名为“东埔”，现为“东浦”。聚落呈长方状。有人口二百五十余人。多洪姓、陈姓。东浦洪姓由窗东春房洪阳明派下洪尔顺分衍。陈姓由山后亭陈孟畴派下六世陈河清后裔分衍。是清乾隆、嘉庆、光绪年间，武举人陈奠康、陈其春、陈其夏、陈永禧、陈捷元、陈国帮故里，有“父子兄弟叔侄同登科”之称，也是明万历年间，文举人广东惠来知县徐锦故里。

浯溪自然村地处下曾西面，西为马巷镇蔡浦，南临新店镇湖头。传说有五条小溪流至村境合而为一，故名“五溪”，衍成“浯溪”。聚落呈方块状。有人口一百四十余人，多洪姓，为窗东春房洪阳明及秋房派下。

后山自然村地处后山岩北面弯沟里，以山名为村名，村东面梨仔宅废村后，居民迁此居住。聚落呈梯形状。有人口五十余人，多林姓，有薛、张等姓。后山林姓由琼头九牧林分衍；张氏由东园分衍；薛姓为明末清初，由同安岳口迁此。

湖头社区

湖头社区位于新店镇西北一点五公里，辖湖头、吴厝两个自然村，五个居民小组，二千一百五十余人。居委会驻湖头，以驻地村名为社区名。清属翔风里洪林湖保，即洪厝保。1950 年属仁风乡湖头保。1950 年为祥湖乡，属第五区。1955 年属马巷区。1959 年为祥湖大队，属新店公社。1961 年从祥湖大队析出置湖头大队，属新店公社。1964 年属东坑公社。1969 年属新店公社。1984 年改湖头村委会，属新店镇。2006 年 3 月为新店镇湖头社区。

湖头自然村地处东坑湾东北角，东坑自然村北部。湖头自然村西北、西南有大池塘，位于大池塘东面，取名“湖头”；又因位于吴厝北面，取名“吴头”，衍为“湖头”。聚落呈长块状。人口有一千七百余人，多洪、郭姓。

湖头洪姓由洪厝东房十一世洪体辅（名傅）分衍。郭姓开闽一世祖郭嵩第二十五世孙郭仁齐，讳世德，字字仁，世居莆田兴化。元末避乱，郭仁齐迁到同安长兴里安岭山下梨山保，生三子，长子应源，次子应福，三子三源。据传世德卜居时，夜梦松树开莲花，遂以“松莲”为堂号，三房分居湖头社。

吴厝自然村地处湖头村南面，西临东坑湾。原为吴姓所居，冠姓地名。聚落呈东西二列状。人口有四百五十余人，多洪姓。洪姓由洪厝东房东坑派下分衍。

东坑社区

东坑社区位于新店镇西一公里，辖东坑自然村，原为冠姓地名“董坑”，后衍为今名。有八个居民小组，一千三百余人。居委会驻东坑，以驻地村名为社区名。清属翔风里洪林湖保。1943 年属仁风乡新店保。1950 年为新店乡，属第五区。1955 年改属洪钟区。1959 年称新店大队，属新店公社。1961 年析置为东坑大队。1984 年改称东坑村委会，属新店乡。1987 年属新店镇。2006 年 3 月为新店镇东坑社区。

东坑自然村地处洪厝自然村北面，湖头自然村南面一公里，西北有原新店公社的红志农场。东坑村濒海，西有东坑湾。多洪姓，明正德年间，洪厝东房十一世洪体甫分居于此，灯号“柏埔”。

欧阳氏入闽二十世孙欧阳春于明洪武二年(1369)自泉州潘湖迁居同安翔风里十三都九保山(新店洪厝村附近)，为入同始祖。该宗支三世欧阳建山留居九保山。明正统年间，倭寇扰镜，后裔四散避乱。四世欧阳必须迁翔风里十三都董坑乡，后去向不明。

洪前社区

洪前社区位于新店镇中部。社区居委会驻东头，沿用旧保名为社区居委会名。辖东头、东山、山前、山尾、大中、前边、东莲七个自然村，有十二个村民小组，人口总数三千一百余。清属翔风里洪林湖保。1943 年属仁风乡洪前保。1950 年称洪前乡，属第五区。1955 年属洪钟区。1959 年为洪前大队，属新店公社。1984 年改称洪前村委会，属新店乡。1987 年属新店镇。2006 年 3 月为新店镇洪前社区。为明天启年间文举人康五云和清康熙年间山西平垣营游击康廷良和广东抚标左营游击康朝故里。

洪前自然村地处新店社区南面。含大中、东头两个自然村。南宋时，龙海康厝林社的康氏兄弟分为“五山”。洪前康氏灯号“箱山”。箱山始祖传二子，名字失记。南宋端宗景炎年间，元兵陷福州，康氏始祖妣赵氏率二子护驾宋帝经同安逃广东，帝昺以赵氏同姓，又念康氏兄弟护驾有功，诰封“兄弟学士”。康氏择居洪前。一学士生四男，名福元、福亨、福利、福贞。长房福元衍大中厝角及山尾一部分，二房福亨衍山尾，三房福利衍东山及大中厝角一部分，四房福贞衍东头及南边一部分。二学士也生四子——福山、福海、福寿、福庆。长房福山衍大中厝角一部分及内头角，二房福海衍大中厝角后房份，三房福寿衍前边及大中厝角一部分，四房福庆衍浦南村一部分。

东头自然村地处新店社区南面。村落在洪前片村之东，与大中合称洪前。有六百八十余人，多康姓。

大中自然村地处东头西侧，是洪前片村中一自然村。大中以大厝内、中厝各取首字为村名。有七百八十余人，多康姓。

东山自然村在洪前村东南面五百米，村落东面有小山，故名东山。村南有温泉。有两百余人，多康姓。

山尾自然村地处洪前东面八百米。村落位于盘山北麓向西延伸的末端，故名山尾。聚落呈方块状。有三百二十余人，多康姓

前边自然村地处洪前西南二百米，南近九宝山。有四百余人，多康姓。

山前自然村地处洪前东面一点二公里。村落位于山尾自然村东南面。有六百二十人，余多王姓。据《赐蟒公王氏族谱序》，明洪武九年(1376)，晋江县永宁卫赐蟒长房派下珩源份，为玉山保槐庭郇山前开基始祖。王珩源生三子，长房戴锡居山前，为山前王氏开基祖，次子不详，三子迁南靖山城。

东莲自然村地处新店自然村南一公里，洪前西北面。林姓所居，命名东林。方言“林”“莲”近音，写为东莲。聚落呈“二”字形，南北两块。有一百三十余人，多林姓。东莲林由井头林氏迁居；洪姓为新店派下分衍。为明正德年间文进士、工部主事林馥故里。

洪厝社区

洪厝社区位于新店镇西南一点七公里，辖洪厝、杨厝、前浦边三个自然村，十个居民小组，有二千七百余人。居委会驻洪厝，以驻地村名为名。清属翔风里洪林湖保。1943年属仁风乡洪厝保。1950年为洪钟乡，属第五区。1955年属洪钟区。1959年为洪厝大队，属新店公社。1964年属东坑公社。1969年属新店公社。1984年改称洪厝村委会，属新店乡。1987年属新店镇。2006年3月为新店镇洪厝社区。为明嘉靖年间刑部左侍郎洪朝选、武进知县洪覲光、武缘知县洪观光、贵州府通判洪兢，明隆庆年间，贵州按察使洪邦光故里。

洪厝自然村地处东坑南面八百米，为洪氏居住地，冠姓地名。原村落周围长满柏树，故亦名柏埔，又称柏坡。有一千七百余人，多洪姓。南宋洪迈次子洪植于南宋隆兴元年(1163)卜居同安翔风里十三都柏埔庄，柏埔原住有高、刘、王、李、林、谢、欧阳七姓共七十多户，地多松柏树。洪植长子希炀定居柏埔，为柏埔开基祖，堂号“柏埔”；次子希焰定居十三都铁灶社，为桃林开基祖。柏埔其他各姓于清初迁界时陆续迁出，柏埔始改冠姓地名洪厝。洪氏四世分为东西两房，后裔播迁周边三十多个村庄。

前埔边自然村地处洪厝村前荒埔的边缘，故名“前埔边”。聚落呈弧形。有二百六十余人，多洪姓。

杨厝自然村地处洪厝西面八百米，为杨氏始居，冠姓地名。聚落呈不规则环状。有七百七十余人，多杨、龚姓。杨寺丞，字懋修，号四十，河南光州固始县进士，于元末从河南固始入闽，居泉州府同安县明盛乡安仁里十四都后溪保(今集美后溪镇)。杨耕道娶妻吴氏、陈氏、黄氏，生九子，其中第六子德政。杨德政后裔杨添寿，于明景泰八年(1457)由后溪迁居同安东界翔风里杨江社，再分衍新圩镇村内社和新店镇前浯社、后塘社、刘五店、双过山社。为明弘治六年(1493)，上高县典史杨舜故里。

唐末龚忠，杭州钱塘人，为免吴越王钱鏐战乱，携眷徙居莆田，为龚姓入闽始祖。宋孝宗时，官居宰相的龚茂良第四代孙，生四子，次子龚沼、裔孙龚乌妹于清道光二十九年(1849)，由晋江塘市村因避难徙居翔风里董坑，后择洪厝港海滨卜居，名龚厝社。光绪二十六年(1900)，龚氏迁洪厝村杨厝社和杨氏杂居，称为龚厝角。

炉前社区

炉前社区位于新店镇西三点八公里，辖炉前、双过山两个自然村，九个居民小组，一千六百四十余人。居委会驻炉前，以驻地村名为名。清属翔风里卢山龚保。1943 年属振南乡炉前保。1950 年为乐群乡，属第五区。1955 年属洪钟区。1959 年为西岩大队，属新店公社。1960 年属马巷公社。1961 年为炉星大队，属渔业公社。1964 年属东坑公社。1969 年属新店公社。1984 年改称炉前村委会，属新店乡。1987 年属新店镇。2006 年 3 月为新店镇炉前社区。为清康熙年间，广东虎门游击魏元、烽火门参将魏天锡；雍正年间，金门总兵魏国泰、厦门后营游击魏国璜；清乾隆年间，归化教谕魏瑚故里。

炉前自然村因村落建于葫芦山之前，名“芦前”，衍为“炉前”。聚落从北向南呈“仁”字形状。多魏姓，有一千二百七十余人。元初，唐魏征二十七世孙魏九郎居泉州东门之鸾歌里（寺里亭），继迁东门外西福村，为入闽魏姓始祖。明初，魏九郎四世孙魏翁庆分居炉前社，后又分居双髻山、马巷镇沈井社。相传魏翁庆到炉前的“车厝”正好午后，公鸡啼叫不休，他挑的担子内的公鸡也跟着啼叫，忽想起曾到仙公宫圆梦，仙公指点说“一头公鸡两头啼，就是开基地”，于是就地休息，正好此处有打铁匠在生火打铁，魏翁庆正想要取个村名，便举着烟斗到炉边引火。此时铁匠对他说：“你炉后不引火，偏偏来到炉前。”因此，魏翁庆便将“炉前”定为村名。炉前魏姓，灯号“鹤山”。

双过山自然村地处炉前自然村东面五百米，村西有山，两峰相连，状似双髻，名“双髻山”，村名因之，后写作“双过山”。聚落呈长块状。有三百八十余人，多魏姓。

下后滨社区

下后滨社区位于新店镇西南四点七公里，辖下后滨、文崎两个自然村，四个居民小组，一千六百余人。居委会驻下后滨村，以驻地村名为名。清属翔风里文崎保。1943 年属振南乡厚平保。1950 年为乐群乡，属第五区。1955 年属洪钟区。1959 年为西岩大队，属新店公社。1961 年为和平大队，属渔业公社。1964 年属东坑公社。1969 年属新店公社。1984 年改称下后滨村委会，属新店乡。1987 年属新店镇。2006 年 3 月为新店镇下后滨社区。为明代任布政司、四川按察使洪居正；清嘉庆年间，文举人洪联奎故里。

下后滨自然村地处炉前西南一公里，下许自然村西北八百米，西面近海。下后滨原名后边，俗称“后柄”或“后滨”，因与马巷南面后滨重名，故称“下后滨”。聚落呈方块状。下后滨有一千四百五十余人，多洪姓。洪氏开基祖为洪厝八世西房洪滕宗，由前埔边到下后滨繁衍，系前埔边派系。十八世纪初，下后滨分一房前往台湾彰化县开垦定居；清同治年间洪清水、洪思返等十三人开拓荷属爪哇峇亚比港（印尼），洪思燃等五人开拓荷属赤礁吧，洪思报等四人开拓荷属盐水港。

文崎自然村又名“和平村”，地处新店镇最西面海角，是古代同安多姓氏迁徙的暂住地之一。萧山十八世许肃由许厝先迁此居住，其后裔在海滨另建许厝社。文崎有一百五十余人，多江姓。江万里次子江铸扶宋帝昺入闽，避居嘉禾里。江铸次子江承祖迁居同安东界海滨马巷镇井头村，开基江厝（已废）。江承祖生三子，长子江世盛迁居文崎，次子江世隆、三子江世富徙居不明。江姓分布在新店村、西边村、桂园村。

下许社区

下许社区位于新店镇西南四点五公里，辖许厝自然村、四个居民小组，一千一百一十余人。居委会驻许厝，以驻地村名为名。清属翔风里文崎保。1943 年属振南乡厚平保。1950 年为许山乡，属第五区，1955 年属洪钟区。1959 年为许厝大队。1964 年属东坑公社。1969 年属新店公社。1980 年改称下许大队，属新店公社。1984 年改称下许村委会，属新店乡。1987 年属新店镇。2006 年 12 月为新店镇下许社区。

许厝自然村地处下后滨东南，埃山北面一公里。萧山派十八世许肃从民安里许厝迁居翔风里文崎社，直到许肃的孙子许何代、许何科，迁离文崎，于附近海滨开基建村居住。续世繁衍生息，许姓又发展出一个许厝村，即下许，以便区别于原祖居地许厝(顶许)。下许历代迁居台湾的人数不少，据族谱记载有一百四十四人，其中不包括扶老携幼阖家搬迁的人数。

埃山社区

埃山社区位于新店镇西南五点一公里，辖内埃、山头、南边三个自然村，十四个居民小组，有一千六百余人。居委会驻山头，取内埃与山头两个自然村各一字为社区名。清属翔风里卢山龚保。1943 年属振南乡浦南保。1950 年为许山乡，属第五区。1959 年为鸿山大队，属新店公社。1961

年为垵山大队，属渔业公社。1964 年属东坑公社，1969 年属新店公社。1984 年改称垵山村委会，属新店乡。1987 年属新店镇。2006 年 12 月为新店镇垵山社区。

山头自然村地处刘五店北面，下许南面，属垵山社区驻地。有六百余人，多林姓，开基祖为“金紫光禄大夫”林大卿，灯号“西河”。聚落坐北转南，村北有山岗，故名“山头”。为明代南京大理寺丞林希元和武进士铜山把总林万春故里。

同安西界潘涂古名“亨泥”，也称“紫泥”。林氏一宗是安溪莲兜尾金紫派下，林仲麟第四子美宗（闽林三十四世）于宋理宗年间入居亨泥，妻陈氏，生四子——真虎、真应、伯晋、元成。宋末元初，林真虎四兄弟分居亨泥、下山头、浦头、窑头四地。林真应娶陈氏，于宋末元初分居于瓷灶山（今下山头）。该村原有郭、刘、蔡等姓聚居。凤山翅尾至走马山一带，建有多条磁灶，故名“磁灶”。真应择居于凤山之首，称山头，又以磁灶山头别于其他山头。真应生三子：长林外生，居祖地；次林外长，移居北边山头，今顶山头；三林添续，移居竹仔林；末有一支族人栖居于翔风里麝圃山麓，也称山头。其中有林大卿者，在逃寇乱中，拾得一男儿为嗣，原名乞奴，后称屯叟，屯叟三世孙林希元，幼名峦，明正德十一年（1516）登进士，初授南京大理寺评事，累迁寺正、寺丞，谪钦州知州，再擢广东按察史佥事分巡海北兼管珠池兵备道。后被奸臣陷害，罢官回家专研理学，为著名理学家，作品有《易经存疑》《四书存疑》《太极图解》等，后人称为“理学名宦”，以此为灯号。屯叟六世孙林万春，明万历十四年（1586），登武进士。初授厦门中左所镇抚，升铜山营协总。世称文武双进士。麝圃山头派下分一支于浦园。山头林潜、林遵、林哲等人于清中叶迁居台湾，聚居于彰化番仔挖王爷宫，现彰化王功等四个村及台中县蔗廓乡等处。林骞自桂窑迁麝圃山头，与原住于此的林希元后裔宗亲族居，灯号“柏叶”。

南边自然村地处山头自然村西面，聚落呈“田”字状。人口三百人左右，多康姓。康姓由洪前迁居；洪姓由石塘派下分衍。

内垵自然村聚落南北走向成“川”字形。人口有六百三十余，多林姓，由琼头林氏分衍。明正统年间，宋仁枝由莆田双池迁同安翔风里十三都下内垵社，明天启四年(1624)的举人、汤溪知县宋贞夫就是这支宋氏的后裔。

刘五店社区

刘五店社区位于新店镇西南六点七公里，辖刘五店、浦南、桂园三个自然村，九个居民小组，三千二百六十余人。居委会驻刘五店，以驻地村名为社区名。清属翔风里刘五店保。1943 年属振南乡刘桂保。1950 年为刘浦乡，属第五区。1955 年属洪钟区。1959 年为鸿江大队，属新店公社。1964 年改称刘五店大队，属新店公社。1984 年改称刘五店村委会，属新店乡。1987 年属新店镇。2006 年 3 月为新店镇刘五店社区。

刘五店自然村地处翔安区南部，与厦门岛东北角的五通港隔海相望。相传明代刘宁从吕塘西林社到此地置设五间店铺，后形成一条古街坊(遗址尚存)，故村名为“刘五店”。刘五店是古同安的天然良港，今港区北起洪塘镇石浔村，南止新店镇澳头村，全区海岸线九点一公里，水域面积约一百八十二平方公里。环流水域称为“浔江”，涨潮时，可泊八千吨级轮船。相传五代时该港即有海船集散，宋代已成渔村。宋代开始即与泉州港、漳州月港通航。元代设有驿站，有渡船两只，一通五通铺，另一通石浔铺。古码头建于明初。清有大商船往奉天、广东、台湾贸易。至今保存完好的清代“厅主桐轩程公去思碑”树立在古街遗址。清康熙二十三年(1684)闽海关成立，刘五店为厦门正口所辖的钱粮口岸之一，负责稽查来自金门、安海、石码、海澄、漳州各地的船只货物，征收关税。乾隆四十一年(1776)设立刘五店澳，由水师后营管理，有汛兵五十名，稽查商、渔渡船。乾隆五十年(1785)为对台湾、澎湖军需专运码头。乾隆五十五年(1790)置巡检司。

刘五店地处海滨，多姓氏看中这地方，在此杂居。有一千二百余人口，多高、刘、林姓。为清康熙、雍正、乾隆年间，浙江舟山游击王天贵、副将高奇烈，山东水师前营游击林拱，江南江阴游击刘喜、左都督高淳泳，广东春江总兵高华松，浙江川沙参将王大德，广东碣石中营游击李政，浙江瑞安副将刘使，厦门右营游击高英，广东顺德游击高德明，文举人刘学道故里。

南宋开府仪同三司，谥“武穆”刘锜八世孙刘元真生四子，长子刘敏派下留居现石狮祥芝镇大堡村；明永乐年间，刘元真次子刘谩、三子刘宗、四子刘宁三人迁居吕塘西林社，刘谩卜居新店镇宋厝社附近的刘厝溪社(现已废村)。刘宁迁居海滨渔村开五间商店，为此该村名衍为刘五店，后裔再分衍禾山郊区。刘五店另一支刘姓是清末管理船舶官员刘大可的后裔。

高姓入闽始祖高钢于唐文德元年(888),避战乱南下,择居福州怀安凤岗,二十六世孙高文礼去世后,族人徙居翔安新圩、新店。元朝初期,高士泽孙子高嗣本迁居刘五店,为高姓始祖,灯号“渤海”。

童氏四世三房童流,于明前期自泉州移居同安从顺里下崎保童头埔(西柯镇东头埔)。流生子环,环生文连,文连生五子——朝、乾、输、保、伍,人丁兴旺,建祠立族,尊四世流为同安开基始祖。族谱载:“祖原居住下崎,前号曰童头埔,立祠堂,后被倭寇赶散,子孙四散居住。”七世童保,号与培,派下住刘五店。

浦南自然村地处刘五店北面海滨,聚落呈方块。有一千五百二十余人,多蔡姓,灯号“济阳”。为清代咸丰年间,福建水师提督蔡润泽;雍正年间,武举人程琮故里。明武宗正德年间,新圩凤岗七世蔡仲春开基浦南前墩屿。另一支于清咸丰年间,从西柯蔡店因避战乱迁入,称后蔡。浦南康姓由洪前康氏二学士之四子康福庆于元至正年间率族迁入。高嗣本为刘五店高姓开基祖。他的墓在鳄鱼屿,历经修葺,至今仍存。后来,有些子孙分居附近的浦南。现浦南居民有蔡、李、方、康、许姓。

桂园自然村地处刘五店东南面,此地原生长着凤梨葛(龙舌兰)等耐旱植物,名叫“葛园”,后雅化成“桂园”。有六百人左右,多许姓。萧山许聚十三世许慧治开基葛园,灯号“高阳”。江万里次子江铸是江万载的侄子,扶宋帝昺入闽,定居同安嘉禾里,生二子,长子江肇祖,次子江承祖。次子江承祖迁居马巷镇井头村,开基江厝(已废)。承祖生三子,名世盛、世隆、世富,世盛留居江厝,子孙繁衍成族。后因该处土地贫瘠，族人为生活所迫，于清末民初或外迁或漂洋过海，江厝便消亡了。所剩居民迁入新店镇文崎社，与洪氏杂居。还有一些散居在新店村、西边村、东界村，桂园、马巷三乡等地，灯号"淮阳"。

新村在原镇政府驻地西南六点七公里。1958 年由政府拨款在此建住房十余座，以供海防需要，供村民疏散住所。1990 年 12 月，由同安县政府批复，转让给银城企业总公司，今无常住村民。

东界社区

东界社区位于新店镇西南五点四公里，辖东界、石塘、宋洋、林头、洪坑五个自然村，十七个居民小组，二千八百六十余人。居委会驻东界，以驻地村名为社区名。清属翔风里东界保。1943 年属振南乡东界保。1950 年为东界乡，属第五区。1955 年属洪钟区。1959 年属新店公社浦园大队。1963 年析置为东界大队，属新店公社。1984 年改称东界村委会，属新店乡。1987 年属新店镇。2006 年 12 月为新店镇东界社区。境内有明代五层石塔。

东界自然村地处刘五店东面一公里，钟宅西南面二公里。有一千五百余人，多许姓。南宋末年，同安县城许宜玄孙许巨川长子许日进，因避战乱迁居东界，其子孙又分别繁衍附近村落，部分后裔迁往内厝镇赵岗东界和坝上许。为宋知县许巨川、明知县许全故里。东界洪姓由石塘西房派下分衍。

石塘自然村地处东界北面，传村西有大池塘，原属石姓所有，故名石塘。聚落呈方块状。有三百四十余人，多洪姓。由洪厝东房十二世洪朝冕分衍；另一支由西房十世洪叔宣分衍。

洪坑自然村地处东界东北，石塘东面，位于小山丘旁，地临坑沟，多红土壤，故名“洪坑”。聚落略成三角形状。有三百五十余人，多洪、许姓。洪姓为石塘西房派下。东界派下许学静分居洪坑。

宋洋自然村地处东界东北，钟宅西南。据传宋姓最先在此居住，有水可供灌溉，并于地面较为平坦处建居，故名宋洋。聚落呈块状。有三百二十余人，多刘姓。祥芝大堡刘元真次子刘谩、三子刘宗、四子刘宁，迁居同安民安里十都西林。后三子刘宁移居海滨置五铺（今刘五店），分三房。明代永乐年间，长房后裔居刘五店，三房迁居宋洋。宋洋刘氏又陆续向台湾、金门及海外文莱、印尼等地播迁。以“奎山”为分堂号，也称“芝山”。洪姓为洪厝十一世体汾（名和）、十三世洪忱所衍。元朝初年，高士泽的孙子高嗣本迁到同安县翔风里刘五店。嗣本即为刘五店高姓开基祖。他的墓在鳄鱼屿，历经修葺，至今仍存。后来，有些子孙分居附近的浦南、宋洋。

林头自然村地处东界西面附近，位于石头墓山东南小山岗的东北方。传说建居时林木茂盛，村子则在进入树林之处，故名林头。聚落由东而西呈“久”字形。有三百四十余人，多许姓。林头开基祖许守荣由桂园自然村迁居于此。后裔陆续向海外迁居有数百人，大部分居住印尼。

钟宅社区

钟宅社区在新店镇西南二点八公里，辖顶钟宅、下钟宅、后房三个自然村，九个居民小组，一千二百九十余人。居委会驻顶钟宅，以驻地村名为社区名。清属翔风里洪林湖保。1943 年属振南乡钟宅保。1950 年为钟宅乡，属第五区。1955 年属洪钟区。1959 年为洪厝大队，属新店公社。1964 年属东坑公社。1969 年属新店公社。1982 年析置为钟宅大队，属新店公社。1984 年改称钟宅村委会，属新店乡。1987 年属新店镇。2006 年 12 月为新店镇钟宅社区。

顶钟宅自然村在洪厝村南面一公里，北面地势较高，故称顶钟宅。聚落呈方块状。有七百一十余人，多洪姓。

下钟宅自然村地处顶钟宅南面，地势略低。聚落呈方块状。有二百八十余人，多洪姓。钟宅原住宋姓，洪厝十世洪建萧入赘宋家，后分衍顶、下钟宅。

后房自然村地处钟宅东面五百米，在翔安大道东面。聚落呈长条状。有三百余人，多洪姓。后房洪姓由洪厝东房十一世洪体质分衍。

鼓锣社区

鼓锣社区位于新店镇驻地南四点五公里，辖洋塘、下庙、马池塘三个自然村，三个居民小组，人口总数六百一十余人。总占地面积一百零九公顷。鼓锣社区因驻地洋塘自然村后有鼓锣岩山而得名。1961 年为古罗大队，属前线公社。1964 年为古罗大队，属新店公社。1980 年为新店公社鼓锣农场，场部驻洋塘。1984 年改为新店乡鼓锣村。2006 年 12 月为新店镇鼓锣社区。

洋塘自然村后有鼓锣岩山，山上有寺。鼓锣岩寺始建于宋代，岩寺主要供奉护国尊王（开闽王王审知），每年农历正月初十为护国尊王祭祀日。村落位于地面平坦，东、南、西三面有大池塘处，故名“洋塘”，明洪武元年(1368)，官府令岛民内迁，大嶝阳塘张姓迁居十四都图(今翔安新店镇洋塘仔)，以农为生。成化八年(1472)，准原民回籍，四世张尹廉率宗亲返回南尾复业。有一百二十余人，多郭姓。洋塘、下庙郭姓由后村郭烈派下汾阳十三世郭传玉分居而来，灯号“汾阳”。

下庙自然村地处洋塘自然村东南面，南与前浯自然村交界。据传此地附近原有两座宫庙，下庙所处位置较低，故名下庙。多郭姓，有二百二十余人。

马池塘自然村地处浦园社区林厝自然村东北面，县道434公路东面。村前南、西南有大池塘，马姓始居住地，故称“马池塘”。多李姓，有一百八十余人。李姓由浦园支派分衍；洪姓为东房东坑派下从后曾迁居。

浦园社区

浦园社区在新店镇南五点二公里，辖浦园、林厝、肖厝、林前四个自然村，十四个居民小组，有一千八百一十余人。居委会驻浦园，以驻地村名为社区名。清属翔风里李彭蔡保。1943年属振南乡浦园保。1950年为浦园乡，属第五区。1955年属洪钟区。1959年为浦园大队，属新店公社。1984年改称浦园村委会，属新店乡。1987年属新店镇。2006年3月为新店镇浦园社区。为明监察御史李庸，礼科给事中李献可故里。

浦园自然村地处钟宅社区南面二点五公里，县道四三四线彭厝路口西面。村西有小溪从岩口水库流入张埭桥水库。村临南面张埭桥水库，旱地多，故名“浦园”。多李、林姓，有九百八十余人口。浦园李姓始祖李君选，宋代由南靖油坑到浦园开基，繁衍新店镇林厝、肖厝、双过山，马巷镇张林，五显镇后烧。明永乐元年(1403)，李应祥为避祖父李庸“靖难”余殃，逃渡金门十九都乌沙头定居繁衍，成为金门古龙头李氏开基始祖。浦园林姓灯号“理学名宦”。林荣车为浦园林氏开基祖，系垵山山头林希元四房裔孙。

林厝自然村地处浦园自然村东北面五百米，隔县道四三四线东北为马池塘。多林姓，有三百余人，与浦园林姓同宗。

林前自然村地处浦园自然村西北面一点五公里，村落位于岩口水库和宋洋水库之间。建村时，村后树林茂密，故名林前。林前多王姓，有三百余人。林前王姓，灯号“槐庭”，为王延政后裔王蒲三分派。南宋末年，王蒲三居同安翔风里十三都林前乡，娶洪氏，生二子：长子大舍，名思燕，仍居林前；次子二舍，名思翼，生二子，分作前份、后份两房头，迁居欧厝繁衍成大族。

肖厝自然村地处浦园自然村西北面八百米，林前南面一公里，原为肖姓居住，冠姓村落，后为李姓居住。有二百六十余人，多李姓，与浦园李姓同宗。

西滨社区

西滨社区位于新店镇西南六点五公里，辖西滨、南美、下店三个自然村、四个居民小组，一千零五十余人。居委会驻西滨，以驻地村名为社区名。清属翔风里东界保。1943年属振南乡澳头保。1950年为澳头乡，属第五区。1959年为澳头大队，属新店公社。1961 年从澳头大队析出置西边大队，属渔业公社。1964 年改称西滨大队，属新店公社。1984 年改称西滨村委会，属新店乡。1987 年属新店镇。2006 年 3 月为新店镇西滨社区。

西滨自然村地处张埭水库西面，因村落在海湾西面而称“西边”，1964 年雅化为“西滨”。与澳头社区隔海湾相望。聚落呈长条状。多徐姓，有五百余人口。翔安徐姓集中居住在西边自然村，灯号“东海”。开基始祖不详，据说是明代由同安乌涂到澳头、张厝、西边开基。西滨村徐姓有一部分是清朝末年由澳头迁入，一部分由张厝迁入。西滨江姓由文崎村迁居，灯号“淮阳”。许姓由民安里许厝村迁入。

南美自然村地处西滨自然村西北角，村子在滨海的小山岗南端，故名“南尾”，雅化为“南美”。聚落呈长条状。有三百余人，多许姓，为由民安里许厝许姓分衍。郭姓为后村汾阳派下十六世郭景烜分居。

下店自然村地处西滨自然村西北二百米。聚落呈方块状。有三百余人，多许姓。由东界村许氏分衍。下店洪姓由洪厝东房洪洧入赘吴家分衍。石井郑氏十五世于清乾隆十四年(1749)迁翔风里十四都下店社，与洪姓杂居，堂号“荥阳”。三世后兄弟二人，一迁前浯社；一迁翔风里十二都上庄社和吕姓杂居。

澳头社区

澳头社区位于新店镇东南七点七公里沿海突出部，欧厝村的右侧，襟山带海，与金、厦两岛相望，碧海晴空，江水滔滔，川流村前，村庄形状犹似爬入海中之鳌(大龟)，故称

"鳌头",后雅化为"澳头"。辖澳头、上苏两个自然村,五个居民小组,九百八十余人。居委会驻澳头,以驻地村名为社区名。清属翔风里澳头保。1943 年属振南乡澳头保。1950 年为澳头乡,属第五区。1955 年属洪钟区。1959 年称澳头大队,属新店公社。1984 年改称澳头村委会,属新店乡。1987 年属新店镇。2006 年 3 月为新店镇澳头社区。

澳头自古是同安著名的渡口,货轮通烟台、厦门等地。清代有"澳头徐"与"澳头蒋"之别,今则并称澳头。1821 年 2 月,澳头船民驾帆船经厦门抵达新加坡,为我国第一艘直通新加坡的帆船。为明万历三十五年(1607),文进士、彬桂副使蒋芳镛;清康熙年间,行伍苏松、参将蒋禧;乾隆十八年(1753),武举人徐元熙;嘉庆、道光年间,州同苏光彩,荐辟松江府知府苏瑞书,文举人苏镜潭;清嘉庆十九年(1814)文进士,署四川总督苏廷玉故里。苏廷玉于道光二十三(1843)所书的"鳌石""超旷"保存完好。

澳头苏姓为同安苏益后裔。苏益字世进,生于唐僖宗乾符二年(875),随威武节度使王潮入闽,任都统军使。生三子:长光谊,次光谓,三光诲。益卒后葬于泉郡沿山万院后(今内厝镇锄山村苏坑蜈蚣仑)。益为苏氏入闽始祖。苏光诲在同安葫芦山建府第,取名"芦山堂"。同安芦山堂苏氏十五世,向元王朝包税赋,每年需交库银五千一百八十两。元成宗大德间,苏家派苏唐官、苏唐郁、苏唐荣三将及三十名家将押库银上开封,至长江遇盗被劫,三十三人战死江中。惨案后,元朝派兵到苏家捕去苏唐英、苏唐实、苏唐玠、苏唐珍,四人入狱,派钦差催赔库银,苏家忍无可忍,踢死钦差,元朝派大兵前来灭族,芦山堂被焚,苏姓子孙四处奔逃。有的化姓为许、连、周,因而有"一夜奔九州,化姓许连周"的典故,保留在苏家的族谱里。其中苏唐兴逃避到乡下,开基蓝田田头(今洪塘苏厝),苏唐琅、苏唐珠逃居翔风里澳头社。

澳头蒋姓徙自晋江县福全,其始祖蒋旺,直隶凤阳府寿州县延寿乡人,蒋旺生三子:长子名勇,字永赠,留居福全;次子名义,字永升,徙居惠安县崇武大岞;三子名雄,字永锡,于明初徙居同安县澳头乡,为澳头蒋姓开基祖。永锡生三子,长子名璟,字滨逸,定居澳头村;二子往广西桂林府任府守,籍居全州;三子徙平潭。澳头蒋氏后裔蒋士魏徙居台湾台北市淡水,蒋本大迁居于高雄。清乾隆五年(1740),澳头渔民往辽宁锦州府天桥场附近海域捕捞,遇台风避于锦县西海口,后留下定居,传后裔二百余人。

上苏自然村地处澳头自然村东北偏东,界于澳头与欧厝之间,始为苏姓居住,故名。有二百余人。清同治三年(1864),溪尾余吉聿于澳头村经营豆腐生意,后携弟吉清定居于澳头上苏社,今已繁衍七世。

欧厝社区

欧厝社区位于新店镇南七点五公里,辖欧厝、和美、小乡三个自然村、十三个居民小组,四千七百余人。居委会驻欧厝,以驻地村名为社区名。清属翔风里欧厝保。1943 年属振南乡欧厝保。1950 年为欧厝乡,属第五区。1955 年属洪钟区。1959 年为欧厝大队,属渔业公社。1964 年属新店公社。1984 年改称欧厝村委会,属新店乡。1987 年属新店镇。2006 年 3 月为新店镇欧厝社区。

欧厝自然村在翔安区南部海边，西与澳头接壤，东北与彭厝为邻。欧厝为欧姓始居地，冠姓地名，是原同安东南部的主要渔业区。多王姓，有四千一百余人。明末，同安翔风里欧厝社欧姓因避瘟疫，举族迁居金门十九都古贤保，新居地仍名欧厝，同安欧厝祖籍地即由其婿王思翼从林前迁此居住。欧厝王氏至清初遭迁界之祸，离散死亡者不计其数，十无一二回乡，有的远迁至江西省安庆府桐城县西南街柴市（今属安徽省）。至施琅收复台湾后，二房二柱俱往台湾居住。解放后，王姓在欧厝迅速繁衍生息。开基祖王思翼墓位于村前，保存完好。

小乡自然村地处欧厝自然村西北面，西北隔公路与上苏相邻，为欧厝王姓居住小村落。

和美自然村地处欧厝自然村东北面五百米，欧厝与彭厝之间。清代至民国均称“下尾”，后更名为“和美”。多陈姓，有五百余人。陈姓为山后亭陈仁秉长房陈妃辂次子陈荣美后裔徙居。

彭厝社区

彭厝社区位于新店镇南六点二公里，辖彭厝、后墩、布厝、前埔四个自然村，十三个居民小组，有四千余人。居委会驻彭厝，以驻地村名为名。清属翔风里李彭蔡保。1943年属振南乡彭厝保。1950年为彭厝乡，属第五区。1955年属洪钟区。1959年为彭厝大队，属新店公社。1984年改称彭厝村委会，属新店乡。1987年属新店镇。2006年3月为新店镇彭厝社区。彭厝是翔安海滨古村落，古代名人有彭汝灏，康熙间，以平岳平台功加左都督，食总兵俸，带拖沙喇哈番衔，任浙江黄岩游击；水师参将彭夺超。现代名人则有人民解放军著名将领、原交通部长彭德清。

彭厝自然村在欧厝社区北面一点五公里，东南临海，冠姓地名。有三千二百余人，多彭姓。广东彭氏始祖彭延年，六世彭念五，名贤，号天禄，为彭厝彭姓一世祖。天禄生伯福和子安。彭子安投靠浯洲盐司母舅马氏，后因兵乱入赘浯洲金沙里后学村大亨之女罗尾娘，生三子——用乾、用吉、用斌。明永乐年间，彭用乾子彭孔道卜居同安翔风里十三都松山，开基彭厝，繁衍成族，称“东彭”。彭厝后裔再分衍后墩、前埔、布厝等村。现彭厝、后墩、前埔已发展成连成一片的大村落。

后墩自然村因小村落建在彭厝村东后面的土墩旁，故名“后墩”。后墩东南临海。多彭姓，有四百八十余人。

前埔自然村建在彭厝村西面荒埔上，故名“前埔”。多彭姓，有二百二十余人。

布厝自然村，原村名傅厝，冠姓地名。地处彭厝刘山之山麓，与张厝自然村(已废)睦邻，东依彭厝村，西临浦园村，南靠澳头村，北邻西滨村。有一百六十余人，多彭姓。明嘉靖年间，布厝自然村为彭厝彭氏后裔像播秧苗式地往海湾港口聚居分衍。“播”与“布”闽南语谐音，雅化村名称“布厝”。布厝村西北处是张埭桥水库。

前浯社区

前浯社区位于新店镇南五点五公里，辖前浯自然村，有四个居民小组，一千零五十余人。居委会驻前浯村，以驻地村名为社区名。清属翔风里李彭蔡保。1943 年属振南乡前浯保。1950 年为普山乡，属第五区。1955 年属洪钟区。1961 年属前线公社浦谊大队。1964 年从浦谊析置前浯大队，属新店公社。1984 年改称前浯村委会，属新店乡。1987 年属新店镇。2006 年 3 月为新店镇前浯社区。

前浯自然村在翔安区南面海边，西南距彭厝自然村一点五公里，原作“前吴”，谐音衍为“前浯”。地理位置偏僻，自古以来人户较少。明朝中前期，只有石姓在前浯居住，明朝后期至清嘉庆年间，随着杨、吴、苏、陈、林、郑姓的迁入，人户逐渐增多。解放后，张福建从竹浦迁入，何鹏飞、杨彬等外地国民党兵留在前浯，海外华侨如郭振华兄弟、郭基父子等归国居住，铁灶村废村后洪文练兄弟等洪姓村民也搬来前浯居住。前浯是翔安区名副其实的多姓氏村落。

前浯自然村石姓，灯号“武威”。开基始祖石无纪，明代由高浦移居前浯，生五子，分五房。二房国助居前浯。

前浯自然村林姓为城场凤山林分支，由桂林七里林氏分衍迁居。

前浯自然村杨姓于明朝中叶，由杨厝四房玉麟迁居前浯。

前浯自然村郑姓由石井十五世郑氏，于清乾隆十四年(1749)迁入十四都翔风里下店社和洪氏杂居，三世后有兄弟二人，一迁前浯。

浦边社区

浦边社区位于新店镇东南三点八公里，辖浦边、郭厝、石厝、山头四个自然村，六个居民小组，一千七百五十余人口。居委会驻浦边，以驻地村名为社区名。清属翔风里后仓保。1943年属振南乡浦滨保。1950年为普山乡，属第五区。1955年属洪钟区。1961年为普边大队，属盐山公社。1964年属新店公社。1984年改称浦边村委会，属新店乡。1987年属新店镇。2006年12月为新店镇浦边社区。

浦边自然村因村西有条咸水溪流入后村港，故名。聚落呈方块状。有八百七十余人，多郭姓。浦边社区郭姓多为后村"汾阳"衍派分衍。郭子仪派下十世郭彰仲，讳德懋，于元至元二十二年(1285)分居浦边，为浦边开基祖。郭姓最兴旺时人口达一千二百余人，村里多店铺、织机，俨然是个小市集。清光绪六年(1880)年前后，因鼠疫流行，村民大多避居他乡，至解放前夕，仅剩三百多人。

郭厝自然村地处浦边自然村北面八百米，为冠姓地名。聚落呈长条状。一百五十人左右，多郭姓，由浦边分衍。

石厝自然村地处浦边自然村西面，介于浦边和鼓锣之间，传为石姓始居地，故名"石厝"。石起宗(福建同安九世)，字似之，登宋孝宗乾道五年(1169)进士第，榜眼，官拜吏部尚书。因赈济泉州有功，留居泉州。其子十世石大猷于南宋绍兴年间从高浦西安乡迁在坊里(同安小西门外坛社)。其族众于明初部分迁新店镇石厝社。后又迁多姓杂居的前浯定居。聚落呈方块状。有三百六十余人，多郭姓。后村汾阳衍派十三世郭余政从后村分居石厝。范氏入闽九世范瑞霖，字介卿，明天启元年(1621)解元，授户部员外郎，于明崇祯年间迁南安埔边(南安东田镇)定居。范瑞霖六世孙范荣功于清乾隆四十年(1775)迁同安翔风里十四都后珩社，后又迁入石厝社和郭氏聚居，距今七世。

山头自然村地处石厝自然村南面，西北高，东南低，西北靠鼓锣岩山，故名"山头"。聚落呈梯形块状，房屋依地形而建，坐北朝南。有四百余人，多郭姓。由郭绸从后村分居繁衍。

后村社区

后村社区位于新店镇东南四点六公里，原名后仓，方言谐音为后村。辖后村、汪厝、港尾、海头、下家、竹浦六个自然村，二十五个居民小组，有六千余人。居委会驻后村，以驻地村名为社区名。清属翔风里后仓保。1943 年属振南乡后仓保。1950 年为后村乡，属第五区。1955 年属洪钟区。1959 年为海山大队，属新店公社。1961 年属前线公社。1964 年属新店公社。1980 年更名后村大队，属新店公社。1984 年改称后村村委会，属新店乡。1987 年属新店镇。2006 年 3 月为新店镇后村社区。为明隆庆四年(1570)靖江府长史郭齐登；明天启元年(1621)文举人郭骏声故里。

后村自然村地处海湾东面，几千年的雨水冲积，形成滨海平原，土地肥沃。虽临海边，但有溪流可资灌溉，农业发达，成为粮仓，名为"后仓"，谐音"后村"。多郭姓，有四千三百余人。另有一说，后村原为吴姓居住。南宋淳熙十二年(1185)，郭山六世郭敬夫第三子郭烈，入赘洞庭乡吴庭辉家。郭烈娶六娘，无育，继娶七娘，继承岳父业产，建房后粟仓，故改村名为"后仓"，以后在后村繁衍成大族。汾阳十世郭彰仲分居浦边；十三世郭余政从后村分居石厝，郭传玉分居洋塘桃仔园(已废村)；十六世郭景裕之子郭伟茂入赘竹浦谢家。郭景烜分居南尾，郭绸分居山头社。

汪厝自然村地处后村自然村南面海边，多郭、汪姓，有七百六十余人。元朝中叶，汪沼由惠安涂岭乡洪厝坑迁居同安汪厝社。其十四世孙又于清初分衍新圩镇下寮社。

港尾自然村地处汪厝自然村西面，两村相邻，位于港湾最南端，故称港尾。多郭姓，有二百九十余人。

竹浦自然村与后村自然村隔海湾相望，位于前浯北部，因村北边有一条小溪自浦边村流经竹浦，于海头村二娘宫入海，溪边生长大量竹子而得名。有两个居民小组，三百六十余人，多郭姓，有汪、洪、王姓杂居。竹浦原住谢姓，明洪武八年(1375)，为防倭寇侵扰，大、小嶝岛居民俱内迁，红壁村二世祖谢茂昌四兄弟迁住竹浦村，繁衍成大族，历三世至明成化八年(1472)迁回大嶝复业，尚有部分谢姓族人留居竹浦，目前已无谢姓。郭姓系后村十六世郭景裕之子郭伟茂入赘竹浦谢家，为竹浦郭家始祖，部分郭姓是解放前后铁灶村居民外迁，有五六户迁入，灯号“汾阳”。汪姓是民国初期，由后村汪厝迁入。

下家自然村地处竹浦自然村南面，即竹浦、海头之间。民国初年，竹浦村郭氏分衍的后裔在溪边竹林下兴筑房屋，再建一个家，村名故称“下家”。有一百五十余人，多郭姓。民国中期，附近面前山社废了村，居面前山社的郭姓也都迁入下家村。

海头自然村地处前浯社区东北边，与前浯自然村隔着竹浦溪，1943—1944 年曾几个月短暂属于前浯保管辖，之后归后村村管辖，现在是后村社区的一个自然村。村庄东临大海，南接前浯村，西南隔着下家坝与下家村为邻，西边隔着下家至后村村道与竹浦村相连，北边隔着港尾港与港尾村为邻，可谓三面临水，一面靠山，现有一个居民小组，一百五十余人，以郭姓为主，陈姓次之。海头村最早的居民姓刘，元朝中期，刘漫、刘宗、刘宁在居住同安民安里十一都西林，尔后刘宗移居蔡厝大庭海头（即现后村社区海头自然村），为海头刘姓开基祖。海头郭姓皆由后村郭姓移居。

蔡厝社区

蔡厝社区位于新店镇东南四点八公里，辖蔡厝、后珩、梁厝、砛兜、后山、埔边、后坑七个自然村，十五个居民小组，四千四百余人。村委会驻蔡厝村，以驻地村名为社区名。清属翔风里李彭蔡保。1943 年属南振乡蔡厝保。1950 年为蔡厝乡，属第五区。1955 年属洪钟区。1959 年为蔡厝大队，属新店公社。1984 年改称蔡厝村委会，属新店乡。1987 年属新店镇。2006 年 3 月为新店镇蔡厝社区。为明嘉靖十六年（1537），文进士、河南鹿邑知县蔡士达；明万历三十一年（1603），文举人兴国县令蔡钟有；明天启元年（1621），文举人蔡国辉故里。

蔡厝自然村地处翔安区东南海角，与大嶝岛隔海相望，为蔡姓居住地，故名“蔡厝”。有二千五百七十余人，多蔡姓。蔡厝村，古名大庭。蔡姓尊宋中宪大夫蔡景仁为始祖。景仁后裔，于元末明初从金门平林徙居蔡厝村，生二子，长子蔡太荣的后裔一支分衍大嶝嶝崎村坪兜角落，另一支迁居澎湖，据传人口超万人。次子蔡太保，生二子，长子蔡靖权，衍顶长房份；次子蔡靖节，生二子。长子蔡毅斋，次子蔡毅田过继金门平林。毅斋生四子，长子延龄衍下长房份，其十六世孙蔡铨藕迁石码经商；次子延茂衍二房份；三子延芳，无嗣；四子延森衍四房份。延森之八世孙部分迁台湾、广东潮州、广西合浦谋生。蔡厝蔡姓尚有从莲花小坪村迁居大庭，蔡添秀衍围仔内，蔡西沧衍汪厝角，蔡宜家衍小坪角。蔡厝蔡氏共计七个房份。蔡厝还分衍该村的后头社。蔡厝另创分堂号"大庭"。

后头自然村地处蔡厝东面海岸上，村子西北背山，东南溪流入海，取名为"后头"。有三百四十余人，多蔡姓。

砛兜自然村地处蔡厝东北，再东北是梁厝，村子位于小而陡的山旁，故名"砛兜"。有五百余人。同安佛岭叶姓始祖叶洙，名关，河南光州固始县人，为唐朝散郎，后升学士。九世叶卿三子叶以直，其后裔居翔风里砛兜。

梁厝自然村地处砛兜东北溪边，梁姓首居地，故名。有一百三十余人，多梁姓。梁立之子梁天柱，号龙津，生五子。长房于元末明初开基同安翔风里十四都，即今新店镇蔡厝村梁厝社；二房播衍内厝镇莲前村莲后社及新店镇珩厝村梁姓角落；三房播衍内厝镇新安村茂前社。

后坑自然村地处砛兜和梁厝北面，建村时，村后有大坑谷，取名"后坑"。有二百三十余人，多陈姓，由陈坂陈诸明长子陈太和分衍。

埔边自然村地处后坑西北，因村落建在丘陵地坡度平缓的荒埔旁边，故名"埔边"。因埔边与后坑两个自然村相邻，俗称"后坑仔埔边"。有三百五十余人，多陈姓。为山后亭陈仁秉长房陈妃辂次子陈荣美后裔徙居；一部分由陈坂陈诸明长子陈太和分衍。

后珩自然村地处埔边西北二百米。有二百八十余人，多陈姓，由马巷镇朱坑社区陈姓分衍。

马巷镇

马巷镇是闽南四大古镇之一，是翔安区的文化和经济中心，历史悠久。古称马家巷、马厝巷。宋绍兴二十三年(1153)朱熹任同安主簿时，发现马巷襟山带水，钟灵毓秀，即感慨预言“此地五百年后通利之所”。至明代中期，马巷已是“人居稠密，商贾辐辏”。至清乾隆四十年(1775)马巷设厅置署，隶属泉州府，辖同禾、民安、翔风三里共六十八保，改称马巷，是时更是“店铺栉比，烟火万象”。民国元年(1912)废州、厅建制，马巷废厅，划归同安县管辖。至2003年从同安区析分，设立翔安区，马巷隶属翔安区管辖。

马巷镇东与内厝镇毗邻，西临东咀港，南连新店镇，北与洪塘镇接壤。水陆交通发达，为厦门、泉州、漳州三市交通咽喉。

马巷镇中心距厦门市三十三公里，至泉州五十五公里。总面积六十六点八七平方公里。原辖四个社区、三十个村委会，五美、友民、三乡、后亭、滨安、五星、琼头、陈新、井头、城场、窗东、蔡浦、山亭、亭洋、郑坂、后莲、曾林、后许、沈井、桐梓、黎安、内垵、垵边、前庵、内官、何厝、洪溪、同美、西炉、赵厝、后滨、西坂、市头、朱坑、舫阳。现辖五个城市社区、三十个村改居社区，九十个自然村。

马巷文化积淀深厚，文物古迹众多，马巷地灵人杰，古往今来，人才辈出，薪火相传。古有诸贤，明末清初，郑成功的部将洪旭、林壮猷。清乾隆时期的江南提督林君陞;嘉庆时期的闽浙水师提督李长庚。今有品德高尚、医术精湛享誉海内外的妇科专家林巧稚,中国科学院院士、著名化学家、曾任厦门大家副校长的蔡启瑞,国际著名计量经济学家、康奈尔大学终身教授、现任厦门大学王亚南经济研究院院长洪永淼,2007年获中国工艺美术大师(漆线雕行业)称号的蔡水况。

明末蔡献臣《重修马巷通利庙募疏》:"邑东有马家巷焉,昔为孤寂耕种之乡,而今为东方市易之凑。"马巷位于古同安东界的中心点,古道四通八达,"东方市易之凑",即马巷早在明朝已是繁华街市。明末清初,清兵驻马巷,拆毁八九都村落,荒其三冬,马巷经清兵蹂躏,到处一片狼藉,已无昔日繁华景象。顺治十七年(1660),下迁界令,同安沿海八十八保居民迁居内地。康熙元年(1662),尽迁官道以南,东界民安里、翔风里均为迁界范围,马巷被夷为平地。康熙二十二年(1683),清水师提督施琅率师攻台,郑氏降,迁离故居的同安人才慢慢迁回故里。

马巷街林氏其肇基祖于明初从兴化府宏路徙居内厝镇莲塘。莲塘五世林程道,因避倭患,率裔迁居新圩,至明隆庆三年(1569)戚继光平倭后始迁入马家巷经商。又五传至林盛联,号朴斋,以子贵赠儒林郎。兄弟二人,其弟往外发展,盛联定居马家巷,往山区采购山货搞长途贩运而致富。盛联生六子,长子士愿,号愫夫,乡饮宾;次子士群,号代夫,国学生;三子添筹,号敦斋,贡生;四子国明,号谨夫,乡饮宾;五子光元,号笃斋,雍正四年(1726)武举人;六子芳德,讳世暨,字仁圃,雍正七年(1729)贡生,赠儒林郎,捐职州司马(从六品)。长房分居一甲大㮾脚林厝(后林),二房分居四甲书院后,三房分居五甲六路口,四房分居四房林,五房分居大宫口桥仔头,六房分居四甲梳妆楼。林家兄弟先后建造二进大九架大厝四座,三进大六路双边护一座,三进后进加阁楼一座。马家巷因林盛联的发达而"店铺栉比,烟火万家",清雍乾时,林氏家族显耀于马家巷。

林家六子"二文二武二商",盛联次子士群继承其父衣钵,于四甲街开店铺十多间,为一方巨商;六子芳德经营商贸,笃守信誉,善于经营运筹,很快就腰缠万贯,富甲一方,被誉为林百万、林员外。从四甲街至桥仔头两侧有三十多间店铺,均为林记字号,尤以"林源记""林恒发"为突出。莲塘林姓为清朝时期马家巷的繁荣做出重大贡献。

清嘉庆十七年(1812),马巷街坊分五甲:

五甲(五甲街):池王宫、五甲尾汛防、西面牛磨巷、六路口、山仔尾。

四甲(四甲街):相拨宫、通利庙、四边横街、关帝庙、观音宫、鱼街、叶厝、水尾元坛宫、东边后埕。

三甲(鸡仔市):上元街、槛门外、蛙仔巷、西边后街、朱王宫、下苏、东边后亭墓。

二甲(后亭内):元坛宫、店仔口、东路街、土地宫。

一甲(卧龙边):草仔市、提督街、新街内、土地宫、东边相公宫、上店头、猪仔市、西边西街、完王宫、通巷、米市埔、金王宫、顶苏、仙帝宫。

马巷集市的复兴,招引四面八方市贸者向东界马巷中心靠拢,先后有侯亭陈氏宜安派,三乡官山陈姓,深沟许姓,五甲尾三恒陈姓、蔡姓、曾姓,后亭洪姓、朱姓等,这些家族为马巷的进一步繁荣奠定了基础。其中陈姓由于贩卖纱布赚大钱，五甲尾三恒陈氏三兄弟牵头发动马巷其他商号，开辟了五甲尾至通利庙口原有的大沟两边，建造商店七十八间，扩展为新市场。牛马交易也移到三署衙西侧，俗称"牛圩"。猪仔苗及家禽交易改设在通利庙的东巷内。盐圩设在林姓祠堂口，柴草市设在梳妆楼前的广场上。沿五甲尾至大宫新开为"纱市街""八宝巷"，经营金银首饰；蔬菜、鱼类、猪肉则集中在双关埕中；地瓜市设在曾姓屋后空地上。从此，自下苏起至相公宫这一带就没有交易场所了。

1928年间，国民党四十九师陈启芳团驻防马巷时，协助当地政府规划扩建街道，自街市头至五甲尾的旧大街两边店铺各向后迁退一丈，新街道路面有两丈多宽，两边建有骑楼。还把散居在大街外围的小店铺迁入新街，街道面貌焕然一新。

五美居委会

五美社区居委会位于马巷古镇东南部，有十四个居民小组，常住与流动人口达到五千余人。社区地名由原名"五甲尾"，雅化为"五美"。居委会驻巷声路十号。清属民安里界头保、马巷保。1943年属马巷镇五权保，1950年为五权街，辖六坎街、金沙地、井脚街、纱市街、八宝街、三恒内、山仔尾。1955年属马巷乡。1958年改为五美居委会，属马巷镇。2004年12月为马巷镇五美社区。境内元威殿为台湾三百多座池王爷庙的祖庙。五美，寓意于和谐美好，地处马巷街中心繁华地带，东至万科金色悦城，西至马巷池王宫，南至马巷镇政府，北至马巷车站，辖区面积零点八平方公里。五美是马巷的起源地，也是商业集中区，富有文化底蕴。为清同治年间，武举人陈正忠、陈念祖故里。

马巷三恒陈氏，灯号“俊美”。开基始祖陈文焕系开漳圣王陈元光二十四世孙惠派下之十二世孙，直属漳州海澄圳尾大宗。其父陈均瑞早年移居港下，后陈文焕于清康熙年间再次徙居马巷开基创业。自陈文焕生五子至裔孙陈南洲生三子，三房共传十七柱，由此构成马巷三恒陈氏家族体系。现大部分居住在马巷镇五美社区。

马巷街五甲尾部分蔡姓，是金门琼林蔡沧界于明代徙居马巷前厝社（今赵岗村），后迁居马巷街五甲尾的山仔尾，灯号“琼林”。

山后亭陈仁秉子陈妃振生三子，次子陈孟畴生三子。陈孟畴次子陈应宗生四子。陈应宗三子陈普治之四子陈河清后裔分衍马巷宜安派，居大井脚、山仔尾、五甲后窑仔底一带。

深沟许氏由西塘许氏徙居。

泉州市鳌峰乡曾景封于清初来马巷经商，后住五甲尾，分三柱。五星社区及五美、友民二街道也有曾姓。另据《腾五甲尾谱系总序》：“始祖系晋江安平人，兄弟三人，祖列其次。兄名佛赐，字莱臣；祖名佛生，字字泰。父及三弟外出从军，祖与兄莱臣入同邑，居于翔风里十二都潮天港唐厝乡之北面，娶欧厝李氏生六子，因倭寇扰害而六子分散……五子敬文从妻林氏居于同禾里郭山后；六子敬轩从之，五房与六房子孙再移马巷五甲尾居住。敬文公派下另建祖厝奉祀佛生公神主，则传世于无穷矣。”马巷曾姓分布在古垵、根岭、友民、五美、后亭、三乡，现有五百余人。曾氏分堂号均为“龙山”。

马巷五甲尾街有二支刘氏，其一是刘金乌于五十多年前，由晋江青阳陈厝社来马巷打工，现繁衍六十余人口；其二是民国初从惠安来马巷行医的刘鸿勋医师。

友民居委会

友民社区居委会位于马巷古镇西南部，有十四个居民小组，一千九百六十余人。居委会驻六路巷二十一号。以原名牖民保谐音作“友民”为居委会名。清属民安里界头保、马巷保。1943 年属马巷镇友民保。1950 年改为友民街，辖六坎街、金沙地、三脚街、桥仔头、六路内、大井巷、牛磨巷、后壁亭、后街园，属马巷镇。1955 年属马巷乡。1958 年改为友民居委会，属马巷镇。1961 年属马巷公社。1984 年属马巷镇。2004 年 12 月为马巷镇友民社区。《马巷厅志》：“翁墓桥在马家巷，水口关钥之要，建于前明。国初废，里民黄世斌鸠工重建，桥侧有叶道士墓，俗呼道士为翁公祖，故桥以此名。”

莲塘林姓住六路一带。

山后亭陈孟畴二子陈应宗之四子陈普泗，陈普泗生三子，长子陈澄后裔分居牛磨巷、大井脚、后壁亭等处。

三乡居委会

三乡社区居委会位于马巷古镇西北，有十二个居民小组，一千八百一十余人。居委会驻龙池路十二号，以驻地旧名为居委会名。清属民安里界头保、马巷保。1943 年属马巷镇三乡保。1950年为三乡街,辖大宫口、新中街、大井巷、横街、林厝、楼仔内、卧龙边、苏厝,属马巷镇。1961年属马巷公社。1984年属马巷镇。2004年12月为马巷镇三乡社区。为明永乐十八年(1420)文举人、金华知县李玹,明永乐二十一年(1423)文举人、太平府教授李让,清雍正八年(1730)文进士苏遂,乾隆三十九年(1774)武举人黄大钟故里。

山后亭陈孟畴二子陈应宗之四子陈普泗生三子,长子陈澄后裔分居卧龙边、后壁陈。大三乡、小三乡大部分陈姓由仑头官山陈徙居。

苏氏为同安"芦山堂"派下。为躲避元兵灭族,芦山堂的苏唐兴逃避到乡下,开基蓝田田头(今洪塘苏厝),苏唐珠逃居新店澳头。二十一世苏惜儿,生七子,子孙繁衍苏厝二十四社,分支马巷三乡。

林姓分布在大宫口、楼仔内周围,是林盛联后裔。

刘元举于元代从晋江祥芝大堡迁同安,先居古庄村,后卜居汀溪隘头村圭母岫社,其后裔刘兴邦,字荔山,清道光年间武举,以战功擢温州总兵。其后裔于后山建"圭武寺"以纪念之,后村名讹为"鸡母岫"。兴邦当官后迁居在坊里祥露,建造"白花窗"故居大厝四落,现尚存,其后裔分迁西溪、西安等街。圭母岫社又衍坤泽洋、隘头、杜生林、大岭溪、洪坑及马巷镇后边社。后边原住李、郑、刘三姓,后刘氏由族长刘尽率族移居马巷街刘厝甲(今下苏巷)。

后亭居委会

后亭社区居委会位于马巷镇政府驻地北部,有十三个居民小组，一千七百一十余人。居委会驻马巷街三十九号，以原后亭街名为居委会名。清属民安里界头保、马巷保。1943年属马巷镇后亭保。1950年为后亭街，辖深沟、大宫口、四甲街、十八坎、上元街、街市头、东路、六间仔，属马巷镇。1955年属马巷乡。1958年改为后亭居委会，属马巷镇。1961年属马巷公社。1984年属马巷镇。2004年12月为马巷镇后亭社区。

桐梓陈福全派下三房居马巷后亭分衍。

山后亭陈孟畴三子陈润宗后裔迁居上元街。

古山洪姓，由南安古山三房十八世洪成斋、洪隐斋堂兄弟，于清朝中叶分衍马家巷朱王宫边，洪姓多习岐黄之术，济世救民。

深沟许氏由西塘许氏徙居。

傅实次子傅居献之后裔傅臣，于清道光年间从泉州浮桥携眷迁民安里十一都马巷四甲街，是为马巷傅姓开基祖，灯号“银青”。傅氏经营纺织业，商号“织锦”。拥有纺纱、织布、过光、漂染等一系列设备，还开有布店，是当时马巷巨贾之一。

同安碧溪八世郑文，号世华，于清康熙间迁马巷四甲街经商，郑文生五子，分五房。郑氏远祖郑獬，字毅夫，安陆人，北宋皇祐年间，举进士第一，通判陈州。神宗朝为翰林学士，权知开封府。苗裔随南宋政权南移，于宋末元初迁温陵。正统年间，其十三世孙郑晚丁，字秉仁，号碧溪，迁同安在坊里碧溪保，分堂号“碧溪”。

林盛联有六子，分为六房，长房居后林，二房居书院后，四房居四房林，五房居大宫口，六房居梳妆楼。

滨安居委会

2009年12月15日，经翔安区政府研究同意设立马巷镇滨安社区居委会。位于马巷古镇西南角，辖区面积约零点三三五平方公里，东至池王宫路，西至舫山北路及后滨至内林片商住用地西段，北至横一路，南至翔安北路。辖有黎安小镇、中骏南湾商都、后滨安置房三个片区。现有居住人口五千余人。

五星社区

五星社区为环马巷镇区周边原农户。有十六村民小组，五千五百余人。多朱、陈、蔡、黄、苏等姓。取“五星高照”之意为社区名。1959年称为五星大队，属马巷公社。1984年改称五星村委会，属马巷镇。2004年12月为马巷镇五星社区。现居民多以经商为主业，全面发展。

琼头社区

琼头社区位于马巷镇政府驻地西南八公里，辖琼头、陈下厝两个自然村，十三个居民小组，有五千七百余人。居委会驻琼头，以驻地村名为社区名。清属翔风里龙头保。1943年属侯牧乡琼头保。1950年为琼头乡，属第五区。1959年改称琼江大队，属马巷公社。1964年属东坑公社。1969年改称琼头大队，属马巷公社。1984年改称琼头村委会，属后滨乡。1987年后滨乡并入马巷镇。2006年2月为马巷镇琼头社区。

琼头自然村地处翔安西面，同安双溪入海口东岸凸出部分，西面跨海为同安区丙洲。相传建村时，滨海处有古乌柏树，长在上陆之头故名。因“柏”与“琼”方言谐音，写成琼头。为清咸丰年间，行伍台湾总兵林向荣故里。

琼头为林姓聚居地，属林氏九牧长房世系。多林姓，有五千余人。端州刺史林苇的曾孙林可征，自澄渚迁徙长寿社，可征之子林永，又迁居前埭。永之孙林愤，生三子，长子矩将，为监簿，移居南安奎霞；次子伯材为泉州司户，移居同安；三子国华移居厦门店里，为店里始祖。明洪武三年(1370)，九牧长房三十一世林侯，字君侯，由厦门店里迁居龙头，即柏头，今改琼头，以“龙山”为灯号。其派下十三世林向荣，字战志，号龙江，于清道光十三年(1833)入伍，因缉盗有功，先后任金门千总、海门参将、闽安副将、碣石镇总兵、台湾总兵。同治元年(1862)三月，台湾戴万生起事，林向荣受命进讨，因大雨粮断，退驻盐水港，被革职。后嘉义被围，林向荣驰书至家，倾家资七千金，募亲勇五百人赴援，遂解围。八月，又被围，因兵粮无援，林向荣阵亡，年四十九岁。其胞弟向皋，次子张成等四百八十七人皆壮烈殉职。

陈下厝自然村地处陈头村西北下方，故称陈下厝，古称瞻美厝，又名瞻尾厝，其意是兄长及其宗亲要共同关照三房的后裔子孙。陈下厝“东靠山侯亭天柱在，西遥集美村育英才，南含鳄鱼屿半山海，北连丙洲村龙盘带”，占有龙盘虎踞、凤起蛟腾之宝地。历经五百年沧桑，祖先克勤克俭，艰苦创业，经济发展，人丁兴旺。现有人口六百六十余人。陈姓系唐入闽始祖陈忠公(诰封鄂国公)派下，属南陈。陈崇明于明成化元年(1465)肇基陈头村，育三子。长房元辉居村北，二房元光居村南，三房元耀于明正德(1506)开基亭下厝，即陈下厝。

陈新社区

陈新社区位于马巷镇政府驻地西南七点三公里，东坑万亩围垦堤北端，辖陈头、新宅两个自然村，六个居民小组，一千四百二十多人。居委会驻地陈头，取陈头、新宅首字为社区名。清属翔风里新宅保。1943 年属侯牧乡井头保。1950 年称仁凤乡，属第五区。1959 年为仁凤大队，属马巷公社。1961 年析出为陈新大队，属渔业公社。1964 年属东坑公社。1969 年属马巷公社。1984 年改称陈新村委会，属后滨乡。1987 年属马巷镇。2006 年 2 月为马巷镇陈新社区。

陈头自然村为陈新社区居委会驻地，地处琼头社区东侧海边。陈姓系唐入闽始祖陈忠公(诰封鄂国公)派下，属南陈。

新宅自然村在陈头村北面。琼头林姓派下分居于此，取新盖房屋为村名，称新宅，有四百六十余人，多林姓。

井头社区

井头社区位于马巷镇政府驻地西南六点七公里，辖井头、后寮两个自然村，十一个居民小组，近二千五百人。居委会驻井头，以驻地村名为社区名。清属翔风里城场保。1943 年属侯牧乡井头保。1950 年称麟凤乡，属第五区。1959 年改称麟凤大队，属马巷公社。1961 年称井头大队，属渔业公社。1964 年属东坑公社。1969 年属马巷公社。

1984年改称井头村委会，属后滨乡。1987年属马巷镇。2006年6月为马巷镇井头社区。村西北有清代江南水陆提督林君陞钦赐墓葬。为清乾隆年间林君陞和嘉庆年间大理寺右丞林植故里。

井头自然村地处翔安西南东嘴港海滨，古来三面环海，一面临山。原村边有口大井，后成村落，因名井头。隔小海湾东临城场村，西隔海埭与陈新村对峙，南与新店镇炉前、下后滨两村隔海相望，北依圆山与山亭村后阁自然村接壤，因其地貌状若麒麟，故有麟山之别称。

江铸扶宋帝昺入同安，定居同安，其次子江承祖迁居同安东界海滨，开基江厝（现已废，址在今村外水琼线旁）。承祖生三子——世盛、世隆、世富，世盛留居江厝，子孙繁衍成族。后因该处土地贫瘠，族人为生活所迫，于清末民初或外迁或飘洋过海，江厝便消亡了。

明正统年间，有谢宏献迁居井头保后寮社创业繁衍，到了清乾隆年间，七世谢朝，八世谢夸、谢标、谢建、谢群、谢钦先后携眷渡台，住居台湾彰化县二林堡上厝乡，繁衍成族，成为台湾谢姓中的重要一派。谢姓在后寮历经十六世、三百多年后，在井头村销声匿迹。

井头自然村以前住着的大多是叶姓人家，他们以养鸭为业。其中有一户养了一百只鸭，便请来他的林姓外甥为其看护。到了鸭子生蛋的时候，林姓外甥总是数出鸭比实际的多生一个蛋。于是，林姓外甥每天便把这多出来的一个蛋偷偷地送给免费教他读书识字的先生。后来，先生怕他挨骂，便叫他以后不要再送。林姓外甥就把这奇怪的事情以实相告，先生也对他说那是一块风水宝地。再后来林姓外甥便在那块宝地上盖房，安家，被抢了风水的叶姓便败落了。据传说这个林姓外甥就是开基井头的林裕远。

井头社于明代中期由林裕远肇基，林裕远因做牛贩，往来于安溪等地，途中得急病死于安溪桂窑。林裕远生五子，长子林朝仁渡台居艋舺；四子朝智无嗣；二子朝义、三子朝礼、五子朝信开发井头，灯云号“九牧”。多林姓，有二千一百五十余人。井头林姓又分衍迁居西面后寮社和新店东莲。长子林朝仁移居艋舺，生子潭、上云。上云生子崇伯、崇仲。崇伯生子敦履、敦举。朝义八世裔孙克静移居台湾，十二世佐齐、佐评、佐我俱居台湾南路万丹。十三世德彪移居台湾竹堑。林君陞到台湾，得到这些族人的帮助，成为勘台地形第一人。

后寮自然村地处井头西北六百米，琼头东北。据传原搭有草寮，建村于寮后，故名后寮，也写作后辽。有二百四十余人，多林姓，由井头林氏迁居。

城场社区

城场社区位于马巷镇政府驻地西南五点六公里，辖城场、周边、丁亭三个自然村，七个居民小组，一千八百五十余人。居委会驻城场，以驻地村名为社区名。清属翔风里城场保。1943 年属侯牧乡城场保。1950 年称麟凤乡，属第五区。1956 年并入海鸣乡。1959 年为仁凤大队，属马巷公社。1961 年改为城场大队，属渔业公社。1964 年属东坑公社。1969 年属马巷公社。1984 年改称城场村委会，属后滨乡。1987 年属马巷镇。2006 年 6 月为马巷镇城场社区。

城场自然村地处海翔大道南侧海边，原隔海湾东与窗东、西与井头相望，因东坑湾围垦，海湾已成过去。始为施姓居住地，冠姓地名，至今翔安人仍称之为施场，后为林姓所居，更名城场。城场林姓为九牧林长房厦门店里分支。闽林三十一世林实肇基施场，地称凤山，灯号“忠孝”。多林姓，有一千四百三十余人。周边、丁亭又其分支。

周边自然村地处城场村的北面。明初为周姓居住地，城场林姓第三世分居周姓村落周围，取名周边。现多林姓，有四百八十余人。

丁亭地处城场北面一点五公里，东陈山之南，取名东陈，讹为丁陈。仅二户林姓居住。由于翔安区开发建设，丁亭拆迁，林姓迁回祖居地城场居住。

窗东社区

窗东社区位于马巷镇政府驻地西南五点三公里，辖窗东自然村，十二个居民小组，二千五百余人。居委会驻窗东，以驻地村名为社区名。清属翔风里窗兜保。1943 年属侯牧乡窗东保。1950 年为窗东乡，属第五区。1956 年并入海峰乡。1959 年称窗东大队，属马巷公社。1964 年属东坑公社。1969 年属马巷公社。1984 年改称窗东村委会，属后滨乡。1987 年属马巷镇。2006 年 2 月为马巷镇窗东社区。窗东自然村，原名窗兜，俗称窗头。为明万历三十二年(1604)进士、四川布政使洪纤若，明万历四年(1576)武举人洪熙寰、明嘉靖二十二年(1543)文举人洪桐及近代乡绅洪晓春故里。

窗东自然村地处城场东南一公里。翔安洪氏嶝山支派始祖洪皎，生二子，长子洪进移居建宁府，次子洪道于绍兴

(1131—1162)年间，隐居小嶝后头堡，创"嶝山"分堂号。洪道之三玄孙洪衮字义兴，曾任长乐承信郎，于元初入赘翔风里十二都，与潮阳县尹林昌福的孙女婚配。林昌福兴学堂于故居南池东隅，以课子孙，曰窗东宅，这是窗东村名的由来。林姓迁居长泰，洪衮继承林氏祖业，生四子——纯仁、纯德、纯礼、纯惠，分春夏秋冬四房柱。经几百年繁衍，传承至今二十二世。窗东洪氏子孙分衍马巷镇窗东、蔡浦、湖莲、曾厝、下庄和新店镇祥吴、东浦、浯溪、东村。

蔡浦社区

蔡浦社区位于马巷镇政府驻地西南五公里，辖蔡浦自然村，八个居民小组，有一千七百余人。居委会驻蔡浦，以驻地村名为社区名。清属翔风里窗兜保。1943 年属侯牧乡蔡浦保。1950 年为窗东保，属第五区。1959 年为蔡浦大队，属马巷公社。1961 年属巷南公社。1964 年属东坑公社。1969 年又属马巷公社。1984 年称蔡浦村委会，属后滨乡。1987 年属马巷镇。2006 年 2 月为马巷镇蔡浦社区。为郑成功部将洪复故里。

蔡浦自然村地处窗东东南五百米，东临翔安大道，西接窗东村，南靠新店镇东坑湾，北至后莲村。初建村时原是种菜之地，称菜圃。后为蔡姓居住地，改称"蔡浦"，洪姓居住后仍沿用蔡浦村名。

蔡浦村由窗东三世春房次子洪云明分衍。窗东十五世洪培安由蔡浦迁居台湾彰化；窗东十六世洪以雅由蔡浦村迁居台湾二林镇。

山亭社区

山亭社区位于马巷镇政府驻地西南四公里，辖山后亭、店顶、后郭、浦头、下边五个自然村，十二个居民小组，有三千八百余人口。居委会驻山后亭，去“后”字为社区名。清属翔风里封侯保。1943 年属侯牧乡新亭保。1950 年为山亭乡，属第五区。1959 年为山亭大队，属马巷公社。1961 年又属巷南公社。1964 年属东坑公社。1969 年又属马巷公社。1984 年改称山亭村委会，属后滨乡。1987 年属马巷镇。2006 年 2 月为马巷镇山亭社区。

山后亭自然村地处下潭尾港湾南面海岸，北为塘厝港，为山亭居委会驻地，原名“封侯亭”。陈姓祖先陈邕，唐玄宗时官至太子太傅，宋、明两朝均追封为忠顺王，其裔徙此，建亭、阁以资纪念。亭曰封侯，阁曰侯阁，后称山后亭。陈仁秉次子妃振居山后亭。多陈姓，有一千八百余人。

后郭自然村地处山后亭自然村西南面，因在此建阁纪念太子太傅陈邕，取名侯阁，后衍为后郭。陈仁秉长子陈妃辂生二子，长荣芳，次荣美。陈荣美居侯阁，分衍蔡塘、和美、埔边。多陈姓，有七百八十余人。为清同治年间厦门参将陈允彩和民国初海澄知事陈鸿祺故里。

店顶自然村地处山后亭自然村西南角，现已和山后亭连在一起，原有上店、下店之分。陈妃辂长子陈荣芳居店顶，衍至九世，部分后裔迁往台北树林镇。多陈姓，有七百六十余人。为清同治时的铜山参将陈登三和道光年时的文举人陈骏三故里。

浦头自然村地处山后亭自然村西北海边。原为下潭尾港海边上陆处，故名浦头。山后亭陈姓迁居于此。多陈姓，有一百五十余人。

下边自然村地处浦头自然村北面，位于塘厝港东面海岸边，地势较低，故名下边。山后亭陈姓徙居。多陈姓，有三百二十余人。

南宋祥兴二年(1279)，元兵入闽，嘉禾屿南陈后院被乱军烧毁，家人四处逃难。南陈二十三世陈仁秉由嘉禾迁居同安县翔风里十二都封侯保山侯亭(原地名店里，现翔安区马巷镇山亭自然村)，仁秉有三子——妃辂、妃振、妃英。陈妃辂生二子，长子荣芳分居店顶；次子荣美分居侯阁(即后郭)，九世绍国分衍巷仔内，振国分衍四柱份，裔孙徙居台北树林镇。陈妃振生三子，长孟山，分族大房长份，派下徙居台北仁隆；次子孟畴，分族侯亭；三子孟苑，徙居嘉禾店前。侯亭宅内份六世陈观福分衍新圩云头。

由侯亭分衍的有马巷镇亭洋村、店顶村、侯阁(后郭)村、普头(浦头)村、下边村、新乡村、利来尾村、黄厝村、坑尾村、则大行、塘厝港村、前庵村、山顶头村、古垵村、朱坑村和下店里、马巷牛磨巷、卧龙边、上下内田等，新店镇和美村、金沙村、浦边、东浦，内厝镇蔡塘。

亭洋社区

亭洋社区位于马巷镇政府驻地西南三点四公里，辖亭洋、新乡、利来美、黄厝、坑尾、则大行、塘厝港七个自然村，十四个居民小组，有人口二千二百五十余人。社区居委会驻亭洋，以驻地村名为社区名。清属翔风里封侯保。1943年属侯牧乡亭洋保。1950年称山亭乡，属第五区。1959年为山亭大队，属马巷公社。1961 年为亭洋大队，属巷南公社。1964 年属东坑公社。1969 年属马巷公社。1984 年改称亭洋村委会，属后滨乡。1987 年属马巷镇。2006 年，为马巷镇亭洋社区。为清康熙、乾隆、光绪年间，武举人陈士成、文举人陈锡范和文举人陈旭升故里。

亭洋自然村地处山后亭自然村东面 1 公里。传村民祖先原住邹山(山后亭)，亭洋是侯亭陈姓向东定居发展的第一站，也称为“陈洋”。以原封侯亭的“亭”配合“洋”字合名。多陈姓，有人口六百五十余人。仁秉子陈妃振生三子，次子陈孟畴生三子。陈孟畴次子陈应宗生四子——三子陈普治四子陈河清后裔分衍亭洋。山亭二房十二世陈盈分居亭洋。十三世陈培，字笃成，生四子，陈戴、陈者、陈诸、陈彤，为义成派；十三世陈翁，字轮成，生六子——陈锦、陈随、陈騗、陈令、陈莪、陈埔，衍为六柱。

新乡自然村地处亭洋自然村南面八百米。由山后亭陈普治三子陈源清后裔迁居新建村落，以新冠村名，多陈姓，有一百五十余人。

利来美自然村地处亭洋自然村东南面。陈妃振二子陈孟畴生三子，孟畴次子陈应宗生四子，应宗三子陈普治生四子，三子陈源清分居利来美。多陈姓，有人口二百六十余人。

黄厝自然村地处亭洋自然村东北面，原为黄姓居住地，冠姓地名。陈普治长子陈玄清分居黄厝，多陈姓，有二百九十余人。

坑尾自然村地处黄厝与则大行自然村之间，村落建于坑沟末端，故名。山后亭陈普治三子陈源清后裔迁居于此，多陈姓，有三百三十余人。

则大行自然村地处亭洋自然村东北面八百米，陈妃振次子陈孟畴生三子，三子陈润宗分衍则大行，有一百余人。据《马巷厅志》载：道士叶九公善幻术，有一次要外出，见农人插秧，要其待已同归，农人不应。道士即脱草鞋入水田化为双鲤（鲤鱼，方言鱇鱼）农人追之，不得。至叶九回来仍是草鞋，此地乃名“执鱇”，今写作则大行。

塘厝港自然村地处亭洋自然村西北一点二公里海角，东南为内垵，西北与赵厝隔海湾相望。陈妃振次子陈孟畴生三子，三子陈润宗分衍塘厝，有四百七十余人。原为唐姓居住地，冠姓地名称唐厝，后近海辟为港口，故名唐厝港，写作塘厝港。塘厝港至今保留有明清时期，具有海港建筑特色的古民居。民居建于海港凸出位置，海港区域以杉木打地基，所建房屋用途为商铺兼居住，房屋进深深远，只有左右边墙，进深无天井。店门隔几米通道便是货船靠岸的码头。塘厝港是马巷地区重要的商品交易基地，马巷区域的古民居建筑所需材料都从这里进口，主要有来自漳州的砖瓦红料和福州内山的福杉；沿港湾建有多处蚝壳灰窑，一切建筑材料都可以在此搞定。塘厝港是马巷地产粮副食品、建筑材料的集散地。

郑坂社区

郑坂社区位于马巷镇政府驻地西南二点六公里，辖郑坂、小洲、山顶头三个自然村、九个居民小组，二千三百九十余人。居委会驻郑坂，以驻地村名为社区名。清属翔风里后莲保。1943 年属马巷镇侯滨保。1950 年称后滨乡，属第五区。1959 年为后滨大队，属马巷公社。1961 年改称郑坂大队，属巷南公社。1964 年属东坑公社。1969 年属马巷公社。1984 年改称郑坂村委会，属后滨乡。1987 年属马巷镇。2006 年 2 月为马巷镇郑坂社区。

郑坂自然村地处马巷镇政府驻地西南二点六公里，属郑坂居委会驻地。传因郑姓建居于平坦之地故名。多郑姓，有一千八百四十余人。

郑坂开基祖郑昭明于明洪武年间从南安石井迁居于翔风里十二都石崎保（今郑坂以西山坡地）。明建文“靖难”，时任南京留守卫的文山派裔孙郑洽之次子及三子追随建文帝逃亡南方，郑洽带次子郑榛化名郑安陞于明永乐十年（1412）逃至同安，隐居山亭、侯滨一带。他们和早期开基郑坂的郑昭明（石井分派）友谊甚笃，结为金兰之盟，遂于明宣德三年（1428）移居翔风里石崎保。序岁齿，郑昭明之子郑安德居长，为长房；南京移来的郑安陞排行第二，为二房；郑安陞与郑安治是同胞兄弟，郑安治在“靖难之役”中不幸身亡，郑安陞将次子郑秉华过继给郑安治续香火，追尊郑安治为郑坂村郑姓三房一世祖，共同在郑坂繁衍。清乾隆末年，文山派郑文夸等人从龙海来到马巷经商，先住朱王宫边，后迁五甲尾。民国初，五甲尾文山派郑姓和上庄社石井派郑姓参加郑坂祭祖活动，被尊为四房、五房。毗邻郑坂的崎路下改名为小洲社。上间仔郑姓，均迁入郑坂，分散在各房居住。郑坂二房三世次子郑秉华后裔徙居永春县山头村。迁居台湾的郑氏苗裔有郑昆国、郑推理等。

小洲自然村地处郑坂自然村南面，翔安区旧村改造已向北扩展和郑坂发展成村落，为郑姓居住地。多郑姓，有一百八十余人。

山顶头自然村地处郑坂自然村北部三百米，因村落建于小山丘顶部而得名。山后亭陈孟畴次子陈应宗生四子。陈应宗三子陈普治生四子。陈普治四子陈河清后裔徙居山顶头社。多陈姓，有三百八十余人。

后莲社区

后莲社区位于马巷镇政府驻地西南三点八公里，辖后莲、曾厝两个自然村，四个居民小组，有人口九百二十余人。居委会驻后莲，以驻地村名为社区名。清属翔风里后莲保。1943 年属侯牧乡蔡浦保。1950 年称窗东乡，属第五区。1959 年称蔡浦大队，属马巷公社。1961 年改为后莲大队，属巷南公社。1964 年属东坑公社。1969 年属马巷公社。1984 年改称后莲村委会，属后滨乡。1987 年属马巷镇。2006 年 2 月为马巷镇后莲社区。

后莲自然村地处郑坂自然村西南面一公里，西南是城场与窗东之间的港湾，是天然凹陷之地，原名湖莲，地形似湖中长莲花故名，后谐音写作后莲。多洪姓，有人口六百三十余人。后莲村洪姓为窗东三世春房长子洪阳春分衍。十五世洪培妈三兄弟由湖莲迁居台湾彰化县；洪江水由湖莲村迁居台湾彰化芳宛镇。

曾厝自然村地处后莲自然村西面，紧临后莲。洪姓为窗东六世冬房洪行举分衍。多洪姓，有人口三百余人。

曾林社区

曾林社区位于马巷镇政府驻地北两公里，辖曾林、后垵、路山头三个自然村，十四个居民小组，有人口三千五百七十余人。居委会驻曾林,以驻地村名为社区名。清属民安里曾林保。1943 年属民石乡曾林保。1950 年改称曾林乡,属第六区。1959 年改为曾林大队,属马巷公社。1984 年改称曾林村委会,属后滨乡。1987 年属马巷镇。2006 年 2 月为马巷镇曾林社区。

曾林自然村西南与桐梓、后许自然村接壤,为居委会所在地,原为曾姓居住地,因松林茂盛故名,有人口二千四百八十余人,汀溪干渠从村北经过。明嘉靖年间,海澄县圳尾村蒋均生、蒋均保兄弟俩与当地的陈姓械斗,误伤人命,逃到同安东界。蒋均生开基曾林乡,后分衍坂仔埔,又播迁灌口镇洋坑村;蒋均保分衍新圩、上曾、院尾(已废村)。

后垵自然村地处曾林北部,汀溪干渠上方,新马路西侧,介于曾林和路山头之间。由仑头官山陈氏徙居。多陈姓,有四百五十余人。

路山头据传最早为卢姓居住地,村落建于一小山头,名为卢山头。“卢”“路”同音,写成路山头。路山头多郑姓,有人口七百六十余人。郑姓始祖于明正德年间,由石井东角迁入马巷曾林路山头社,该社三房又分衍大帽山的后厝社。

后许社区

后许社区位于马巷镇政府驻地北一点三公里,辖后许、新厝、后叶、东塘四个自然村,十四个居民小组,有一千八百一十余人。居委会驻后许,以驻地村名为社区名。清属民安里界头保。1943 年属民石乡赵岗保。1950 年为湖岗乡,属第六区。1959 年属马巷公社曾林大队。1961 年从曾林大队析置后许大队,属巷西公社。1964 年属马巷公社。

1984 年改称后许村委会，属后滨乡。1987 年属马巷镇。2006 年 2 月为马巷镇后许社区。

后许自然村地处马巷镇政府驻地东北一点三公里，赵岗村西面一公里。村东北面低凹处小村落是美仙湖，周围地势较高，中间形低如湖。后许村位于西南出口处，故名湖口，许姓徙居，后衍为后许。多许姓，有一千二百余人口。后许许氏系瑶林支派，一世祖许爱官居左侍御特晋银青光禄大夫兼金吾将军，于唐末入闽，择居晋江瑶林，继迁石龟，堂号“太岳”，灯号“瑶林”。二世祖许泮出仕五季，官居侍御。许泮同次子许郎出居湖厝东安，传至六世许文强，由晋江金井湖厝村迁居同安王溪（今许厝行溪）。七世许遗生四子——长许念，次许全，三许聚，四许樵。明天顺元年（1457），许全率子许明迁居同安同禾里六都七里，后徙居湖口、后叶，继分居东塘、新厝，为后许许氏开基祖。八世许明生五子，分五房。

后叶自然村地处后许北面与曾林交界处，传有一叶姓赘婿于此，故称后叶，曾叫后蝶。多许姓，有三百余人。

后许族人往东南临溪拓展新居，取名新厝，俗称后许新厝。多许姓，有人口两百四十余人。

东塘自然村地处后许南面，原村东北面有口大水塘，取村东有水塘之意为村名，有许姓一百余人。

沈井社区

沈井社区位于马巷镇政府驻地北三点三公里，辖沈井、长生洋、芸头三个自然村，九个居民小组，一千九百八十余人。居委会驻沈井，以驻地名为社区名。清属同禾里沈井保。1943 年属民石乡沈井保。1950 年为曾林乡，属第六区。1961 年从曾林大队析出置沈井大队，属巷西公社。1964 年属马巷公社。1984 年改称沈井村委会，属后滨乡。1987 年属马巷镇。2006 年 6 月为马巷镇沈井社区。明末，沈佺期曾寓居于此。

沈井自然村位于马巷填与新圩镇交界处，西与同安区洪塘镇苏店毗邻。村落原为沈姓始居，且有大井长年大旱不涸，故名。多陈姓，有人口一千四百余人。村中有保生大帝庙。沈井是古同安通往泉州府的铺站之一，称沈井铺，是官兵把守的要地，明时建有城寨。蔡献臣《同安县志・盗贼志》："而沈井、后陈、大嶝、雀髻之陷，其惨不下于官澳。"

唐天祐年间，沈君荣（号元翰，官兵部林内郎）率子勇（官辅国大将军，后封武德侯）入闽居泉州府同安县马巷金井乡，即现马巷沈井。后沈井沈姓住宅因战乱被烧毁而迁居松兜、草埔宫等处。

马巷沈井社与新圩镇姑井、马塘共承一派，分为三支，沈井为龙山，姑井为凤山，马塘为鹤山。沈井下池陈姓，灯号"银青"。明景泰年间，"后陈五户一世祖"陈义十二世孙、"后陈祖"陈友梅八世孙陈鸿绪分衍沈井东祖"宅仔头角份"。清雍正年间，鸿绪十世孙陈际宽携母，由沈井中亭迁居同安新民上坑村。十三世孙陈伟诗与子天成，携带父士席之灵位，于清乾隆年间，由沈井社迁居台湾台中沙鹿镇鹿寮里，清嘉庆十六年（1811）起，在梧栖镇大村里（大庄下厝）居住。1940 年，陈云抄（云悄）兄弟两人分衍同安县洪塘石浔村"相公宫"角份居住。

魏翁庆从泉州东门外西福村分居同安翔凤里炉前村，后裔分居双髻山村、马巷镇沈井村。

芸头自然村地处沈井东北面，与新圩镇庄垵村松兜自然村交界，相传古时建溪坝灌溉农田，村正对着坛坝，故名坛头，写作芸头。沈姓由沈氏五世二房（又称月房），沈钟震分居，多沈姓，有人口三百五十余人。

长生洋自然村地处沈井西南五百米，又名塘生洋，夹于福厦高速公路和高速铁路之间。村落处于平坦凹陷之处，取长久安生之意，名为长生洋。长生洋陈姓由仑头迁入，有二百余人。

桐梓社区

桐梓社区位于马巷镇政府驻地西北一点三公里，辖三个村民小组，二千零一十余人。村委会驻塘仔头，以驻地别名桐梓为社区名。清属民安里界头保。1943 年属马巷镇桐梓保。1950 年为桐梓乡，属第五区。1961 年为桐梓大队，属巷西公社。1964 年属马巷公社。1984 年改称桐梓村委会，属后滨乡。1987 年属马巷镇。2004 年 12 月为马巷镇桐梓社区

塘仔头自然村地处马巷镇政府驻地北西一点三公里，曾林西北五百米，在巷北、巷西路交汇处东北侧，属桐梓社区居委会驻地。相传古时有大水塘，村建于水塘进水口处，取名塘仔头。又村北有棵梧桐树，别名桐梓。国道三二四线从村南面经过，交通便利，占尽地理优势。

明初朱熹后裔朱国安从泉州西街五塔巷迁徙新圩开基都山社（已废），其长子迁入新圩后街居住，为后行宗支，灯号“紫阳”。

桐梓朱氏始祖陈福全，厦门禾山墩上社人，颍川陈氏后

裔。明景泰至弘治年间,陈福全到马巷一带教南乐,入赘桐梓(塘仔头)朱家,世袭婆姓,生以朱为姓,天年之后以陈为姓立碑,故称"朱皮陈骨"。朱陈婚后四代单传,至第五代生四子,分居四处。长房居马巷内田,为朱姓;二房移居同安西北面的下魏、林窑、乌山等,为陈姓;三房居马巷后亭,尚有一部分居住桐梓宅内,为朱姓;四房居马巷桐梓,为朱姓。七世分居同安凤南新塘埔,为陈姓。

桐梓四房灯号与其他各房朱陈村落同为"银青"。居国内或以"陈"为姓,或以"朱"为姓,旅居国外则以"朱陈"为姓。

黎安社区

黎安社区位于马巷镇政府驻地西北角,辖内林、山前、田边、林柄、面前五个自然村,九个居民小组,有二千七百一十余人。居委会驻内林,沿用历史名称黎安为社区名。清属民安里内林保。1943 年属侯牧乡内垵保。1950 年称黎安乡,属第五区。1959 年改为黎安大队,属马巷公社。1961 年属巷西公社。1964 年属马巷公社。1984 年改称为黎安村委会,属后滨乡。1987 年属马巷镇。2006 年 2 月为马巷镇黎安社区。为崇明知县戴永同故里。

内林自然村在马巷镇政府驻地西北一点六公里。传说此地原为成片梨树林,后成村落,因名梨林,方言谐音为内林,有戴姓七百余人。

山前自然村因村落地处印斗山之前,故名。多戴姓,有一千一百五十余人。

隋炀帝时,戴伯岳为润州(今江苏镇江)太守,世居润州丁卯桥，长子戴元理袭父职，于唐总章二年(669)随陈政、陈元光入闽，驻军云霄乌石山。戴氏尊戴伯岳为入闽一世祖，戴元理为入闽开基祖。二十八世戴弘冲衍播马巷梨林社，为翔安戴姓开基祖。戴姓分布于马巷山前、内林，灯号“谯国”。开基祖为戴弘岗的戴姓，明代由长泰侍郎坂徙居马巷内林社。

田边自然村地处内林北面，塘仔头西南面。多林姓，有五百人左右。

田边林姓为同安城关东市马坪世系。马坪六世林惇任同安椽吏，生二子。七世长子林勤，于宋中叶移居马巷田边，后裔居内厝镇下沙溪村、马巷镇古垵村及马巷街部分，灯号“龙田”。次子林励徙居嘉禾里塔头。龙田十一世樟茂生四子，长子龙文，次子龙章，三子龙华，四子龙国，世居田边，分为四个房头。十二世林瑶派衍下沙溪。十九世宸柱移居古垵。林宸梁移居马巷大宫边，有上百人口。龙田派十八世维六，清初渡台，居承天府辖子龙庙庄。龙田派下林佳渡台居竹堑。林佳生四子，惠、庇、元、锡。惠长子振看移居宝斗。林庇移住王宫，庇之五子振番(又名振聚)移居新竹。二十四世林清科也渡台。龙田派三田世系二十二世林钟栋，于清乾隆年间渡台，居彰化王宫四块厝庄。

金紫亨泥派十三世林果斋，讳纪，字宗理，号果毅，生于明成化二年(1466)，于弘治年间移居马巷田边社(原已有龙田派林氏居住)，至清初又分支住于西炉社。一说清朝咸丰元年(1851)同安西界潘涂受官围剿，一部分林姓逃居于田边。

林柄自然村地处印斗山东面，潘丰泰从香山湖边社迁至马巷印斗山居住，原已有林姓在此定居，潘氏因迁住于林姓旁边，取社名林边，后渐谐音成"林柄"，多潘姓，有三百二十余人。

明初，潘发祥从泉州浮桥迁居同安民安里十都香山湖边社，即潘林社(今已废)，为潘姓同安开基祖。发祥娶茂林蔡氏，墓葬香山，其弟迁安溪留山乡。潘发祥生三子，长子潘丰隆分居民安里八都大柏坑社，其后裔于嘉庆九年(1804)再迁居沙溪新厝社；次子潘丰际分居民安里九都顶沙溪，即今翔安内厝顶沙溪，其三世孙潘叠岸徙居在坊里西门外下庄社，后裔再分居前埔社、大路尾社；三子潘丰泰从香山湖边社迁入林柄社，现分四柱，其中一柱是长房后裔十二世潘坤从顶沙溪新厝社迁入。潘氏郡望"荥阳"。

面前自然村地处内林南面，印斗山西侧，多戴姓，由山前戴姓分居，有人口一百三十左右。

内垵社区

内垵社区位于马巷镇政府驻地西二点八公里，辖内垵、下庄两个自然村，六个居民小组，一千五百四十余人。居委会驻内垵，以驻地村名为社区名。清属民安里内垵保。1943 年属侯牧乡内垵保。1950 年称黎安乡，属第五区。1950 年改称黎安大队，属马巷公社。1961 年从黎安析置内垵大队，属巷西公社。1964 年属马巷公社。1984 年改称内垵村委会，属后滨乡。1987 年属马巷镇。2006 年 2 月为马巷镇内垵社区。

内垵自然村在两个马鞍形区域里建村，取名内鞍，方言谐音为内垵，地处唐厝港东北，是马巷地区古代重要通商渡口。清乾隆时期，于内垵设渡头圩。内垵多吴姓。晋江岱阳开基祖吴观志的后裔徙居嘉禾埭头社，迁居同安区新民镇洋厝埔村，吴敦敏由洋厝埔分居马巷莲安（内垵）。现有吴姓一千二百余人，郡号"延陵"。

下庄自然村地处上庄自然村西面，地势较低，故名。有居民二百五十余人，多洪姓。下庄洪姓属嶝山支派，开基祖洪裒。村庄虽小，然村史悠久，世代多居海外者。传洪氏自十九世纪就依托塘厝港，置北上货船，往返于天津、上海等地，后更发展与东南亚（特别是菲律宾等国）进行商贸往来。20 世纪初，有族人洪栋梁经营商船发迹，成为一方富豪。他首捐巨资重修下庄祖祠。经多次修缮，如今仍堂开宇宏，蔚为壮观。因战事频仍，洪栋梁后裔多居海外，至今鲜有音问。下庄村地处马巷巷南一隅，有海而物产不丰，田多水缺，常年歉收。为生活计，早期村民多发展手工业。当时有莆田兴化人落户下庄村，传授村民绑蒸笼等手工艺，产品畅销当地。做蒸笼用的木皮坯子来自莆田兴化，而绑蒸笼用的藤子则来自台湾与吕宋。时人有民谚"下庄绑蒸笼，上庄芹菜园，内垵扁担长，郑板翻纱杠"流传至今。为明洪武二十九年（1396），文举人洪宗立故里。

垵边社区

垵边社区位于马巷镇政府驻地西北二点五公里，辖垵边、上吴、下厝尾三个自然村，七个居民小组，有一千五百一十余人。居委会驻垵边，以驻地村名为社区名。清属同禾里内官保。1943 年属侯牧乡内官保。1950 年称内官乡，属第四区。1959 年属内官大队。1961 年从内官大队析置垵边大队，属巷西公社。1964 年属马巷公社。1984 年改称垵边村委会，属后滨乡。1987 年属马巷镇。2006 年 2 月为马巷镇垵边社区。

垵边自然村地处翔安大道西侧，同美社区东北面，内垵北面两公里，地形如马鞍，故名鞍边，方言谐音为垵边。多陈姓，有八百九十余人。

上吴自然村地处垵边南面，原为吴姓居住地，地势较高，故名。现多陈姓，有四百六十余人。

下厝尾自然村地处上吴南面，内垵北面，多陈姓，有一百八十余人。

垵边社区陈姓开基祖陈国镇。何厝陈氏长房孟海派分居湖厝下头角，再分居垵边上吴松柏园角。后再析分上吴社玖公派和纯公派，分布垵边社五房角、下厝尾社。三房孟河、四房孟浦、五房孟汤皆回居内官社五茂角，后又分居垵边社五茂角。

前庵社区

前庵社区位于马巷镇政府驻地西北二点四公里，辖前庵、青泉两个自然村，五个居民小组，有八百三余人。居委会驻前庵，以驻地村名为社区名。清属同禾里洪坑保。1943 年属侯牧乡洪垵保。1950 年称内官乡，属同安县第四区。1959 年属内官大队。1963 年从内官析置前庵大队，属马巷公社。1984 年改称前庵村委会，属后滨乡。1987 年属马巷镇。2006 年 6 月为马巷镇前庵社区。

前庵自然村在田边西面，洪坑南面，属前庵社区居委会驻地。相传村东小山顶曾结有草庵，故名。多陈姓，有六百五十人左右。前庵陈姓开基祖陈德鸾，字茂，由马巷后壁沟入赘于浦头李家，后移居前庵社开基，灯号“侯亭”。

青泉自然村又称青西，地处前庵自然村西北侧，陈姓由官山陈氏徙居。多陈姓，有一百九十人左右。青泉自然村在翔安区开发建设中，集体迁居，村落已消失。

内官社区

内官社区位于马巷镇政府驻地西北三点九公里，辖内官、东边两个自然村，十个居民小组，有两千一百七十余人。居委会驻内官，以驻地村名为社区名。清属同禾里内官保。1943 年属侯牧乡内官保。1950 年称内官乡，属第四区。1959 年称内官大队，属马巷公社。1984 年改称内官村委会，属后滨乡。1987 年属马巷镇。2006 年 6 月为马巷镇内官社区。

内官自然村地处何厝东面五百米，前庵西北一点五公里，西北有熊山，也称王朝山。传原为冠姓地名邵厝，后官山陈姓迁此。南宋幼帝过此，故称御山，后衍为今名。清朝中叶，村中有人在朝廷做官，故改称“内官”，陈姓居住地，有人口一千七百左右。

东边自然村地处内官南面，多陈姓，为内官陈姓分居，有人口四百九十余人。

内官陈氏始祖，河南汝南平舆人，唐末随王审知入闽。四翁择绥德乡同禾里五都官山筑室以居(现内官村)。人事蹉跎，难以繁衍，曾历“四世三僧，七代单传”，至第九世，人丁稍繁盛。十一世陈福山，洪武二十五年(1392)，以明经宾兴太学，洪武二十七年(1394)登进士第，授永州零陵令、文渊阁编撰官、庆州泷水教谕。陈福山的老师张定礼精通堪舆,发现其宗祠及先祖彦长的墓穴坐向不佳,经改建后,果然子孙繁盛,人才辈出。以后,官山陈氏向东北、西北发展,繁衍极盛,计有马巷镇内官、东边、青泉、何厝、双溪湖、垵边、上吴、下厝、仑头、洪坑、后溪、胡厝、竹仔脚、新厝下、长生洋、后垵、大三乡、小三乡;内厝镇官路下、坝上陈、营上等村;洪塘镇陈村、前安顶、前安下、陈龙秋、许安、苏店、内宅顶、内宅下、枋厝、祖厝边、小古宅、顶店、三忠、枋兜、下茂庵、沟乾、后曾、坝口、朝拜埔,石浔;五显镇布塘、陈钦寮、缉熙亭、东行、棋盘厝、竹仔林、乌石、跷内等村。

官山陈氏部分人,由马巷内官分居安溪,宋末元初由安溪分居西源,后再分居祥桥一甲,另立灯号"温源"。南安水头镇埕美村、石井镇东柄村陈氏也从官山分衍。

何厝社区

何厝社区位于马巷镇政府驻地西北偏西四点五公里,辖何厝、双溪湖两个自然村,有五个居民小组,一千四百余人。居委会驻何厝,以驻地村名为居委会名。清属同禾里内官保。1943 年属侯牧乡内官保。1950 年为内官乡,属第四区。1959 年属内官大队。1961 年从内官大队析置何厝大队,属马巷公社。1984 年改称何厝村委会,属后滨乡。1987 年属马巷镇。2006 年 6 月为马巷镇何厝社区。

何厝自然村东邻内官村,西接同美打埔自然村,南临同美下方自然村,北与同安区洪塘镇和尚山接壤。原为何姓居住,故名。另有一说,陈寿山之孙陈孔祥随母洪氏迁入许厝、谢厝、韩厝三村交界的中心位置定居,属倚外姓交汇处,取名倚厝，后衍为何厝。内官陈姓繁衍迁居于何厝，现有陈姓一千二百余人。赤仔埔为何厝一角落，村民在赤色的埔地上建居，故名。陈姓为陈孔祥次子陈孟溪派下。

双溪湖自然村地处两条溪流冲积地上。村民定居后取名双溪湖，有陈姓两百余人。在翔安区开发建设中，双溪湖集体迁居，村落已消失。

何厝陈氏是官山十一世孙陈寿山派系，由寿山之孙陈孔祥，于明末随母由内官分居何厝社。孔祥生五子——孟海、孟溪、孟河、孟浦、孟汤。长房孟海分居湖厝下头角，再分居垵边社松柏园角、上吴社松柏园角。二房孟溪留居何厝社，后再分衍出上吴社玖公派和纯公派，分布于垵边社五房角、下厝尾社、双溪湖社、后郭社、马巷三乡街；三房孟河、四房孟浦、五房孟汤皆返居内官社五茂角，后分居垵边社五茂角。何厝陈氏全宗人口六千余人。

洪溪社区

洪溪社区位于马巷镇政府驻地西北三公里，辖仑头、竹仔脚、湖厝、后溪、新厝下、洪坑、小后者七个自然村，十六个居民小组，三千七百余人。居委会驻仑头，取洪坑、后溪各一个字为社区名。清属同禾里洪坑保。1943 年属侯牧乡仑头保。1950 年称洪溪乡，属第四区。1956 年并入巷西乡。1959 年改称洪溪村委会，属后滨乡。1987 年属马巷镇。2006 年 2 月为马巷镇洪溪社区。

洪溪社区西北与洪塘镇三忠、苏店交界，东北与沈井、桐梓接壤，南靠前庵。仑头陈姓灯号“官山”。官山十世陈文英生子三——福山、寿山、叠山。叠山生五子，次子陈亮，字惟功，于明永乐年间从内官拓居仑头，为仑头开基祖。现洪溪范围内从仑头分衍的有仑头、竹仔脚、湖厝、后溪、新厝下、洪坑。

仑头自然村地处熊山东麓，取山岭之头含义命名为仑头。有八百余人，多陈姓。为明天启年间，文举人、兴国知州陈尧宗和清道光年间文举人陈贻孙故里。

洪坑自然村地处仑头南面，处于东西走向坑沟，原为洪姓在此建居，故名。窗东冬房三世洪阳密开基洪坑，后被官山陈姓取代，洪姓迁住新店上吴。有八百余人，多陈姓。为清咸丰年间，武举人陈维成故里。

新厝下自然村地处仑头与洪坑之间。陈姓从仑头迁此建居，因新建村落比仑头低，故名新厝下。有两百八十余人，多陈姓。

竹仔脚自然村地处仑头北面，初建村时有竹林，故名竹仔脚。有六百余人，多陈姓。

湖厝自然村地处竹仔脚西北偏北，原胡姓居住地，冠姓地名，衍为湖厝。有七百二十余人，多陈姓。何厝孔祥长房孟海派分居湖厝下头角。为清道光年间，武解元陈腾蛟故里。

后溪自然村地处湖厝西北，与三忠交界，因村西有溪，故名。有三百三十余人，多陈姓。

小后者自然村地处洪坑东面，巷西路东北侧，与桐梓交界。有一百九十余人口，多陈姓。陈姓由鸿山村内头开基祖陈文灿长房迁居；也有官山陈姓。

宫山非自然村。小山上建有奉祀保生大帝的“水陆堂”，俗称宫山。

同美社区

同美社区位于马巷镇政府驻地西四公里，辖下方、同美、万家春、后柄、打埔、山头六个自然村，十一个居民小组，二千六百七十余人。居委会驻下方，以同美村名为社区名。清属同禾里僻埔保。1943 年属侯牧乡赵厝保。1950 年称海滨乡，属第五区。1956 年并入巷西乡。1959 年改称海滨大队，属马巷公社。1961 年为同美大队，属巷西公社。1964 年属马巷公社。1984 年改称同美村委会，属后滨乡。1987 年属马巷镇。2006 年 2 月为马巷镇同美社区。

下方自然村在内官南面一点五公里。宋绍兴二十六年(1156)七月，朱熹同安主簿秩满，奉檄走邻郡漳州，八月在泉州府候批。绍兴二十七年(1157)三月，朱熹只身返同安，冬十月，代者到来才离开同安到泉州。接替朱熹为主簿的是莆田方士端，为唐乾宁元年(894)甲寅科进士方仁载十一世孙。朱熹离开同安时为羡慕闽南人杰地灵的方士端觅得此地，预言万家兴旺。虽以后仅方姓居住，但如今也是万家春的盛景。方士端，字德明，祖籍福建莆田。同安主簿任后，升任福清知县，宋乾道六年(1170)卒于任上，葬于宋淳熙二年(1175)。下方有两个居民小组，五百余人，多方姓。方士端卜居下方，后裔分衍万家春，洪塘镇面前、塘边等社。为清康熙年间，陕西固原副将方刘进故里。

万家春自然村地处下方西南五百米，下方方氏后裔分衍于此，取今名。有人口三百三十余人，多方姓。境内有朱文公庙和朱文公井等文物古迹。

同美自然村地处下方西南面，万家春东面。以东北方有塘仔头，取村名塘仔尾，后雅化为同美。有四百六十余人，多李姓，与打埔李姓同为海滨五李之一。

打埔自然村地处下方西北一点八公里，有“塔埔”“碧埔”“僻埔”不同写法，今作“打埔”。有九百余人，多李姓。打埔开基祖李存远，不知涉自何处，郡望“陇西”，分灯号“燕楼”。李存远定居打埔，生四子，长房居北头，二房居埕边，三房居后柄，四房居南头，五房为养子，居前厝。

后柄自然村地处打埔东面，与打埔相连。为打埔李姓分居，取村名后柄。有四百三十余人，多李姓。

山头自然村原在下方南面，村落位于小山岗，故名。有一百四十余人，多陈姓，有张、李、沈等姓。

万家春和山头在火炬(翔安)工业园区大开发建设中整体拆迁安置。

海滨五李，以前均认为是由马巷南面后滨李姓分衍，但询其族人，因郡望、灯号、昭穆不同，不敢勉强附会。

西炉社区

西炉社区位于马巷镇政府驻地西五公里，辖李厝、西炉、小崎、下李四个自然村，十个居民小组，二千一百余人。居委会驻李厝，以西炉村名为社区名。清属民安里小崎保。1943 年属侯牧乡李厝保。1950 年称海滨乡，属第五区。1959 年称海滨大队。1961 年析置西炉大队，属巷西公社。1964 年属马巷公社。1984 年改称西炉村委会，属后滨乡。1987 年属马巷镇。2006 年 2 月为马巷镇西炉社区。

西炉自然村地处同美西南海滨两公里，临海有大水塘名为西湖，故原名西湖，湖渐淤积，改名西河，后衍化成今名。有人口九百余人，多林、黄姓。西炉林姓为金紫亨泥派，十三世林果斋于明弘治年间移居马巷田边社，至清初又分支住于西炉社，后潘涂后庄角林姓也有分居西炉社。西炉黄姓开基祖黄兵舆。金柄紫云二十七世黄英儒，娶赵氏，生五子——振恩、振旬、振仙、振阳、振田。明永乐二年(1404)，黄英儒尽忠辅佐建文帝，朱棣在“靖难之役”三次派兵进剿金柄，同安黄氏四处避难，数千人被杀，五子各避一方。黄振旬避迁西炉。为清末民国初期，厦门淘化食品罐头公司创始人之一黄廷元祖居地。

李厝自然村地处西炉东南一公里，村落呈南北两块，中隔田园。李姓世居地，故名。多李姓，有六百余人，为海滨五李之一。为清光绪年间，文举人李应辰和武举人李祥金、李应东故里。

下李自然村地处李厝西面，地势较低，故名下李。多李姓，有二百三十余人。

小崎自然村地处于李厝南面海滨，下李东南面，位于坡度较陡台地，故名小崎。多李、沈姓，有四百二十余人。大唐辅国大将军沈勇生三子，长子佛悌居住陈芦(沈井)，后裔迁居于松兜、草埔宫、前边、园内、后辽、桂林；次子佛治居住小崎乡；三子佛沛随沈勇迁居漳州诏安。

李厝、下李、小崎李姓和打埔李姓一样，因族谱失落，无法追根溯源，灯号为“燕楼”，与打埔、后柄合称海滨“五李”。清朝康熙年间，李厝李姓几个房系先后前往台湾淡水镇定居垦殖。

崎头宫坐落于西炉西面海角，宫庙祀奉妈祖，建于崎头之处故名。崎头宫是原同安东界、西界来往的重要渡口，现因海域整治，地形多有变化。

赵厝社区

赵厝社区位于马巷镇政府驻地西南四点五公里，辖赵厝、前厝两个自然村、七个居民小组，有一千九百二十余人。居委会驻赵厝，以驻地村名为社区名。清属民安里前厝保。1943 年属侯牧乡赵厝保。1950 年称海滨乡，属第五区。1959 年称海滨大队，属马巷公社。1961 年属巷西公社。1964 年属马巷公社。1984 年改称赵厝村委会，属后滨乡。1987 年属马巷镇。2006 年 2 月为马巷镇赵厝社区。

赵厝自然村在西炉东南海边，隔港湾东南为塘厝港，为赵姓开基村落，冠姓地名。多方姓，有一千四百余人口。南宋景炎二年(1277)，方氏十五世方元翁勤王护驾宋帝昰南逃，从莆田方巷到同安翔风里烈屿(今小金门)卜居于获头村。其长子福祖因避元兵之祸，恐受株连，于元初入赘马巷赵厝社赵氏，后赵氏因故迁居五显镇布塘村赵厝社定居。方福祖继承赵氏产业繁衍成族。次子方照兴生三子，分衍赵厝、前厝，同安烧灰等社。方氏繁衍西炉社三十二人，古垵社十五人。为清同治十二年(1873)，解元方兆福故里。

前厝自然村地处赵厝自然村之东面，按村落地理位置的朝向而论，故名。多方姓，有五百五十余人。前厝建社于明末，由赵厝村方氏分支后，自立小宗祠。寿堂神龛安放十七、十八世神主牌，步柱题刻对联“金紫流芳鸿渐为屏传万世 六桂分支玉兔拱屿庆千年”。六桂为，一桂仁逸，为唐光化二年(899)进士；二桂仁岳，为唐乾宁元年(894)进士；三桂仁瑞，为唐乾宁三年(896)进士；四桂仁逊为，唐天祐二年

(905)进士;五桂仁载,为唐乾宁元年(894)进士;六桂仁远,唐天祐三年(906)进士。

后滨社区

后滨社区位于马巷镇政府驻地西南零点九公里,辖后滨、上庄、张林、路边许四个自然村,十个居民小组,三千一百余人。居委会驻后滨,以驻地村名为社区名。清属翔风里后莲保。1943 年属马巷镇侯滨保。1950 年称后滨乡,属第五区。1959 年为后滨大队,属马巷公社。1961 年属巷南公社。1964 年属马巷公社。1984 年改称后滨村委会,属后滨乡。1987 年属马巷镇。2004 年 12 月为马巷镇后滨社区。

后滨自然村地处马巷五甲尾南面,原名后边、侯宾,后衍化为后滨,有人口一千五百余。为清代浙江提督李长庚故里。

后滨原住李、郑、刘三姓。后滨李姓从唐高祖李渊之二十子李元祥至后滨一世祖李天定,凡四十一世。李天定原居住于同安西界山边。李天定长子赋方、次子赋员移居马巷南面后边社,郡望"陇西"。刘元举于元代从晋江祥芝大堡迁同安,先居古庄村,后卜居汀溪隘头村圭母岫社。其后裔刘兴邦,字荔山,为清道光五年(1825)武举,以战功擢温州总兵。后刘氏由族长刘尽率族移居马巷街刘厝甲(今下苏巷),郑氏由族长郑达率族迁马巷镇五甲尾,后迁郑坂村。

上庄自然村地处后滨西南面,有吕、洪、郑、李等姓,六百余人口。上庄吕氏开基祖吕砥修,是北宋名相吕蒙正裔孙吕肇基次子吕定正派下。由同安嘉禾里屹埭头(即现吕厝），移居民安里十三都上庄。上庄洪姓由嶝山五世洪衮的后裔分衍。郑氏由新店西滨下店郑氏迁入，民国初，又分一支迁厦门市郊西柄社，堂号“荥阳”。李姓与后滨李同宗。

张林自然村地处后滨东北面，是多姓氏的小村落。儒林张氏开基于宋初，晋江张林始祖张镜斋生九子，七子张敬，传同安房，其后裔迁居于此，沿用祖居地名张林。多李、黄、吴姓，也有蔡、沈等姓，有人口六百余。李姓，由后滨、浦园李氏迁入。

路边许自然村地处巷南路东面，古垵西面，因村落在大路边，故名。原名湖边口。多姓许，有三百六十余人。许姓是许厝后裔移居附近的后田村，许忠敏再从后田村分居马巷镇路边许。为清雍正年间，文举人许之秩故里。

西坂社区

西坂社区在马巷镇政府驻地南一点七公里，辖下坂、西亭两个自然村，七个居民小组，有人口一千七百五十余人。居委会驻下坂，取西亭、下坂各一字为居委会名。清属民安里市头保。1943年析属仁风乡市头保。1950年称坂亭乡，属第五区。1956年并入海峰乡。1959年称后滨大队，属马巷公社。1961年改称西坂大队，属巷南公社。1964年属马巷公社。1984年改称西坂村委会，属后滨乡。1987年属马巷镇。2006年2月为马巷镇西坂社区。

下坂位于路边许西南面，巷南路西面。下坂为市头洪姓移居于地势低，较平坦位置聚为村落，故名下坂。多洪姓，有九百五十余人，市头洪景浩开基下坂。十一世洪肇盈次子焕逐迁居市头社区孙厝。

西亭位于下坂南面，市头西面，村边西面有亭子，故名西亭。洪姓为洪清溪三子洪景浩派下，其中西亭东边份由下坂分衍。多洪姓，有人口八百余人。

市头社区

市头社区位于马巷镇政府驻地南二点二公里，辖市头、孙厝两个自然村，六个居民小组，有一千三百三十余人。社区居委会驻市头，以驻地村名为社区名。清属民安里市头保。1943 年属仁风乡市头保。1950 称坂亭乡，属第五区。1950 年为舫阳大队，属马巷公社。1961 年从舫阳大队析置市头大队，属巷南公社。1964 年属马巷公社。1984 年改称市头村委会，属后滨乡。1987 年属马巷镇。2006 年 6 月为马巷镇市头社区。

市头社区与西坂社区之间隔着巷南路，市头自然村地处巷南路东侧。多洪姓，有人口一千一百三十余人。相传初建村时，堪舆家说房屋坐东向西，以此为起点至马巷可成一条街，故名市头。为明万历十九年(1591)，文举人金华府推官洪日观故里。

南宋右仆射兼枢密使洪适长子十六郎洪权居南安石竹。权生四子——元、亨、利、贞。四子洪贞迁回江西乐平金山乡，其子洪僖于宋嘉定间任同安知县。洪僖之子洪清溪迁居同安溪边石头盘宅，后徙居民安里十一都市头，分衍“顶三洪”。洪清溪次子洪景洵住市头繁衍，洪清溪三子洪景浩分衍西亭、下坂。市头十七世洪美篮、洪美宽分居朱坑社区根岭。十九世洪鉴分居西柯镇丙洲大埔。五世洪乾伦分居灌口镇小岭，其孙洪潮和迁泉州。十一世部分洪氏迁居台湾。市头洪氏堂号“金山”。

孙厝自然村地处市头自然村东面一百五十米，北距古垵八百米，始为孙姓居住地，冠姓地名。下坂十二世洪焕遂分衍孙厝，有两百余人。

市头场是原市头在根岭安置上山下乡知青的专业场，故名。知青返城后，市头场已无常住人口。

朱坑社区

朱坑社区在马巷镇政府驻地东南四点四公里，辖朱坑、根岭、造店三个自然村，五个居民小组，有九百七十余人。居委会驻朱坑，以驻地村名为名。清属民安里刘厝保。1943 年属仁风乡溪西保。1950 年属第五区祥湖乡。1959 年改称朱坑大队，属马巷公社。1961 年属巷南公社。1964 年属马巷公社。1984 年改称朱坑村委会，属后滨乡。1987 年属马巷镇。2006 年 6 月为马巷镇朱坑社区。

朱坑自然村地处马巷镇东南面，市头东南两公里。六十年代农改时，曾挖出一块两百年前墓志铭，刻有“葬于珠坑大路边”。“大路”指古时泉州通刘五店的民道，后以“珠坑”同音作“朱坑”。有两个居民小组，多陈姓，有五百余人。朱坑陈姓，灯号“颖川”，由斗门陈文庸派下锡字辈禀祖命、从昭穆派衍，开基朱坑。洪姓为吕塘分支。

根岭自然村地处朱坑北面，内田溪流经根岭东面汇入莲溪，溪上有石桥一座，名五版桥。民间俗称为倒桥，因累建累倒得名。《马巷厅志》：“五版桥在民安里九都造店乡，傍有三榕，荫可数十丈，为东南行李孔道。”根岭多洪姓，有人口一百四十余人。洪姓由市头十七世洪美篮、洪美宽分衍。古垵曾氏，后又分衍根岭。

造店自然村地处朱坑南面，现在已和朱坑发展成一个村落，原名曹店，为曹氏始居住地。清代名“座店”，1949 年称“石店”，因山上多产石头，故名。方言“造”与“石”谐音，改称“造店”。多翁姓，有三百五十余人。翁氏入闽始祖为唐末闽州刺史翁轩，定居于莆田竹哨庄。翁轩之孙翁茂禧移居泉州，翁茂禧之孙翁乾度官至闽王礼部郎中，因避祸把六子改为洪、江、翁、方、龚、汪六姓。三子翁处易的五世孙翁点居晋江。翁点的七世孙翁庆长之孙翁粪，翁粪生二子，长子翁鸿殷、次子翁鸿业均居住造店，现分二柱。后曹氏外迁，翁氏把社名改为今名。

舫阳社区

舫阳社区位于马巷镇东南面，马巷地形如船，旧称舫山。舫阳社区位于舫山之南，山南为阳，故称舫阳，辖溪上、下内田、坪边、店头庄、古垵五个自然村，十一个居民小组，三千一百人左右。居委会驻溪上，以原舫阳大队名为社区居委会名。清属民安里市头保。1943 年属马巷镇舫阳保。1950 年属第五区舫阳乡。1959 年改称舫阳大队，属马巷公社。1961 年属巷南公社。1984 改称舫阳村委会，属后滨乡。1987 年属马巷镇。2006 年 2 月为马巷镇舫阳社区。

舫阳五个自然村分布于内田溪两岸，东为下内田、坪边、店头庄；西为溪上、古垵，北有国道三百二十四线，内田桥是漳泉重要交通枢纽。

坪边自然村地处内田溪东侧，村落聚居于缓坡地旁，故名坪边。有人口一千一百三十余人，多蔡姓。元至元年间，金门琼林大厝内蔡氏七世蔡君爵到马巷军岭开馆授业，定居马巷坪边社。明末清初，琼林大厝内蔡志善为马巷坪边社塾师，遂定居于此。

溪上自然村地处九溪内田溪西岸，在舫阳社区之北，故名溪上。有四百三十余人，多王姓、蔡姓。王姓为赵岗“珩塘”二房分衍。

下内田自然村地处内田溪上游东岸，坪边北面，国道三百二十四线南侧，多水田。东面地势高为顶内田，西面地势低为下内田。有人口三百三十余人，多陈姓。山后亭三世陈孟畴次子陈应宗生四子。陈应宗长子陈普全后裔迁居顶下内田、古垵。

店头庄自然村地处坪边南面，北、东、南三面与内厝镇莲前村交界。多林姓，有三百一十余人。锦马始祖林翘之五世孙林伋次子林怿任同安掾吏，居东市，为东市林家始祖，灯号“西河”。明嘉靖年间，林一柱后裔择居于店头庄。苏姓为同安“芦山堂”后裔。

古垵传为许姓始居住地，村落位于丘陵凹处，称许鞍，谐音为古垵。有九百余人，多林、陈姓，有蔡、方、曾等姓。林姓由田边林宸柱迁居于此，有两百余人。陈姓由山后亭、官山陈氏徙居。赵厝社区前厝自然村三十四世方禄秦分衍古垵，有方姓十余人。晋江内坑镇曾姓后裔也于明末迁徙马巷镇舫阳村古安，后又分衍马巷朱坑社区根岭自然村。

内厝镇

内厝镇位于闽南金三角之中心，地处厦门经济特区东大门，东连南安市，西接马巷镇，北邻新圩镇，南交新店镇，面积七十点一五平方公里。

内厝镇清代以前属民安里八九都；民国二十九年(1940)，属同安县第二区民石乡。1952年，属同安县第九区。1958年，属马巷公社。1961年，属马巷区巷东公社。1984年9月，为内厝乡。1991年12月，撤乡建镇，为同安县内厝镇。2003年10月，为翔安区内厝镇。辖一个村改居社区，十六个村委会，上塘社区、前垵村、鸿山村、后垵村、黄厝村、许厝村、莲塘村、莲前村、霞美村、赵岗村、曾厝村、官路村、美山村、新垵村、锄山村、琼坑村、后田村，六十二个自然村。

内厝镇是古代从泉州府进入同安县的第一站。小盈岭关隘是南同交界处，有盈岭大士寺，明末郑成功的国姓军曾在此大败清军。岭下下沙溪是古同安东界最早的集市，俗语“早也歇沙溪，晚也歇沙溪”，沙溪特殊的地理位置招来四方来客。小盈岭左右的鸿渐山、三魁山是同安东界的名山。宋帝昺南逃时曾在白云飞南麓出米岩驻跸。明嘉靖四十年(1561)，马三岱勾结倭寇大掠同安东界诸乡，知县谭维鼎大败其于三魁山至出米岩一带。店头铺是官道进入同安的第二站，这里也曾经风光一时，驻兵把守，店铺林立。

出米岩名胜古迹不亚于香山。《马巷厅志》载："出米岩，在民安里八都。山顶上有岩。宋幼主驻跸于此，有石穴出米，以赡军士。乾隆四十年间鸠金重建，庙宇巍峨。山后有五议洞，相传为五臣议事之所。前有宝盖峰、御罗石、圣泉水、饮马池诸胜。"

宝盖峰在出米岩后东畔，峰峦耸秀。宋幼主坐此乘凉，曰此峰宛如宝盖，故名。

御罗石在出米岩前面，五色斑斓。相传宋幼主宫中人遗下罗巾化成，故名。

五议洞在出米岩后，洞中两石如床。陆秀夫、文天祥等五人常于此谋议中兴，故名。

饮马池在出米岩山麓，大可五六尺，深仅尺许。虽旱不涸，相传宋幼主驻跸时，曾于此饮马。

内厝镇在翔安区域里是最年轻的。因为马巷镇通往泉州的国道三百二十四线到内厝这个不起眼的小村落，折向东北越小盈岭进入南安县，交通较为便利，内厝便成为内厝镇政府的驻地。由于西面三公里就是马巷古镇，马巷是同安东界物资交易中心，内厝镇辖区里的百姓几乎都到马巷采购生活用品，内厝镇区一直繁荣不起来。显然交通便利并不是促进乡镇迅速发展的最重要因素。

翔安九溪的源头都在内厝镇辖区范围之内，人们对赖以生存的环境保护不够重视，植被被破坏，九溪常断流，沦为臭水沟。九溪没有给内厝人民带来多少好处，这是大自然的惩罚。

内厝镇需要优化产业结构、发展空间优势，以绿色农业为面，工业项目为点，以三二四国道两边带状经济为线，通过点、线、面结合，发展特色经济。

内厝镇是两岸新兴产业和现代服务业合作示范区，是物流、人流、信息流的必经之路，是连接口岸和内陆的桥梁和纽带，又是口岸经济圈与中心城市经济圈的结合部，更是海外产业梯次转移、低成本扩展的承接地。

巷北四期工业园区位于内厝镇北部，西接巷北综合片区，是巷北工业园区的重要组成部分。它以电子、轻工等产业为主导，是布局合理、功能完善、环境优美、配套设施齐全的综合型、现代化工业园区。

上塘社区

上塘社区位于内厝镇政府所在地东南零点七公里，是翔安区东大门的喉咙地带，是内厝镇政治、经济、文化的中心，福厦公路贯村而过，交通便利。辖上塘、西塘、顶内田、蔡厝口、内厝五个自然村、七个居民小组、有三千三百余人。居委会驻西塘，因原与新民镇的西塘大队重名，乃以辖内上塘自然村名为上塘社区。清属民安里西塘保。1943 年属民石乡莲塘保。1950 年称为西塘乡，属第六区。1952 年与莲前合在西霞乡，属第九区。1955 年改属马巷区。1959 年为联合大队，属马巷公社。1964 年析出为西塘大队，属巷东公社。1980 年更名上塘大队。1984 年改为上塘村委会，属内厝乡。1991 年属内厝镇。2005 年 1 月为内厝镇上塘社区。境内有吴碧涯墓。吴必达，字通卿，号碧涯，原籍福建省同安县在坊里溪边，清雍正八年(1730)武进士。乾隆二十五年(1760)，吴必达入京陛见，赏戴孔雀翎，历任广东广海寨水师守备、广东香山副将；1758 年起，任浙江温州水陆总兵、广东左翼总兵官、广东全省水陆提督军门、福建水师提督军门;1769年,兼管澎台水陆官兵,是台湾清治时期地区最高军事首长。

西塘自然村地处内厝镇东南小丘东南侧。西塘许氏家庙始建于碧水之东,故村名西塘。有一千二百六十余人口,多许姓。西塘许姓入闽始祖左侍御使许爱于唐中和年间入闽,择居晋江瑶林,继迁石龟。南宋淳熙七年(1180),许美由晋江金井湖厝开基同安东界三角埕(即现西塘)。以后子孙又向上塘、内厝、蔡厝口、马巷深沟一带和厦门竹坑湖、福鼎、金门、台湾等地分衍播迁,灯号"瑶林"。

上塘自然村地处西塘东面五百米,村落在池塘上方,故称上塘。多许、杨姓,有四百四十余人。许姓分顶柱、下柱、尾塘。顶柱、下柱许姓由许厝分衍,许厝村许姓中有三个兄弟分别开基后房社、上塘社和灌口镇顶许社。先是上塘社不大繁衍,许厝后房社许姓一个男丁到上塘社入住,可惜还是没有发展起来,后房社再遣一个男丁到上塘社,终于开始繁衍;后来许厝后房社人丁衰落,上塘社就派一个男丁到后房社续衍。尾塘许姓由西塘分衍。杨姓灯号"四知",上塘杨姓称中杨,由下尾店徙居。四世杨志辉分居上塘社一部分。杨肃十七世孙杨进瑶居上塘社,其子四十九郎迁居莲河社,为莲河杨姓一世祖。

内厝自然村为内厝镇政府驻地,地处西塘西北侧五百米,取尚在境内之意,故名内厝。明末,西塘许姓分居于此。

蔡厝口自然村地处内厝坡底小山丘北侧零点五公里,冠姓地名,国道三二四线经过村北。蔡厝口多许、杨姓,有三百六十余人。杨姓由下尾店杨谥诚五子分居;许姓由西塘迁居,部分由后许迁居。

顶内田自然村地处蔡厝口南面，村落在内田溪东侧，村以溪名，称顶内田。村北紧靠国道三二四线。西北为下内田。多陈姓，有二百八十余人。山后亭三世陈孟畴次子陈应宗生四子。陈应宗长子陈普全后裔迁居顶内田。

20 世纪 70 年代南安山美水库修建时移民几万人到同安，一部分燕山黄氏族人移民迁居于西塘、上塘。

前垵村

前垵村位于内厝镇政府驻地东五点二公里，辖前垵、洋坂、美洋、蔡宅、小路边、顶沙溪、下沙溪、小盈八个自然村，九个村民小组，有二千五百九十余人。村委会驻前垵，以驻地村名为名。清属民安里鸿鼎保。1943 年属民石乡沙溪保。1950 年称鸿山乡，属第六区。1955 年改属马巷区。1959 年改称山峰大队，属马巷公社。1964 年属巷东公社。1984 年改称前垵村委会，属内厝乡。1991 年属内厝镇。

小盈岭为古泉州南安和同安分界处，国道三百二十四线、高速公路、福厦高速铁路从山岭通过，是东南沿海的交通大动脉，“襟两邑而通四达，环千峰而罗万壑”。岭上有大士寺、观音亭。南宋绍兴年间，朱熹在岭上树“同民安”坊，以补岭缺。清顺治八年(1651)郑成功于此大败清军；清乾隆时，坊毁，里人林应龙、黄河清倡议募捐，改坊为关。县令吴镛作《改建同民安坊为关记》，树“小盈岭南同交界碑”，记载南同地界范围。

小盈自然村地处小盈岭大士寺西面三魁山东麓，在高速公路西侧，为南同交界处，古时驿道经此，设有驿站。小盈多蔡、黄姓，有人口一百二十余人。小盈蔡氏由晋江青阳董厝迁居，灯号“青阳”；蔡姓有一部分是守护明兵部右侍郎、总督贵州、云南、湖广军务蔡复一墓的后裔。

前埯自然村聚落地处鸿渐山西南山麓，象山脚下。象山是鸿渐山西南山脉，山脉至前埯村落背面，又隆起一山峰，逶迤如象鼻，故名象山。村落虽然位于鸿渐山脚，但集中建房于谷口西北，地势平坦，东面尖石山仔，其形如狮。左狮右象回环结为村落。沿谷口筑堤围坝蓄水，名为“三八水库”，以资灌溉。前埯村多孙姓，有六百八十余人。孙顺仁十九世孙孙肇开于明正德年间，由嘉禾里店前迁居民安里九都开基前埯社，为孙氏乐安派。肇开生三子——守绪、守纯、守绩，长房居前埯，二三房迁台湾垦居。长房守绪生三子——时茂、时萌、时苞。长房分两支承接孙肇开二三房，为长房二、长房三。守绪长房时茂生三子——尚贤、尚德、尚功。尚功迁居古店。清末瘟疫流行，人丁损失惨重，部分孙姓族人逃避南洋谋生。原前埯孙氏族谱至十四世时因种种原因而失落，追根溯源，以为是安溪渊兜社迁入。后修宗祠时，从开基祖孙肇神主牌后背发现另一先祖牌，遂知先祖有另一来源“皇宋解元讳朱孙公暨妣赵氏孺人”，确定前埯孙氏系孙朱肇迁嘉禾，卜居柳塘（地名西仓）的衍派。

洋坂自然村地处前埯西南面一公里处，地势较宽阔且平坦，故名洋坂。多孙姓，有五百一十余人。孙成美之后裔孙朱，号扫松，因喜爱田渔生活，从青阳孙厝头迁入嘉禾里二十一都小演社，卜居柳塘社，后又迁高林保西村（禾山镇）。孙朱生五子，长孙驿（田头派），后裔分布于田头、孙厝，台湾、金门等地；次孙僧（泥金派），后裔分布泥金及台湾、金门、广东等地；三孙耽（西林派），后裔迁居广东潮州西林；四孙悬（坂上派），分布禾山坂上社及附近，另一支分衍于民安里九都洋坂；五孙颜（西仓派），孙颜年幼，随母迁居民安里九都洋坂社。洋坂孙姓又分迁蔡宅社。洋坂社原有郑氏居住，为同安碧溪衍派分衍，郑文后裔。

美洋位于洋坂东南侧，多陈姓，灯号"颍川"，有二百二十余人。美洋陈氏1972年因南安县山美水库建设，从九都移民到洋坂，建村落于洋坂村东南，取山美的"美"和洋坂的"洋"合称移民角落。

蔡宅地处小盈岭下蔡宅山西南麓，山以村为名，北面为小路边，沿山坡构筑村落。原为蔡姓居住。蔡复一，翔风里十七都蔡厝人，官至兵部左侍郎，病逝于军伍中，年仅四十八岁。卒后，明熹宗嘉其忠勤，赠兵部尚书，赐祭葬，谥清宪。其墓在今翔安内厝镇小盈岭大房山，穴名"七星坠地"，有蔡姓家人为其守墓。明清时，施姓入居，康熙间，施应元由武生从将军施琅平台，历任四川建昌镇总兵。解放后，有四户施姓迁回南安衙口，现只剩一户施姓。金柄黄如复迁居金门金园沙一带。明朝中叶，黄如复三世孙黄廷讲之长孙黄良江，自金门后水头肇基蔡宅。现多为黄姓，有人口五百余人。

小路边在下沙溪、国道三二四线南面，原有小路经村旁，故名小路边。有张、杨、王等姓，多王姓，两百余人。下尾店杨谥诚六子徙居于此。王姓由新店珩厝"西王"分衍。

顶沙溪位于乌营寨（三魁山）东南麓，西南坡底有村落为沙溪，村落位于其东北上方，后称顶沙溪。原为潘姓开基村落新厝社，多潘姓，有二百四十余人。明初，潘发祥次子潘丰际由香山南麓湖边社迁居开发新厝社。李姓为1972年,南安九都移民。

下沙溪位于小盈岭西南麓平缓处,原名三魁社,滨沙溪,村以溪名,地势略低,称下沙溪。自唐代以来,来往于南同之间的旅客,到此都要歇息,明清时已形成沙溪圩,为同安东界较早的集市,多姓氏在此杂居,有林、陈、黄、张、蔡、吴等姓。同安东市七世长子林勤,于宋中叶移居马巷田边,后裔又分居民安里下沙溪。陈姓由鸿山村内头自然村开基祖陈文灿四房迁居;部分为马巷官山陈分居。蔡氏由石狮市灵秀镇钞坑村(原名蔡坑)迁居,灯号"济阳"。下沙溪张氏为贤坂张天觷后裔。

鸿山村

鸿山村位于内厝镇政府东面六公里,辖黄山前、前宅、古店、下林、林下、小光山、内头、古山、良山九个自然村,九个村民小组,有人口二千五百八余人。鸿山村委会驻地黄山前。清属民安里鸿鼎保。1943年属民石乡鸿山保。1950年称鸿山乡,属第六区。1955年改属马巷区。1959年改称山峰大队,属马巷公社。1964年属巷东公社。1984年改称前垵村委会,属内厝乡。1991年属内厝镇。鸿山村原与前垵村合并为山峰大队,后为前垵村。翔安区成立后,前垵村析分为前垵村和鸿山村。黄山前、小光山、内头、良山之间有高填方水库、内头水库,是九溪的源头之一。除林下之外,有八一公路经过各自然村。

黄山前自然村地处鸿渐山西南麓,取村落在黄菊山前,又多住黄姓，故名黄山前。多黄姓，有人口五百三十余人。黄姓属“紫云”派系，由黄厝分衍。

前宅、古店、下林、古山在黄山前西面，四个自然村现在已发展成一个村落。

前宅自然村地处黄山前谷地上，取名前宅。前宅多黄、林姓，有人口三百四十余人；前宅黄姓由黄厝分衍。九牧林分衍前宅、古店二村，是同一开基始祖。其先祖是晋江马坪派下四石柱，徙居南安溪南上厅，再分支移入同安内头，转古店，后定居前宅村（其始祖名字、时间不详）。前宅林姓始祖生四子，长子、次子世居前宅，三子回住古店，四子移居南安后坝，各自发展成族，灯号沿用“九牧”。

古店与下林原为一个村落，上头姓孙，称上头；林姓居下，故称下林。1981 年拆成两个自然村。古店自然村名保留，多孙姓，有一百八十余人，孙姓由前埈孙氏三世孙尚功迁居。增加下林自然村，下林多林姓，有九十余人。

古山自然村多陈、黄、董、汪、蔡等姓，有人口二百五十余。1972 年南安县九都移民迁此定居，因安置地名叫古山，以古山为村落名。也取陈姓移民原祖居地山美和古店各一个字为自然村名。

林下自然村地处黄山前西面，大溪东侧，西南与蔗下、墩后两自然村接壤。早年黄姓从黄厝迁居，建村落于大片树林南侧，地势较低，故名林下。多黄姓，也有林姓，有人口一百二十余。

小光山自然村地处黄山前东南面，狮头山（原名和尚山）西北偏北。村落建于小龟山西麓，以山命名为小岗山，后衍为小光山。多陈姓，有四百二十余人。

内头自然村地处小光山东南侧，内头水库南侧，三面环山，取“山里头”之意，故名内头。多陈姓，内头有一百一十余人。小光山、内头东南面是内厝林场，原有小村落埔薑林、后窑，属内厝镇管辖。

内头、小光山陈姓同为金门后山迁居。厦门店前陈氏迁居金门后山。陈文灿由金门后山徙居民安里九都内头社，分衍四房，长房居内头、小光山，后裔又分迁马巷洪溪社区；二房迁晋江陈埭涵口；三房分居后窑、埔姜林（两社于1958年迁居内头、小光山，现为废村）；四房分衍下沙溪和汀溪西园、田中央。

良山自然村在内头村东面，内头水库南侧。南安县山美水库移民迁居于此，取原山美良尾大队，为良山，多陈、李姓，有八十余人。

原同安碧溪衍派郑文分衍鸿山村良山社、洋坂社，以后不知这支郑姓下落；汪沼由惠安涂岭乡洪厝坑于元朝中叶迁同安汪厝社，其十四世孙又于清初分衍古山社、美洋社，也同样不知下落。

后垵村

后垵村在内厝镇政府驻地东北五点二公里，是一个独立行政村，划分为六个村民小组。全村共有常住人口一千二百左右。村委会驻后垵，以驻地村名为名。村落位于小山北面马鞍形地带，山前称前鞍，山北称后鞍，方言谐音，故名。清属民安里鸿鼎保。1943年属民石乡沙溪保。1950年为沙溪乡，属第六区。1955年改属马巷区。1959年合在山峰大队，属马巷公社。1964年析出为后垵大队，属巷东公社。1984年改称后垵村委会，属内厝乡。1991年属内厝镇。

后垵村处于翔安与南安交界的小盈岭脚下大房山西南侧，东南为鸿渐山山脉。后垵面对国道三二四线，是厦、漳、泉经济辐射圈的交汇点，地理条件优越，交通四通八达。据传宋建宁府南阜公通判为村取名“南丰里”，其子垂旭改村名为后垵，沿用至今。

全村总占地面积约二千五百亩，其中旱地二百九十亩，水田二百一十亩，山林地一千六百亩。村庄房屋占地面积约四百亩。

许厝始祖许聚十七世孙许垂旭开基后垵，许厝部分许姓到后垵看守祖宗陵墓，以后繁衍成族。后垵吴姓为宋末左丞相吴潜后裔，开基祖吴信斋，属清溪派下。吴信斋原分居南安后坝，明朝中叶，再迁居后垵。

黄厝村

位于翔安区内厝镇的东南五点三公里，处于内厝镇最高峰鸿渐山南侧，东临南安市，南接新店镇沙尾村，西靠许厝，辖黄厝、东烧尾、内塘边、周后、黄山、东美六个自然村，九个村民小组，有三千三百余人口。村委会驻黄厝，以驻地村名为名。清属民安里鸿鼎保。1943 年属民石乡黄厝保。1950 年称鸿山乡，属第六区。1952 年析置黄厝乡，属第九区，1955 年改属马巷区。1959 年改称黄厝大队，属马巷公社，1961 年改属巷东公社。1984 年改称黄厝村委会，属内厝乡，1991 年属内厝镇。

黄厝自然村地处蜂巢山北麓，冠姓地名。黄厝黄氏为金柄紫云派系。黄守恭第四子黄肇纶迁居于同安金柄，为金柄一世祖，封赠国公，生七子八女，至今已有一千三百四十余年。其中第三子黄懋景为开基黄厝一世祖，至今裔孙繁衍已有二十余世。多黄姓，有一千九百余人。现黄厝分为四房份，分衍墩后社、林下社、黄山前社、大嶝嶝崎社。

黄厝西面靠许厝的角落也有部分许姓、苏姓。苏姓不知来源，许姓却有故事。相传许厝田舍翁有一个女儿嫁给黄厝黄姓。许氏高高兴兴带着年幼的儿子回娘家。孩儿一阵哭闹，许氏以为孩儿尿急，叉开儿子双腿正准备让儿子拉尿。哪知道突然跑来一只恶狗，一下咬走儿子的命根子。眼看儿子是活不成了，许氏哭得死去活来。大哥说，事已即此，哭也哭不回外甥的命，好在自己有三个儿子，随便让许氏挑一个。许氏带着许姓侄儿回黄厝传宗接代，子孙以许为姓。

黄山自然村地处黄厝西北，隔公路毗邻黄厝，取黄厝和山美首字命名村名为黄山。为南安九都移民陈姓聚落，有陈姓人口二百六十余人。

东烧尾自然村地处黄厝东南两公里，东南为内塘边，西南为鹊鸟髻山，原名为东萧尾，方言谐音为东烧尾。有五百五十余人口。村东北面有唐代窑址，散见窑砖、匣体、瓷垫等窑具。东烧尾黄姓自立昭穆，也属金柄一派。

内塘边自然村隔东美与东烧尾自然村合为一个村落，位于鹊鸟髻山东北麓池塘边，取山坳里池塘边之意为村落名。内塘边多宋姓，有三百八十余人，宋氏灯号“荔苑”。宋氏五世宋骈迁同安，开基民安里茶山社，发展为望族。十四世宋建翁长子宋之秀，于宋理宗端平三年(1236)由莆田双池迁回同安茶山祖籍，其季弟宋之望为嘉熙二年(1238)进士，承事郎，知海丰县，留居莆田双池沟头。茶山宋氏在明末清初郑成功反清复明时，因族人支持郑成功反清，遭受清兵的围剿，村舍夷为平地，死亡无数，幸存者迁入民安里九都莲塘边社（今内厝镇黄厝村内塘边）定居。现分长、二、四、五房，三房迁广东海丰。内塘边祖祠有楹联曰“荔浔甘霖频结果　苑藏奇卉自生香”，藏头联点名祖居地在莆田。宋宜，北宋天圣八年（1030）进士，治平中，除太常少卿，熙宁元年（1068），知漳州，有文行，为州里所推，及卒，朝廷遣人礼葬。

周后自然村地处黄厝东北一公里处，红山南麓，村落东西北三面环山，南面开阔，地势平坦。村落位于周厝村后，故名周后。多张姓，有二百二十余人。张氏有祖坟在周后东南山坡，距周后约一公里左右，张氏有守墓的习俗。周后张姓是从南安石井镇前坂村到此守护墓坟而定居。周后张氏与阳塘同宗，灯号“清河”。

东美自然村地处东烧尾和内塘边的交界处，取东烧尾和山美各一字为村名东美。为南安九都移民陈、张、王姓居住，有人口二百四十余人。

市仔口原是小土地名，黄厝大队在此建专业场，体制改革后，已无常住人口。

许厝村

许厝村位于内厝镇政府驻地东南三点九公里，辖许厝、后房、许山头、珩溪四个自然村、九个村民小组，有人口二千一百余。村委会驻许厝，以驻地村名为名。清属民安里鸿鼎保。1943 年属民石乡许厝保。1950 年称许厝乡，属第六区。1955 年与黄厝合属马巷区。1959 年析出为许厝大队，属马巷公社，1961 年属巷东公社。1984 年改称许厝村委会，属内厝乡。1991 年属内厝镇。许衍，宋孝宗乾道八年(1172)进士，历任福州、赣州教授，永福知县，建宁府通判，著《本论》二十篇，《新论》二十篇。许衎，皇帝赐号“高隐田舍”，著《墨记杼》四十卷，与兄许衍诨，钦赐“兄弟乡贤”。许伯诩，宋淳熙十六年(1189)孝廉，先后任顺昌县尉，福州怀安县丞，临江通判，与父衍号称“父子通判”。许宗建，咸淳六年(1270)，赐文魁。许南山，明洪武十年(1377)，通经文魁，临淮县丞。清康熙年间，许养溥以军功授督粮通判，经画军事。

许厝自然村地处内厝镇东南，香山北面，东南与黄厝村接壤。许厝是一个老古的村落，在许姓未入住前，原名萧山村，为萧姓居住村落。南唐保大十年(952)，许文强从晋江前冈迁入同安县绥德乡方来里的王溪(今内厝镇许厝村珩溪自然村)，许文强之孙许聚入赘邻近的萧山村一户萧姓人家，经岳父立字允许，在萧山村建房居住。后竟发展到全村都是许姓人家，萧山村随即更名为许厝村。多许姓，有一千四百八十余人。许聚被尊为一世祖。十一世孙许肃迁居翔风里文崎，十七世孙许垂旭开辟后垵，十九世孙许宏又分居珩溪，此时已是清朝中期。有一部分子孙移居附近的后田，其中部分再从后田分居马巷镇路边许。分居后房的许姓又有一部分迁居于上塘。另外还有一部分迁居于许山头(古山头)和新店的林头、南尾、西边、浦南、葛园及大嶝的坑尾自然村。

后房自然村地处许厝西面五百米，珩溪西南侧，由许厝许姓后房份分居于此，以房份命名村落为后房。有三百四十余人，多许姓。后房许姓与上塘、灌口顶许许姓为三兄弟，从许厝村分衍。

许山头自然村地处许厝西南面，位于香山西北麓山底平坦坡地，与后房仅隔几亩沙壤耕地。以地理位置冠姓村名，也写作古山头。多许姓，有二百二十余人，由许厝许姓繁衍。

珩溪位于许厝西北面坡底，以东南珩溪为村落名称。许姓，有六十余人。珩溪曾无人居住，20 世纪 80 年代，只剩一位老人，后又有几户许姓陆续迁入居住。

1972 年南安山美水库修建时移民了几万人到同安，一部分燕山黄氏族人移民至许厝村北和后房。

莲塘村

莲塘村位于内厝镇政府驻地东北一点八公里，国道三百二十四线从村南经过。辖莲塘、横路、店头、东岗四个自然村、七个村民小组，三千余人。村委会驻莲塘，以驻地名为名。清属民安里莲塘保。1943 年属民石乡莲塘保。1950 年称莲塘乡，属第六区。1955 年属马巷区。1959 年与新垵合称新莲大队，属马巷公社。1964 年析出为莲塘大队，属巷东公社。1984 年改称莲塘村委会，属内厝乡。1991 年属内厝镇。为清雍正六年(1728)，武举人林光元故里。

莲塘自然村以原村西南面有一口种莲花的大池塘而得名，又称内塘、刺塘。多林姓，有一千五百三十余人。明初，林乐叟由莆田兴化宏路来到莲塘，时此地有洪、吴、陈、高等姓氏杂居。林姓中年成家，生有二子，长居莲塘，次居店头。以“九牧”为灯号。莲塘长房五传至林程道，因迁界至新圩，经商发家后移居马家巷。六世林孔翰分派祖厝口,至十一世林姓兄弟四人,分住东头柱、箖埔柱、泉仔墘柱、三落柱。东头柱林文聪次子十三世元由,于清乾隆年间,举家移往台湾,有子盛面、盛语、盛洁、盛料、盛服、盛茶。有裔孙世欠、哉、来、凛、仁里、世卿、伍员等分衍台湾浪桥。《皇清敕授儒林郎铨选州司马七十二寿五代大父显考仁圃林府君暨配敕授安人七十寿五代大母显妣孝温陈太君合葬墓志铭》:"系出莆田乐叟公,由兴入同,卜居八都莲塘乡。九传至太封君朴翁公,值海氛不靖,徙居于界内新圩。迨底定之后,乃胥宇马市而聚国族焉。"康熙后期,程道后裔林盛联,其子林芳德以经商发家,成为马巷大富豪,号称林百万。雍正七年(1729),林芳德由监生捐职州同(从六品),其为人急公好义,捐献百金修梵天文公书院。乾隆九年(1744),资助重建马巷文昌阁。乾隆十二年(1747),又捐资改建岳口"理学名宦"石柱木坊。其儿林中桂,为娶安溪李太史光墺之女(宰相李光地侄女)特建"栖云楼",俗称梳妆楼。林芳德有六子,分居六房,长房居后林,二房居书院后,三房居六路,四房居四房林,五房居大宫口,六房居梳妆楼。有孙二十八人,世称六子二十八孙,遂成马巷望族。

店头自然村地处莲塘北面两公里,白云飞山脉南麓大脊崙山南侧。古代泉州通同安驿道经此,在店头设铺递,上承小盈铺,下接沈井铺。清乾隆时,店头铺有铺司兵四名。以后又设店头汛,有汛兵四十一名,负责维持地方安宁。莲塘开基祖二房迁居于此,开设店铺,多林姓,有三百三十余人。

横路又名宏路,位于莲塘村西北,村落地势平坦,西与曾厝村接壤，以横路溪为界。现夹于福厦高速公路和高速铁路之间。莲塘十一世泉仔墘柱林仕志之子林文信移居，袭用莆田祖居地宏路为地名，繁衍成现在的宏路六柱。多林姓，有六百七十余人。

东岗自然村地处莲塘东北面，三魁山（乌营寨）西南麓。东面有小山岗，故名东岗。多林姓，三百二十余人。由桂林七里林氏分支。

莲前村

莲前村位于内厝镇政府驻地南二点五公里，全村占地面积有五点零二平方公里。辖莲前、院内、莲后、张厝、斗门、蔡塘、溪边后、东山八个自然村、二十个村民小组，有四千三百余人。村委会驻莲前，以驻地村名为名。清属民安里蓬莱保。1943 年属民石乡莲院保。1950 年为霞莲保，属第六区。1952 年与西塘合为西霞乡。1955 年改属马巷区。1959 年属马巷公社联合大队。1961 年属巷东公社。1964 年西塘、霞美析出，改称光华大队，属巷东公社。1984 年改称莲前村委会，属内厝乡。1991 年属内厝镇。

莲前村地势东西两端高，中间低，莲溪从村中由北向南穿流而过，将整个行政村一分为二，蔡塘、东山紧依香山西麓，坐落于莲溪东面；莲前、莲后、院内、斗门、张厝、溪边后在莲溪西面，隔溪相望。莲溪是莲前行政村农业生产的大动脉，全村耕地面积约三千五百零二亩，其中旱地约一千六百零八亩，水田约一千一百九十八亩。耕作条件好，土地肥沃，灌溉便利，一千多亩水田均在莲溪两岸流域。

莲前自然村在莲溪西北侧丘陵地带，村落分布在丘陵东北侧，莲前北山丘南侧是莲后自然村，整体形如莲花，南面莲前，北面莲后。多王姓，有九百余人。莲前王姓，一说从福州分居，灯号“开闽”；一说是唐末王审知的后裔，明代由金门分支同安山坪，再分衍内厝莲前村。

莲后自然村结社于小山丘南侧，东北侧是下尾店。莲后对面是莲前自然村，中间地势凹陷。莲后多梁姓，有九百余人。元末明初，梁立之子梁天柱，号龙津，生五子，开基翔风里十七都后埔山后社梁厝，二房播衍莲后社。

院内自然村地处莲前西北一公里，紧临舫阳社区坪边自然村。多梁姓，有二百五十人左右，梁姓由莲后分衍。梁姓迁居时，于村落四周围墙，故名院内。南安九都部分黄姓移民入住院内。

张厝自然村地处市头山东麓，莲前西南，冠姓地名。清初，莲后社部分梁氏迁居张厝社，有四百三十余人。

梁姓均奉三十一世状元梁克家为始祖，分堂号“梅镜”，祖祠称梅镜堂。梅镜堂有其来历，据传梁克家游学潮州时，揭阳县令陈彦光（同安人）见梁克家少年英俊，遂以女儿许之。一日女儿晨妆，镜中出梅花影，后花园的梅花也盛开。陈县令大喜，约梁克家游园，并命赋诗。梁克家即吟：“老菊残梧九月霜，谁将先暖入东堂。不因造物于人厚，肯放寒枝特地芳？九鼎燮调端有待，百花羞涩敢言香。晓来得共巡檐笑，更诵龙吟古乐章。”此诗竟为其及第入相之谶，遂题揭阳府第为“梅镜堂”。

斗门自然村地处张厝自然村南面、溪边后自然村北面。陡门始祖陈廿五郎自漳州拱斗堂迁浯，定居翔风里十八都刘浦保陡门乡，也叫“胆门”。明万历中，金门陡门四世陈文雍迁民安里蓬莱保开基，仍名陡门，又称内陡门，后谐音为斗门，灯号“颖川”。今有族人四百五十余。尔后，斗门“锡”字辈禀祖命开基马巷朱坑。

溪边后自然村地处斗门自然村南面，岭下是朱坑、根岭，南面是莲溪与内田溪交汇处，为山陵尽头，两溪交汇北处，故名溪边后。多姓陈，有四百二十余人，由斗门分衍。

蔡塘自然村地处莲溪东畔，背靠香山西麓，沿山脚结社。蔡塘原为蔡姓居住地，村北有池塘，故名蔡塘。蔡塘多陈姓，有四百六十余人。部分陈氏由金门东埔分衍，山后亭二世陈仁秉长子陈妃辂生二子，次子陈荣美居山亭侯阁，后裔分衍迁居蔡塘。

东山自然村与蔡塘自然村毗邻，在蔡塘西南，山脉连绵，因建村的方位是莲前行政村东面的山脚下，故名东山。原有村落，后废村，由莲前耕山队管理。1972 年 9 月由于南安山美水库建设，庄、蔡、汪、王、陈姓由南安九都山村移民至此，有五百余人。

霞美村

霞美村位于内厝镇政府驻地东南一点八公里，辖下尾店、塘头、后坑三个自然村，十个村民小组，有二千七百余人。村委会驻下尾店，去“店”字，下尾雅化作“霞美”为村委会名。清属民安里西塘保。1943 年属民石乡霞塘保。1950 年为霞莲乡，属第六区。1952 年与西塘合称西霞乡，属第九区。1955 年改属马巷区。1959 年与曾厝合为曾美大队，属马巷公社。1964 年析出为霞美大队，属巷东公社，1984 年改称霞美村委会，属内厝乡。1991 年属内厝镇。

下尾店自然村地处西塘南面一公里的小丘陵北侧，小丘西南侧为莲后自然村。下尾店是清乾隆时期从沙溪通往刘五店古道中的铺站，称下尾店铺，上承小盈岭铺，下接圣林铺、刘五店铺，有铺司兵三名。下尾店多杨姓，有人口一千三百四十余。杨安隐，字乾庵，居河南汝宁府固始县博庆乡，曾任开封府法曹。时族中杨行密乘唐末乱世之机自立国号，称“西吴”，以至族中昆季虑戕将及。杨安稳惧祸害及身，即回乡专心读研医书，自采药配方为民治病，颇有名气。唐景福元年(892)，为避北方兵乱，杨安隐举家随行营兵马使杨詹入闽，初居建宁、福州，后迁兴化仙游。杨安隐死后，杨家迁居泉州。杨安隐生二子，长子杨逸，次子杨肃。杨安隐后裔雍齐，沐皇恩受明宣宗钦命，奉玺书从王十三保出使西南夷，晚年复归华美(今南安石井镇霞美)。雍齐生三子，长子谥靖，次子谥敬，三子谥诚。谥诚于明中叶迁居同安下尾店开基，灯号“四知”。谥诚生六子，长子裕后、次子裕世、三子裕传仍居下尾店，四子分居上塘村，五子分居蔡厝口村，六子分居小路边村。

按“四知”本汉代杨震派下。杨震因公事路过昌邑县，晚下榻于馆驿。夜深人静之时，王密怀揣十金前往馆驿相赠，以谢杨震知遇之恩。杨震拒而不受。王密急切之下说：“此时深夜，无人知矣。”杨震正声而说：“岂可暗室亏心，举头三尺有神明，此事天知、地知、你知、我知，何谓无知?”一时传为美谈。

塘头自然村地处下尾店自然村东北面，原名柯厝村，为柯姓聚居村落，因村南面有塘头塘，后更名为塘头。唐僖宗光启二年(886)，柯亮(商庵)随王审知兄弟由河南光州固始县入闽，居泉南元妙观西水沟巷（又名担水巷，后称柯厝巷），为入闽柯姓一世祖。柯亮七世孙庆文，生四子。长子柯述，生三子。柯述长子柯元曾留祖居。后元曾长子柯翰徙居晋江。柯翰为宋理学名儒，生三子，长缵宗居安平，衍安海派。塘头开基始祖柯仲宁，为柯翰后裔，灯号“济阳”和“龙图学士”，是较早迁居同安的姓氏之一，有一千零一十余人。

后坑自然村地处塘头自然村北面，西与上塘毗邻。清代，小嶝岛丘葵后裔顶角大厝内房分播迁于此，后坑多丘姓，有人口三百九十余人。

霞美、后坑黄姓为南安九都移民。

赵岗村

赵岗村位于内厝镇政府驻地西北一公里，辖赵岗、东界两个自然村，有十二个村民小组，一千八百五十余人。村委会驻赵岗，以驻地村名为村委会名。清属民安里莲塘保。1943年属民石乡赵岗保。1950年属第六区湖岗乡。1955年属马巷区。1961年析置赵光大队，属巷东公社。1984年改称赵岗村委会，属内厝乡。1991年属内厝镇。

赵岗自然村地处内田溪上游两条支流的交汇处北面，处于福厦高速公路与三二四国道之间。东与莲塘、上塘村相连；南与马巷镇舫阳、五星村相靠；西与马巷镇巷北工业区、后许村搭界；北与曾厝、美山村毗邻。村中保生庙为清代马巷厅迎春之处。

赵岗多王氏，有人口一千五百五十余。王姓于宋元祐元年（1314）从晋江县珩墩分居内厝赵岗社，系王审知后裔。

时由珩墩王姓九户分居创建九社——珩塘、东塘、塘边、田仔下、加里人、后人丘、蔡厝寮、后宅垅、埔中央，总社名为“珩塘”。珩墩王姓分居珩塘，到十七世时，明末某年除夕夜，因珩塘王姓抗税，暴打官差被剿，林氏姬娘身怀六甲，藏匿于大缸中幸存，生男右泰，讳盛，为赵岗复兴祖，改里名“逃缸”，后谐音雅化为赵岗。至四世名袭，字守爵，传五男分五房。长房分衍内厝镇木厝、尾山一部分，美仙湖一部分及马巷镇溪上王氏。木厝只是赵岗西南的一个角落。

东界自然村在赵岗东南角，多许姓，有三百余人，以祖居地新店镇东界村名为开基地名。现与赵岗融合成一个村落。东界许姓由新店东界许日进子孙迁入居住。

曾厝村

曾厝村位于内厝镇政府驻地北二点二公里，辖曾厝自然村，十个村民小组，一千五百余人。著名侨乡。村委会驻曾厝，冠姓地名，以驻地村名为名。清属民安里曾林保。1943 年属民石乡曾厝保。1950 年属第六区驻地，辖二十二保。1952 年为第九区驻地，辖十三乡。1959 年与霞美合为曾美大队，属马巷公社。1961 年析出为曾厝大队，属巷东公社。1984 年改称曾厝村委会，属内厝乡。1991 年属内厝镇。

曾厝自然村是个独立行政村，为陈姓聚居村落。原有耕地九百六十亩，山林地三百八十亩，遇开发建设，现仅有耕地七百亩左右。东隔横路溪与横路、莲塘交界，北界官路下，西北与坝上相临，西与美山接壤，南临赵岗。曾厝陈姓由金门下坑陈氏徙居。金门下坑始祖六郎，于宋末，从晋江围头迁金门，卜居下坑（今夏兴）。九世陈显，洪武开科经元，三任知州，死建文难。陈显二房曾孙陈尚志徙居本县长兴里桂林溪西村。十二世陈尚志，讳忱，明弘治七年（1494）出贡，任云南镇远县知县，升通州通判，未之任而卒。传至十六世陈恒元，由金门下坑移居东界同禾里六都七里营盘口。

官路下埔南面至下曾又隆起一小丘，美山分布于小丘西面；曾厝结社于小丘东面，世传为“睡牛穴”。陈恒元兄弟由金门下坑迁居营盘口，后向曾厝迁居，在曾厝向南厝过夜，夜里梦到两椅相叠。当时，曾厝一带有顶曾、下曾，都是无人村落。陈恒元认为两椅相叠，上椅不稳，兄弟于是择居于下曾。下曾（曾厝）南侧原有叶姓居住，后来漳州海澄圳尾（俊美）陈熹鲁后裔迁到曾厝与金门下坑陈姓合居。叶姓逐渐衰落，最后，剩下几户也迁出曾厝。

曾厝陈姓于逐渐结伴往南洋马六甲等地谋生，现南洋马六甲等地有族人四五千人；到“伯”字辈，部分迁台湾彰化县北斗镇埤头乡元埔村繁衍；二房大部分迁往广东海丰、陆丰繁衍。

官路村

官路村位于内厝镇政府驻地北二点六公里，属内厝镇。辖官路下、马池内、坝上亭三个自然村、四个村民小组，一千四百七十余人。村委会驻地官路下，以驻地村名去“下”字为名。明时为民安里东界八都店头保。清属民安里莲塘保。1943 年为民石乡营上保。1950 年为六乡乡，属第六区。1955 年属马巷区。1959 年合在曾美大队，属马巷公社。1961年析出为官路大队，属巷东公社。1984年改称官路村委会，属内厝乡。1991年属内厝镇。为清知县张应聘故里。

官路下自然村地处曾厝北面五百米，有五百五十余人口，属官路村委会驻地。清代同安通泉州驿路经村北，村在路南，地势偏低，故名官路下。官路村在白云飞山麓，出米岩山南面。有一种说法，南宋末期，宋帝昺被元军一路追赶，在陆秀夫、张世杰等簇拥下从小盈岭进入同安地界。出米岩左有三魁山，地势险要，确是易守难攻。宋帝昺驻扎于出米岩，引来同安各地勤王的百姓。帝昺不吝官职，随时赏职，来往的人多了，就走出一条官路。以地理位置来说，三魁山西南面谷口有店头铺，宋代以来同安县城通往泉州府城的驿路必经店头铺。这条官路从同安县城大轮驿，经洪塘铺、三忠宫铺、沈井铺、店头铺、小盈岭铺，越过小盈岭进入南安地界。村庄在官路南面下方，自然而然地就以官路下命名。官路下原为杨姓居住。杨光堤(一作禔)，民安里八都店头保官路下人，就南安学，崇祯十五年(1642)中举人。后官路下杨姓不知所终，马巷仑头官山陈姓迁居于官路下社。至今，官路下为陈姓聚居地。官路下陈姓为内官陈氏长房派下，部分是仑头陈子明"六路"迁居。

坝上陈自然村地处官路下西北面，坝上许北面。有五百八十余人口。

马池内自然村地处出米岩东南两公里处，依大脊崙山西南建村落，其地原有成片古枫树，可惜居民不懂珍惜，如今几乎灭迹。有曾、陈、翁、梁等姓，三百五十余人。明末，晋江登流里三十五都(现称下辇，属晋江池店)，曾姓三兄弟徙居同安，分别居住于大嶝东埕村麦埕、小嶝和马池内，灯号“龙山”。

美山村

美山村位于内厝镇政府驻地西北两公里，辖美山、营上、美仙湖、坝上许四个自然村，七个村民小组，二千六百五十余人。村委会驻美山，以驻地村名为名。清属民安里莲塘保。1943 年属民石乡莲塘保。1950 年为湖岗乡，属第六区。1955 年属马巷区。1959 年属马巷公社曾美大队。1961 年析出为美山大队，属巷东公社。1984 年改称美山村委会，属内厝乡。1991 年属内厝镇。

美山自然村地处官路下延伸而来的小丘西坡底端，故称尾山，后雅化为美山。多王、林姓，有一千一百七十余人口。美山处于小丘西南面，曾厝处于小丘东面。美仙湖地势低陷如湖，故下游后许原名“湖口”。村西有发源于白云飞山、岩山的小溪。中保在美山村东南面。美山、美仙湖、中保，多王姓，一部分王姓由晋江县珩敦村迁居于美山、美仙湖，灯号“珩山”。另一部分王姓属开闽王氏，从白礁分居，灯号“开闽”。美山林氏居美山东面与曾厝交界，灯号“九牧”。

美仙湖自然村地处美山自然村西面一百米，西与马巷镇后许社区交界。王姓原多居住于锄山北面二点五公里的西林社，后因血吸虫病整社迁回美仙湖。多王姓，有二百三十余人。西林社改为美山耕山队驻地，从美山各自然村抽调部分强劳力复耕开垦，多种植茶树，以后改为承包。

营上自然村地处美山自然村西北面七百米，坐落于小丘陵寨仔山南麓，地势北高南低。西北与马巷镇路山头交界，北与新圩镇桂林接壤，素有“一瓢水泼三个镇”之誉。发源于白云飞、岩山的溪流流经桂林、七里，绕营上寨仔山东面与坝上许交界处，再经美仙湖西面，流入赵岗与后许新厝交界处，至内田与发源于琼坑溪流汇合。营上多陈姓，有八百三十余人。开基祖官山陈氏十八世陈士卫，生子陈允复。陈允复生二子，长子子德，次子子明。子德生五子公炎、公英、公平、公贤、公亲，在仑头繁衍，合称“五柱”；子明生四子公愿、公淡、公同、公梓，在仑头繁衍成“五间”“六路”“二房”。衍至二十三世“克”字辈，于清乾隆末年，举族迁居于营上。营上原有几户傅、高两姓居住，后傅、高两姓逐渐衰落，迁出不知去向。据传官山陈姓迁此居住后，与西北面曾林乡常因琐事吵架、斗殴，遂以“赢蒋”改村名为营上，“蒋”“上”闽南语谐音。

坝上许自然村地处美山自然村北面五百米，地势北高南低，北面是坝上陈，以汀溪干渠为界。为许姓聚居地，有人口四百三十余。许姓分三支系，一由东界洪坑许日进派下许愿分居；一由南安石井穡坂分居，最早居住于坝上许；一由后许先分居桂林，后涉居于此。

新垵村

新垵村位于内厝镇政府驻地东二点八公里，辖新垵、茂前、官塘、面前山、田中央五个自然村，七个村民小组，有二千四百五十余人。村委会驻新垵，以驻地村名为名。清属民安里鸿鼎保。1943 年属民石乡锦田保。1950 年为莲塘乡，属第六区。1955 年属马巷区。1959 年为新莲大队，属马巷公社。1964 年析出为新垵大队,属巷东公社。1984 年改称新垵村委会,属内厝乡。1991 年属内厝镇。国道三二四线从村中通过,交通便捷。

新垵自然村驻地山脉发源于三魁山南麓,到田中央南侧,又隆起一座小丘,村落聚于小丘陵西坡。村西溪流发源于三魁山龙潭。新垵多陈姓,有五百七十余人。新垵陈姓始祖陈玉池于清顺治十一年(1654)由金门十八都仓湖保新头村迁入繁衍,取“新头迁入、安居乐业”之意,命名新安,写作新垵,陈玉池长子居新垵,次子、四子分居田中央,灯号“南院”,系唐太子太傅陈邕后裔。

茂前自然村地处新垵与官塘之间,因聚落建于墓前故名,谐音作茂前。多梁姓,有二百四十余人口。梁立之子梁天柱,号龙津,生五子,于元末明初开基同安翔风里十七都梁厝。三房播衍内厝镇新垵村茂前社。

官塘自然村地处新垵、茂前南面,村落东西有溪流,水源充沛。一种说法,闽南“营”与“官”同音,村落建于长满营芒的凹地附近,称为“营塘”,后衍为官塘。另一种说法,清代康熙年间,梁福生随施琅平台,以功授金门左营,诰授怀远将军,于此建衙府,人称“官堂”,方言谐音为官塘。多李姓,有四百余人口。官塘也因李姓始居住地,冠姓地名为李厝。

田中央自然村地处新垵村、国道三二四线北面,地势较低且平缓。为多姓氏村落,有陈、柯、黄、吕、许、方等姓。原居住于大长社角落的黄姓与坝仔头社黄姓合族,组成田中央主体村落,现有人口两百余,灯号“紫云”。原居住于顶埔头社的陈姓,始祖陈簿于明嘉靖二十一年(1542)从马塘分支迁住，有人口一百四十余，灯号“鹤山”。又有陈姓开基祖陈玉池，于清顺治十一年(1654)从金门新头迁居，玉池生四子，长子居新垵，次子陈天宝、四子陈天育分居田中央，现有人口三百八十余人。箖埔口社柯姓始祖柯仲寿，于明嘉靖年间。从安溪还集里上科保徙居，现有人口一百六十余。原居住于珩厝社的方姓迁居田中央，现有人口十八人。清康熙十年(1671)，吕克常自从顺里三都吕厝迁居，历四代，人口增加到一百余，现仅四十人左右，灯号“渭水”。解放前后，又有不少姓氏迁居田中央。1940年，马巷曾林保后垵社陈蔗娶田中央方氏，定居田中央，现有人口十七；1951年，因国防需要，于上塘埔修建飞机场，上塘许宝龙、许水满兄弟徙居田中央，现有人口十八。东园张跑丈夫到台湾谋生，夫妻不能团圆，1953年带一女徙居田中央。后招张玉顺为婿，现有人口十七。

面前山自然村地处新垵西面，西南面与上塘、后坑、塘头交界。吕姓从南安朴兜九甲直接迁入同安，居住于新垵与茂前之间的磐边社。后举族迁居于面前山，因吕姓居于小土山之西，房屋坐西北朝东南，取面前是山之意，命村名为面前山，灯号“文献”。多吕姓，有五百余人口。

锄山村

锄山村位于内厝镇政府驻地东北七点三公里，是内厝镇名副其实的山村，辖大乡、屏乡、松后三个自然村，八个村民小组，九百八十余人。村委会驻大乡，以驻地村名锄山为名。清属同禾里锄山保。1943年属民石乡沙溪保。1950年属第六区沙溪乡。1955年属马巷区。1959年为锄山大队，属马巷公社。1961 年属马巷农场。1964 年属巷东公社。1984 年改称锄山村委会，属内厝乡。1991 年属内厝镇。

大乡自然村地处妙高山西南麓，村落处于群山中的平缓区域，属锄山村委会驻地，村落最先垦居，对屏乡、松后来说，这就是大乡。多宋姓，有七百五十余人口。

屏乡自然村地处大乡北侧，妙高山西南麓，随着族人繁衍，为了作息方便，村民又在小溪流对面毛竹后的山坡营建住宅，为区别大乡，取名为屏乡。多宋、汪姓，有一百三十余人。

松后自然村地处大乡西北角。村民在几棵合抱的古松后面建居室，取村名松后。多宋、汪姓，有一百余人。

明嘉靖二十七年(1548)，宋尔德带三子由莆田双池迁南安县水头镇福鼎村定居，长子宋继尊留居福鼎村；三子宋继寅分衍晋江安海宋埭村。宋尔德次子宋继育迁居同安开山造田，因名锄山。继育生四子，长房现居锄山大乡及屏乡，二房迁南安县水头街，三房夭折，四房现居锄山大乡及松后社。锄山宋氏，灯号“荔苑”。

另有宋氏，据传其祖先由浙江浦江迁入莆田。南宋末，分居同安翔风里十二都浦尾社。清嘉庆年间，浦尾社与窗东社合为浦尾保。明末清初，浦尾宋氏举族避乱，一部分迁入锄山，另一部分迁居新圩后亭。迁锄山的浦尾宋氏之后又迁台湾。

锄山多宋、汪姓，汪姓据说迁自汪厝村，哪个汪厝已无法考证。

琼坑村

琼坑村位于内厝镇政府驻地东北三点一公里，辖琼坑、花丛两个自然村，四个村民小组，有一千一百余人。村委会驻地琼坑，以驻地村名为名。清属同禾里锄山保。1943 年属民石乡莲塘保。1950 年为霞莲乡，属第六区。1955 年属马巷区。1959 年改称新莲大队，属马巷公社，1982 年析出为琼坑大队，属巷东公社。1984 年改称琼坑村委会，属内厝乡。1991 年属内厝镇。

琼坑自然村地处内厝镇政府驻地东北，乌营寨山（三魁山）西麓坑沟高地上，坑沟长满乌柏树，故名柏坑。闽南语"柏"与"琼"同音，写作琼坑。原为马巷农场试验场所在地。花丛在琼坑东南面一点五公里。琼坑、花丛李氏原居住于南安县九都彭溪下游水口——彭口村大庭甲，世居数百年。1971 年因建山美水库，彭口村李氏迁至琼坑、花丛。经过几十年的繁衍，现琼坑有常住人口五百八十余，花丛有五百余人。李姓入住后，接管试验场部分果林和由周边村割让的部分土地，供耕作发展与繁衍。现占地面积为一千五百一十六亩；其中，耕地面积二百九十五亩，旱地一百九十五亩，山地一百亩，其余为生活用地和果园。

琼坑本来是潘姓居住地，清代属同安东界同禾里锄山保。明初，潘发祥长子潘丰隆从民安里十都香山湖边社（即潘林社，已废，现属茂林辖地）分衍开基柏坑社；次子潘丰际分衍开发新厝社（现顶沙溪）。

柏坑社地理优越，社背有白云飞岩，山脉连绵，数涧流水交错，流经社西，青山绿水，山坳良田错落；东有三魁山天然屏障，乌营坑水在社前流淌。柏坑社三面环山西南面开阔，土地肥沃，漳泉古道从社前经过，交通便捷。潘姓居于此处，农商俱兴，经济活跃，生活富裕。正因如此，四路盗贼虎视眈眈、蠢蠢欲动，长年窜宅洗劫，搞得潘姓无法安居乐业。清嘉庆九年(1804)，潘姓合族迁居新厝社，投靠潘发祥二房潘丰际后裔定居。从此，柏坑社虽土地肥沃，但渺无人烟，一片荒凉。

若干年后，邻社“六林”人见潘姓放弃柏坑这片房屋和土地。莲塘、横路林姓陆续有几户人家到此开垦，中午不需返回莲塘、横路，直接进入柏坑社煮饭、午休，非常便利。于是，相约定居于柏坑社。经过几代发展，成为一个小社里，富足的生活又很快引来窃贼，搞得这些人家不得安宁。林建业父亲到南安仙宫祈梦卜居，梦境一片凄凉，唯村后榕树边数株李树长得旺盛。回家卜梦，大家认为山底空白，没有根基，欲移居又难舍柏坑家产和田地，几日踟躇不决。一日当午，窃贼将拴在村边的一头耕牛偷牵上山，被林孔明父亲发现，他追到村后站在岩石上大喊捉贼，不料盗贼回头一枪正中其胸口，一命呜呼。解放前，林建业等几户迁回莲塘居住；林孔明等几户落户于店头；许友也携妻带儿回后垵。后来他们只能半耕半荒，仍舍不得柏坑的良田。

花丛自然村地处琼坑村东南面。原为巷东农场一果园场。花丛李氏原居住于南安县九都彭溪下游水口——彭口村大庭甲，世居数百年。1971 年因建山美水库，彭口村李氏迁至附近的山脚下建村安置。此境内果树林立，花丛遍野，后雅化为村名花丛。经过几十年的繁衍，现常住人口有五百余。

后田村

后田村位于内厝镇东南四公里。辖后田、墩后、蔗下三个自然村，人口总数七百余人。后田村所辖地原为农场。前身为“晋江专区旱作物试验站”，建于1956年，属晋江专区农科所。1958年，同安划归厦门，试验站移交同安，改建为同安县马巷农场，属卫星公社管辖。1959年，改为旱作站，属马巷公社。1961年，旱作站和新垵、琼坑、锄山合称马巷农场，属马巷区。1964年，新垵、琼坑、锄山析出，改为巷东农场，属巷东公社。1984年改称为后田农场，属内厝乡。翔安区成立后，改后田村，属内厝镇。原农场员工来自新店、马巷、内厝等镇，后多迁回原籍，本村具有人口较少、土地广阔平坦的特点，发源于鸿渐山、三魁山的溪流流经村西，其中有旱地四百亩、水田四百二十五亩。山林地一千零五十九亩，其中果林有两百多亩。

后田自然村地处许厝自然村北面零点五公里，村民早年从许厝迁入，周围是水田，取村名为后田。多许姓，有二百三十余人，其他姓氏为原农场职工。许厝萧山派分衍后田许姓，后田许姓又分衍马巷路边许。

墩后自然村地处后田自然村东面，村南面山岗之后，故名墩后，又名墩下。原属山峰大队，1958年划归巷东农场。多黄姓，有人口二百三十余。墩后黄姓由黄厝紫云派分衍。另有部分原农场职工。

蔗下自然村地处后田自然村东面一公里。东北与鸿山村林下自然村相邻，地势平坦，土地肥沃。蔗下自然村与墩后自然村毗邻，1977年为修建蔗下水库，把锄山下的蔗下、土坑，移民到巷东农场的墩后附近，组建女英排于此，仍以原蔗下为村名。多刘、黄、陈姓，有八十余人。

狮头山林场原为巷东公社在狮头山北坡建场，称巷东林场。1984 年巷东公社更名为内厝乡，林场亦以所在地山名作场名，以造林为主，兼育林苗、花苗。体制改革后，已由个人承包经营，无常住人口。

新圩镇

新圩镇位于厦门市翔安区北部，北接南安市，东邻大帽山农场，西邻同安区五显镇，南与同安区洪塘镇和本区马巷镇、内厝镇接壤，总面积七十七点零三平方公里，其中山地面积四十九平方公里，属半山区。《同安县志》："距县东北三十里有獬豸、象运二山，昂头跋足，宛似獬豸蹲踞，西顾县治有虎视之势，亦名虎山。象运山与禅居山对峙，每有云气生二山之上，虽旱必雨，与南安分界。"镇区距翔安区驻地新店镇十五公里，与厦门岛直线距离二十五公里。镇政府驻新圩村，辖新圩社区、东寮社区两个社区和十五个村委会，新圩村、古宅村、后亭村、后埔村、金柄村、凤路村、村尾村、乌山村、云头村、面前埔村、上宅村、诗板村、桂林村、庄垵村、马塘村，共有七十二个自然村，一百七十五个村民小组，人口总数三万六千一百四十一(2010 年 11 月 1 日零时)。清至民国前期，属长兴里和同禾里。1943 年为长兴乡、公安乡。1950 年属第四、六区。1956 年为新凤乡，属汀溪区。1958 年合新凤、牧茶、诗林三乡为新圩乡。1959 年属布塘公社。1960 年属汀溪公社。1964 年改为新圩公社。1984 年公社改为乡。1988 年改为新圩镇。

新圩镇是翔安区内陆乡镇，东北环山，镇辖区地带土地平缓肥沃，居民相对稳定。闽、粤称集市为"圩"，从新圩镇名可以知道，它是一个新的集市。这个集市从何时兴起，宋以前已不可知。明洪武二十年(1387),明太祖因沿海倭寇猖獗,厉行海禁,裁撤澎湖巡检司,尽迁沿海岛民于内地,金门、大小嶝的岛民就迁往同安东界沿海以内。至成化六年(1470)才准归籍复业。明洪武年间,同安全县男女六万三千五百六十五,如果同安东界分得当中的一半,人口总数也只在三万人左右。

清康熙元年(1662)迁界,更为惨烈,以小盈铺至沈井铺官道为界线,官道以南的民众全部迁往新圩、同安五显、汀溪、莲花一带。沿官道挖沟筑墙,分兵把守,不许百姓越界。康熙五十一年(1712),颁谕摊丁入亩,以后滋生人口,永不加赋。是年查口,同邑丁口共一万三千二百六十。假如同安东界这时候的人口还有七千人,居住于新圩的人口就比洪武时少得多。因为,除了沿海岛民之外,连官道以南沿海纵深二十五里的民众都要"奉旨迁界"。似乎人口要有所增加,但战乱导致民众大量伤亡。新圩用它肥沃的土地供养同安东半县的民众。《马巷厅志》:"乾隆四十年,金门十保民户男妇大小丁口共六万零六百二十三丁口。同安县册报民屯户共一十万一千六百三十丁口。乾隆四十一年新编共增民屯户成丁男妇一千八百二十七丁口。"

明清的几次迁界,迁往新圩的岛民或依附于原有的村落,或就山麓开垦新的居住地。人口突然增加,人们日常生活必需品有剩余,有欠缺,平时百姓之间互通有无,就需要一个中心点进行交易。同安东界集市由马巷向新圩一带转移,雷打石山附近的龙山集市因靠近马巷区域而逐渐衰落。新圩就是在这样的情况下,继龙山集市之后新兴而成为集市。据传,蒋、石、许姓首先在此开店,清代在此设新圩汛,设把总分守，兵四十一名。民国时期设公安区，后为公安乡，驻地均在此。黄姓、蔡姓小聚落周围的耕地也改变用途，开辟店面。村民亦农亦商，每逢“一、四、七”日为圩期，进行仔猪及牛羊等交易。原有商业圈分顶市、下市。顶市也叫蔡市，居民以蔡姓为主，蔡姓由乌山迁入；下市亦称黄市，多黄姓居民；诗坂陈姓也不甘落后，他们把住马巷通往新圩的要道两侧，新建店面，开辟新市。二十世纪六十年代，新建商店于新圩村西南，八十年代，新圩商业街已具一定规模，人口大幅增加，日常商品需求量大，开始不限日为圩期。1988 年新圩建镇后，新霞路已建成。

新圩是古同安比较早开发的圩镇，它的形成仅次于马巷古镇。新圩虽然较早开发成集市，建国之前却长期匪盗横行。自康乾盛世，马巷古镇重新崛起，新圩发展得并不好。改革开放以来，素被“有女不嫁马塘”恶名的马塘村的经济却迅速崛起，带动了新圩镇一带的发展。

境内有宋代古宅十八弯古道、诗坂六角井、马池、明代台坝、元代砖塔、清代古宅石塔等文物古迹。

新圩社区

新圩社区位于新圩镇区中部，镇政府驻地，原以主街“龙新”命名居委会。有十六个居民小组，七百八十余人。1990 年 2 月 14 日，经同安县人民政府批准，从新圩村委会析置龙新居委会，居民主要从事商贸活动。2005 年 7 月，为新圩镇新圩社区。

东寮社区

东寮社区位于新圩镇政府驻地东南两公里，是村改居社区，辖东寮、蒋尾、铺内、岩后、院西、井上、下洋、树兜八个自然村、十六个居民小组，有三千八百余人。居委会驻东寮（东陵），以驻地村名为名，有耕地二千四百三十四亩。清属同禾里施王保。1943 年属公安乡东陵保。1950 年析为东陵乡，属第六区。1956 年属诗林乡。1959 年为东陵大队，属布塘公社。1960 年属汀溪公社。1961 年属新圩公社。1984 年改称东寮村委会，属新圩乡。1988 年属新圩镇。2006 年 12 月，为新圩镇东寮社区。

东寮自然村地处诗坂村南面，西北面有丘陵坡地，背靠东陵山，略成小盆地，故名东陵，俗称东寮。东寮陈姓于明朝中叶，诗坂开基始祖陈元达之子陈太奇之孙六世陈崇鼎到东寮开基定居，灯号“云岭”。多陈姓，有一千七百余人口。为清光绪二十三年(1897)，文举人陈苞故里。

蒋尾自然村地处东寮自然村东北面五百米，诗坂村东南面，岩山西麓。原为蒋姓居住，村南有蒋厝（清朝年间已废村），因位在蒋厝之后，故名蒋尾，也称钟美。多陈姓，有二百三十余人口。

铺内自然村地处东寮自然村东北面一点五公里，诗坂村东面，位于岩山与后行山之间的山谷。村前原有榨蔗制糖作坊，方言叫糖廍[①]。村子在糖铺后靠山处，故名廍内，今更名为铺内。村后原有一徐姓墓葬，墓碑上“望云”二字为朱熹手书。多陈姓，有五百余人口。

---

① 糖廍(tn̆g pō)：榨蔗制糖作坊。

岩后自然村地处东寮自然村东面三公里，岩山东面，金排寨东北，村西南有岩后水库。因建于岩山之后，故名岩后。多陈姓，有一百一十余人口。

院西自然村地处东寮自然村西北面，新霞南路东侧。村东原有座佛院，建居之时，因其地在佛院西面，故名院西。多陈姓，有三百八十余人口。明代中叶，诗坂陈姓长房后裔徙居于此，现分四柱，中厝、楼仔合二柱；向东为一柱；东村由原东村社迁居，仍以原东村名为支派名称。

井上自然村地处院西自然村东北面，明代陈姓从诗坂迁此建居，北、东、南三面丘陵坡地环绕，农业用水靠开塘挖井，在井上方，故名井上，多陈姓，有六百余人口。

下洋自然村地处井上自然村北面，原是村外耕作地名。清初陈姓从诗坂迁此定居，仍以下洋为村名。汀溪主干渠流经村东，村北原有五口大池塘，二十世纪六十年代填作农田。多陈姓，有一百二十余人。

树兜自然村地处井上自然村西北，下洋自然村西南面。诗坂陈姓先徙居后店，清代中期又迁居于此，当时村落周边树林茂密，故名树兜，多陈姓，有一百左右人口。

东寮社区八个自然村分布在马巷到新圩的新霞南路两侧。

新圩村

新圩行政村为新圩镇政府驻地，是新圩镇政治、经济、文化、商贸、信息中心，下辖新圩、后行、洋尾、林尾、面前、埔尾下、何宅、后溪八个自然村十九个村民小组，有四千六百五十余人口。村委会驻新圩，以驻地村名为名。清属同禾里新圩保。1943 年属公安乡新圩保。1950 年为新圩乡，属第六区。1958 年属汀溪区新凤乡。1959 年析置新圩大队，属布塘公社。1964 年为新圩大队，属新圩公社。1984 年改称新圩村委会，属新圩乡。1988 年属新圩镇。

新圩自然村地处同安县城通往南安大盈的古道旁。有八个村民小组，多黄、蔡姓，有二千二百余人。乌山蔡姓开辟蔡氏聚落顶市，多蔡姓；黄姓也在顶市南面开辟下市，多黄姓。新圩的特殊地理位置，成为多姓氏杂居村落。蒋均保及其裔孙播衍新圩；新圩陈氏由陈坂分衍；郑氏为碧溪衍派分衍。

后行自然村地处新圩自然村东面一公里，槟榔山（今后行山）西麓。一条谷地将村落隔成东南、西北两部分，中间是谷地、水田，周围均是坡地。村民出入，人来客往必须绕后面的坡地行走，村名故称"后行"。有四个村民小组，多朱姓，有九百五十余人。明初，朱熹后裔朱国安从泉州西街五塔巷迁徙新圩开基都山社，因遭流寇洗劫，其长子避迁新圩后街居住，为"后行宗支"，灯号"紫阳"。

洋尾自然村地处新圩自然村北面五十米，方言习惯把低陷平坦的田园称为"洋"。1927 年乌山蔡姓村民为耕作方便徙居于此，取"在洋的末尾"之意，命名洋尾。蔡氏在此定居，有蒋均保后裔。洋尾人口合在新圩村计算。

林尾自然村地处新圩自然村西南五百米。1952 年以前属郭山乡。村边是台地，树林茂密，村子建于树林边的末端，故名林尾。村东原有五口池塘以资灌溉，后填作农田。多黄姓，有四百三十余人。林尾黄氏开基始祖黄惠。金柄二十八世黄振恩生三子，长友谅，次金元，三景善。黄金元居厦门海沧东孚鼎尾，生二子，长黄智，次黄惠。三十世黄惠迁居林尾，建祖祠。其兄黄智迁居新圩东市。陈姓由陈坂陈氏分衍。

面前自然村地处新圩自然村西南七百米，林尾对面。村民从林尾移住，故名面前。人口合在林尾计算，多黄姓。

埔尾下自然村地处新圩自然村西五百米，与新圩自然村隔溪相望，在林尾埔的斜坡末端，故名埔尾下。1950 年以前属公安乡郭山保，1952 年属新圩乡。多黄姓，人口三百左右。

何宅自然村地处新圩自然村西北面，原何姓居住村落，故名何宅。地处坡地，多旱地。多黄姓，有五百二十余人。黄姓由晋江东石檗谷村分衍；陈姓由陈坂陈氏分衍；庄姓为庄仙福后裔。

后溪自然村地处新圩自然村西北一公里，因村落位于发源于白云山溪流拐弯处西岸的后坡地上，故名后溪。后溪多沈姓，有五百二十余人。后溪沈氏开基祖沈昭育，是金井沈勇三子沈佛沛后裔。明朝中叶，观音山三房沈汝明派下沈天禄后裔十五世沈昭育，举族从南安官桥寿溪后溪仔迁居新圩附近，取村名后溪。后溪与草埔宫沈氏灯号相同，都是"吴兴"。

后行茶场是二十世纪六十年代末，新圩大队在后行自然村东北山坡创办的茶场。以种茶为主，兼营山林。体制改革后，由村民承包，现在无常住人口。

古宅村

古宅村位于新圩镇政府驻地北六点五公里，辖古宅、涵头、宫仔边、宫央、后地、下铺、大路、芹内八个自然村，十五个村民小组，有三千五百余人口。村委会驻古宅，以驻地名为名。清属长兴里古宅保。1943 年属长兴乡古宅保。1950 年为古宅乡，属第四区。1956 年并入牧茶乡，属汀溪区，1959 年析置古宅大队，属布塘公社，1961 年属新圩公社。1984 年改称古宅村委会，属新圩乡。1988 年属新圩镇。境内有宋代修造的十八弯古道及民国时期华侨捐建的龙涎桥，解放后修建的古宅水库。

古宅十八弯位于古宅村后壁山。据收藏于同安博物馆的修路碑文记载，该路为甘露寺妙谦和尚化缘修建，始建于宋景定元年(1260)，路面以不规则的石块铺成，宽约八十公分，石面光滑，从山麓沿山坡到山巅“云中雁”，蜿蜒曲折顺坡势构成十八个回头弯，故名“十八弯”。古宅十八弯是古代同安经五显、古宅、罗田通往泉州府的捷径，商贾学子，络绎于途。通常，他们在古宅村客栈留宿，养足精神，隔天爬山赶路。久而久之，古宅村店铺林立，文风大盛。为清雍正年间，行伍云南副将林可赞；乾隆年间，文举人黄景云；清道光二十六年(1846)丙午科解元黄维岳故里。

古宅自然村地处翔安区最北端。村落顺山势而建，约形成于宋代以前，三面环山，两溪环抱，一派田园风光，是传统的农耕村落。宗祠面对峰峦起伏的面前山，进村右侧为峻峭秀美的凤钟山。多黄姓，有一千四百余人口。金柄紫云派黄尾生生七子，七房黄瑶童迁居古宅繁衍。据紫云《黄氏族谱》记载，“古宅”原名“辜宅”，明朝黄氏进驻这里，已居住着辜姓族人，故名辜宅，后谐音衍化为古宅。

涵头自然村背靠大尖山，地处古宅西南偏西两公里。

村东南原有座葛坝，涵洞位于村边，故名涵头。清属锡园保，1950年前先属五山保，后属古宅保。有四百七十余人，多黄姓。

宫仔边自然村地处古宅自然村西面一点五公里，东北隔一百米与涵头并列。古代同安东北部通泉州大路从村口经过，村东面有小宫庙，祀清水祖师，故名宫仔边。多黄姓，人口与涵头合计。

芹内自然村地处古宅自然村西南一公里。芹内黄姓村民原是古宅黄姓分衍，先自古宅迁居灌口等地，后又回来在此建居。为纪念绕一圈再回当地，故取名芸来，写作茵内，简作芹内。多黄姓，有四百人左右。后地自然村地处古宅自然村东北一公里。后地自然村地处观音山下，坡度较陡，只能旱作，方言叫“地”。清代建村居住，靠山的称后地，坡度缓的称前地。现前地已和古宅连接一起，南、北均为坑沟，聚落顺山坡呈长条状。多黄姓，有三百五十余人。

宫央自然村地处古宅自然村西面一公里，涵头东北侧。宫央村东隔溪通古宅处有宫庙，故名宫边，以方言称宫央，外村人则称之为古宅宫。多黄姓，人口合在古宅计算。古代同安通泉州大路经此。

大路自然村地处古宅自然村北面一点五公里，古宅水库南面。清光绪年间，下铺黄希筑远渡南洋，二十年无音信，以后突然寄信汇款给其父，并接一弟去南洋。民国初，黄希筑寄钱下铺建造房屋，因地点处在通往南安市九溪、凤巢的大路旁，故名。村东西各有溪流在村西南汇合，为同安东溪源头。多黄姓，有一百七十余人。

下铺自然村地处古宅自然村与大路自然村之间的田垄

上，原为榨蔗制糖作坊，方言叫作糖廍。分顶廍和下廍，顶廍在大帽山农场。清代中叶，古宅村民在下廍建居，仍名下廍。“廍”为地方俗字，更为下铺，多黄姓，有七百人左右。

七房场在古宅水库东面山谷中。山地原为古宅所有，古宅黄姓为金柄尾生派下七房后裔，故名七房场。二十世纪六十年代，古宅大队在此建立专业场，有专人在此管理。体制改革后，实行承包，现无常住人口。

前茶寮在古宅村后十八弯南山麓，据《同安县志》记载，前茶寮与后茶寮，为原同安县最早的产茶地，是清末民国初期古宅人开办的，盖有房屋以供采茶季节茶农临时居住。公社化时，归古宅大队管理。体制改革后，实行承包，现无常住人口。

后亭村

后亭村位于新圩镇政府驻地东北四点五公里，辖后亭、溪口两个自然村。有六个村民小组，一千四百四十余人。村委会驻地后亭，以驻地村名为名。清属长兴里锡园保。1943 年属长兴乡五山保。1950 年属第四区后埔乡。1956 年属汀溪区牧茶乡。1958 年属布塘公社后埔大队。1984 年属后埔村委会。1987 年析出为后亭村委会，属新圩镇。

后亭自然村位于塔尾山东南麓，西与同安五显镇竹山交界，东临后埔，是翔安北部行政村之一。古同安通泉州古道旁有两座石亭，村在其后，故名后亭。清代分后烧、洪厝、宋厝、圳仔下四个小村落，民国初已融合成一个村落。多黄、宋姓，有一千一百余人。后亭黄氏由金柄尾生四房分衍，黄姓未入住时已有宋姓居住，洪姓不知迁居于何处，只遗下后烧、洪厝两个角落。宋氏据传由浙江浦江迁入莆田，南宋末，又分居同安翔风里十二都浦尾社（现马巷窗东周围）。明末清初，宋氏因避乱举族迁入内厝锄山和新圩宋厝社定居。

溪口自然村地处后亭行政村南侧，村落建于溪流自东而西急折向南流的转折处，故名溪口。溪口 1984 年属后埔村委会。1987 年析出，属后亭村委会。多黄姓，一百三十余人。

后埔村

后埔村位于新圩镇政府驻地东北四公里，辖后埔、西洋、田中央、下寮四个自然村，十四个村民小组，三千五百余人。村委会驻后埔，以驻地村名为名。清属长兴里锡园保。1943 年属长兴乡美后保。1950 年为后埔乡，属第四区。1956 年与金埔乡、古宅乡合并为牧茶乡，属汀溪区。1958 年与新风、诗林合并为新圩乡。1959 年析置后埔大队，属布塘公社，1960 年属汀溪公社，1961 年属新圩公社。1984 年改为后埔村委会，属新圩乡。1988 年属新圩镇。

后埔自然村在大埔山西南山下，村后有小山岗叫锡头山，西坡下有村叫锡头，村后为荒草埔，因名后埔，现已与锡头联为一村，仍以后埔为名。村落沿山坡呈半圆形。后埔黄姓为金柄尾生派下三房、五房，金柄黄氏三十一世三房小宗，迁此居住。多黄姓，有二千四百五十余人口。

西洋自然村地处后埔自然村西面，地势略平，西北两面是溪谷。汀溪主渠道沿村东经过，民国十四年（1925）后埔村民在西面地名西洋建房居住，取村名西洋。有七十人左右，多黄姓。

田中央自然村周边为农田。黄姓族群在后埔自然村南部一公里的平野上建村，故名田中央，有五百多人。多黄姓，为金柄六房分衍。有部分王姓。

下寮自然村地处后埔自然村南面一点五公里。清初翔风里十四都后仓保汪厝社汪沼十四世孙到此养鸭，搭寮居住衍为村落，取名下寮。有两个村民小组，三百八十余人。多汪姓。

后湖在后埔村东北的坑谷里，房子建于两条坑谷汇合处的坡地上。后湖是自然地理实体的俗名，60年代，后埔大队在此建立耕山队，种果、栽树、养猪，兼种粮油作物，现无常住人口。

大埔茶场地处石狮水库之北，场地内建有几座房屋，二十世纪六十年代，后埔大队在大埔山东一公里的山坳里建立茶场，以山名为场名，以栽种茶叶为主。体制改革后，改为承包，现无人居住。

金柄村

金柄村位于新圩镇政府驻地东北四点五公里，辖金柄、李厝辽、尾林、方田、钟厝五个自然村。有十四个村民小组，有二千五百余人口。村委会驻金柄，以驻地村名为名。清属长兴里金柄保。1943年属长兴乡金寮保。1950年为金埔乡，属第四区。1956年属牧茶乡。1959年为金柄大队，属布塘公社。1960年属汀溪公社。1961年属新圩公社。1984年改称金柄村委会，属新圩乡。1988年属新圩镇。

金柄村有一棵一千二百多年的古樟树，相传为金柄黄氏开基祖黄纶亲手种植。古樟高十八米，树冠直径二十一米，胸围十米，虽然树头内部早已中空，但依旧参天而立，枝繁叶茂，生机勃勃，有活文物的美称，是翔安最古老最大的古树之一。

金柄炎帝殿乃黄姓先人兴建于北宋乾亨三年(981)，殿中供奉黄氏族人世世代代奉祀的挡境佛炎帝神农氏。庙址原在金柄溪畔，明隆庆三年(1569)遭洪水冲毁，万历九年(1581)迁建于今址，由名儒黄文炤写就《重兴介谷殿碑记》并立碑，历代屡有修葺。“文革”中，因炎帝殿久负盛名，也曾遭沦为废墟之危，但乡民想方设法，将宫庙改为生产队仓库，躲过一劫。改革开放后，由于年代久远，旧庙倾颓，乡民信众慨然捐资重修。

金柄自然村包含李厝辽，有一千八百余人口。泉州黄崖生守恭、守信，由乌石山黄家巷迁居泉州城隍庙口。黄守恭既富，迁居桐城西郊，即今开元寺址。守恭生四子，舍其宅为寺。唐垂拱二年(686)，四子黄肇纶迁居同安金柄。分居时因有紫云盖顶，故另立灯号“紫云”。据传黄肇纶进入同安，初至曾林，认为既不近山又不靠海，不合心意，策驴再行，至乌山仍不合意，继至金柄，仍觉有所不足，但驴止不前，乃定居。以屋后有一山脊，笔直而上赤似金，故曰金柄。其周围多坑谷，俗称坑柄。明初，黄肇纶后代十三公，金柄重兴祖黄聚生四子——文生、武生、阳生、尾生。尾生生七子——庆童、爱童、清童、远童、六童、细童、瑶童。黄氏衍播于新圩金柄、古宅、后埔、后亭、林尾，内厝镇黄厝等地。现金柄村尾林、李厝辽、方田、钟厝黄姓都是黄肇纶裔孙。

尾林自然村地处金柄自然村西面一百米，尾林自然村村东有一处墓葬地，传说有一死者家贫，以两个竹篮合拢装尸，送葬到此天已黑，又遇暴雨，暂为搁置。翌日前往埋葬，竹篮与尸体已被白蚁巢穴掩埋覆盖，称为米篮墓。后在墓西建村，称为米篮，雅称米林，俗称尾林。其开基祖为金柄黄氏三十一世六房小宗。多黄姓。村口有神农庙，自唐代始祀。

方田自然村北距金柄自然村一公里，原为坡地，远离溪涧，生长芒草，名谓芒田。开垦的耕地也常缺水，作物枯萎而成荒地，故称荒田。黄姓居于此，雅化成"方田"。多黄姓。

钟厝自然村地处金柄自然村南面零点五公里处，据传最先由钟姓居住，故名钟厝，后他姓居住，以闽南语谐音也写成"增厝"。多黄姓。

金柄村境内的溪园内地处镇政府驻地北十公里的丛山里，南临溪涧。六十年代金柄大队在此开山造林，种植杉树，建房屋，住管理人员，取名溪园内耕山大队。体制改革后，改承包，无常住人口。

凤路村

凤路村位于新圩镇政府驻地东北一点五公里，辖黄岗、路坂尾、御宅、马池、曾溪五个自然村。有十八个村民小组，土地总面积九千六百零二亩，有人口四千三百余人。村委会驻凤岗（黄岗）。以凤岗、路坂尾两个自然村各取首字为村委会名。清属同禾里卢坂尾保。1943 年属公安乡御路保。1950 年为凤路乡，属第六区。1959 年为凤路大队，属布塘公社。1961 年属新圩公社。1984 年改称凤路村委会，属新圩乡。1988 年属新圩镇。

黄岗自然村建于黄土岗上，故名黄岗，俗称黄光，雅称凤岗。辖顶厝、埔央、下乡、四房四个角落。多蔡姓，有一千八百三十余人口。乌山蔡氏五世蔡存复，字拱善，于明代开发凤岗社，灯号“济阳”

路坂尾自然村地处黄岗自然村东北二百米。原村北为沼泽地，长年生长大片芦苇，村子建于丛芦之末，故名芦坂尾。又以首居者为卢姓，写作卢坂尾。后为叶姓居住，逐渐谐音写作路坂尾。总人口一千二百五十余人，多叶姓。同安佛岭叶春卿五子十世以实，分居卢坂尾。佛岭十世叶回宗，字文昭，同安南阳佛岭郡马叶益之四代孙，卢坂尾一世开基始祖。叶回宗生于明洪武十九年(1386)，于明永乐六年(1408)携眷卜居卢坂美为师。叶回宗出身贡元，乃叶润长子，娶妣郭氏，同安铺前前街人；林氏，卢坂美人，共生十一郎。五子叶巨椎，字尚忠，八子叶巨梗，字尚节，共同发展卢坂美。叶巨椎裔孙六世叶景宝，因寄居母家莲花镇梅山西洋，逢瘟疫，一家八口人只有十三岁的叶景宝回路坂尾。叶思辑分衍路坂尾顶头砖仔壁内，顶五柱。叶思敬与叶景宝三子叶凤举分衍下头。叶思德分衍村公路上。路坂尾四世叶元盘分衍土官垅乡。路坂尾五世叶宗德分衍窑仔乡，后移居同安五显镇西洋八社。路坂尾七世叶联藻分衍厚壁；路坂尾七世叶联荣分衍田厝。为清嘉庆五年(1800)文举人叶金樟，清嘉庆十二年(1807)武举人叶廷衡故里。

御宅自然村地处黄岗自然村东面一点五公里，地处东北角的大帽山山麓。传宋帝昺逃至同安驻跸于此，故名御宅，方言谐音称为“牛宅”。村中有池塘，产鱼，内脏无泥腥。有七百余人，多陈姓。陈有运于明朝由诗坂迁御宅开基，灯号“云岭”。

马池自然村地处御宅自然村南面，大帽山西麓。据传宋帝昺逃至同安，驻跸御宅，在此喂养马匹，故名。七十年代陆续拆掉房屋，陈姓村民迁往御宅，只剩一房屋，一老人看守，基本废村。

曾溪自然村地处大帽山南麓，东距曾溪水库大坝约七百米，背靠大帽山，村前溪涧纵横，是同安东溪源头之一。村北与御宅相毗邻。宋代此地为曾姓聚落地，有曾溪、顶曾、下曾尾等村。民国初期已无顶曾、下曾。据传首居曾溪的叫曾半朝，以村前有溪流，冠以姓氏，称为曾溪。宋代遭流寇洗劫，曾姓他迁，后何姓、张姓住过。现黄姓居住，为金柄尾生六房后裔，有三百余人，灯号"紫云"。

村尾村

村尾村位于新圩镇政府驻地东南三点五公里，辖村内、村尾两个自然村。有三个村民小组，三百七十余人。村委会驻村尾村，以驻地村名为名。清属同禾里宅吴保。1943年属公安乡御路保。1950年为风路乡，属第六区。1956年属新风乡。1959年属风路大队。1964年从风路析出为村尾大队。1984年改称村尾村委会，属新圩乡。1988年属新圩镇。

村尾自然村是新圩镇最东面的自然村，也是最小的行政村。村落地处大帽山南隅，曾溪水库东岸，群山环绕，依山傍水，风景秀丽。据传宋代陈长者于村东南建仓储谷，村子在粮仓末尾，故名仓尾，以谐音写作村尾。曾是千人以上村庄，因血吸虫病横行，加上生态破坏，以致田园荒芜，故又名"误田园"，写作吴田园。多刘姓，有二百四十余人。刘平于明洪武年间从金门奎髻山分迁洪塘镇郭山村刘厝社，后又迁新圩镇村尾村内社(古称误田园)。他们以“奎山”为分堂号，也称“芝山”。

村内自然村地处曾溪水库东岸山坳里，与村尾自然村仅隔一条小坑沟。据传陈长者在此建仓储谷，故名仓内，谐音写作村内。与村尾合称村尾内，以前都是血吸虫病重疫区。多杨姓，有一百三十余人。杨德政后裔杨添寿，由集美后溪迁居同安东界翔风里杨江社，后裔又分居村内村。

乌山村

乌山村位于新圩镇政府驻地东北一公里，辖乌山、宫仔尾、前山、上宫、下曾尾、松管院、田边七个自然村，有十八个村民小组，有人口三千五百余人。村委会驻乌山，以驻地村名为名。清属同禾里宅吴保。1943 年属公安乡帽山保。1950 年为帽山乡，属第六区。1959 年为帽山大队，属布塘公社。1961 年属新圩公社。1984 年改称乌山村委会，属新圩乡。1988 年属新圩镇。为康熙四十五年(1706)进士、同安教谕蔡骥良；咸丰年间武举人蔡荣邦、蔡安邦；同治年间武举人蔡振兴、蔡从飞故里。

乌山自然村地处新圩东北一公里，以前系乌姓所居，故名乌山，现为蔡姓聚落，一千四百余人。乌山蔡氏开基始祖蔡文仲，字鹤岛，系晋江市东石镇后湖社原三房蔡德原八世孙，于元末徙居乌山社，灯号“济阳”，至今已繁衍二十六世。乌山蔡氏也称为“帽山蔡”，其后裔逐渐向周围村落发展。九世蔡瑞徵迁台湾，十一世蔡卿畅、蔡日炤住台湾。十二世乌番之孙蔡正住澎湖。

宫仔尾自然村地处乌山自然村东北，距乌山百米，原村子南面建有小宫庙，村落称宫仔尾。多蔡姓，由乌山徙居，有两百余人。

上宫自然村地处乌山自然村东面一公里。乌山蔡迁分衍，包括九柱、中站、刘厝三个不相连的小村落，有人口八百七十余。上宫中站十五世蔡文香，字思芳，早故。其妻刘氏带四子迁台湾居住。

前山在乌山东面一点五公里，曾溪水库西北面。明初，金柄黄聚四子尾生之六子细童之子分支前山，为前山始祖，灯号“紫云”。多黄、蔡姓，有六百三十余人口。

下曾尾自然村地处乌山自然村东面一点五公里，前山南面。村南小溪流至新圩与发源于白云山的溪流汇合流入东溪。宋代，大帽山南麓为曾姓聚居地，以曾姓命名的有曾溪、顶曾、下曾，村落在下曾南面，故名下曾尾，多蔡姓，有一百四十余人。

松管院自然村地处乌山西面八百米，乌山蔡氏分衍。村西隔公路为新圩中学。明代，村西有佛寺祀观音佛祖，名静隐院。后以方言衍成净管院，又讹为松管院，村以寺名。传明代赠奉直大夫陈甫吉卜穸寺后，乃废此佛院。多蔡姓，有七百三十余人。

田边自然村地处乌山自然村与松管院自然村之间，原有顶、下两个田边。下田边村民于解放前陆续移居乌山、松管院，至 1950 年已成废村。顶田边现仅存一座房子，屋主也移居乌山。

城内专业场在新圩镇驻地东两公里小山岗上。二十世纪六十年代，帽山大队建立的专业场，以原来的小土地名城内作为专业队名称。城内不远处山坳里有水井，井浅水清，用水勺可舀。体制改革后，由村民承包，现无常住人口。

云头村

云头村位于新圩镇政府驻地北面一点五公里，辖云头、曾坝洋、同光、温溪四个自然村。有八个村民小组，人口总数一千五百六十余。村委会驻云头，以驻地村名为名。清属同禾里宅吴保。1943 年属公安乡云东保。1950 年为祥云乡，属第六区。1959 年为云头大队，属布塘公社。1961 年为云头大队，属汀溪区新圩公社。1984 年改称云头村委会，属新圩乡。1988 年属新圩镇。为清嘉庆十五年(1810)武举人陈国兴和清同治九年(1870)武举人陈河成故里。

云头自然村有曾溪流经村后，古代僧人筑坝拦水，以资灌溉，名僧坝，坝方言称“堰”，故村名“堰头”，清末民初，雅称为云头。原为贺姓所居。多陈姓，有一千二五十余人。云头陈姓始祖陈长兴，号观福，明洪武年间，自封侯亭宅内份到云头、温溪肇基。

温溪自然村地处云头自然村东北五百米。僧坝洋村前原有溪流，拦溪蓄水，坝岸兼作道路，村子名堰溪，亦作蕴溪，后简作温溪。陈姓村民由云头迁居，有一百八十余人。

曾坝洋自然村地处云头自然村西北一百米。原为一片较为平坦的田园，靠云头村后的僧坝引水灌溉，名僧坝洋，后成村落，讹为曾坝洋。原为蔡、陈两姓居住，后蔡姓移居东寺庄，现为陈姓居住，有一百余人。

同光自然村地处云头自然村西北，是云头陈姓分衍的村落。传说迁居时，刚好是清代同治、光绪两个年号更替之际，故名同光。陈姓由云头分支，有六十余人。

面前埔村

面前埔村位于新圩镇政府驻地西北一点五公里，辖面前埔、深溪、东寺庄三个自然村。有四个村民小组，一千二百三十余人。村委会驻面前埔，以驻地村名为名。清属同禾里山岬保。1943年属公安乡云东保。1950年为祥云乡，属第六区。1959年为面前埔大队，属布塘公社。1961年为面前埔大队，属汀溪区新圩公社。1984年改称面前埔村委会，属新圩乡。1988年属新圩镇。

面前埔自然村地处新圩镇西北一点五公里。郭山十一世郭昭顺迁居面前埔，为开基始祖。郭仁齐元末避乱，迁到同安长兴里安岭山下梨山保(五显镇梨仔林)，二房分居新圩镇面前埔村，灯号“松莲”。多郭姓，有人口四百余。原郭姓居住于与面前埔仅一溪之隔的虎堀林。据传明万历年间，浙江兵备道、湖广按察使王道显卜葬虎堀林村后，逼令郭姓移村，村民圆仙梦得“面前那埔宜住”，迁徙溪流对岸建村，故取名面前埔。聚落原为南北两列，1956年，南部村落遭大水冲毁多座房屋，乃迁至较高处，今已连成一片。

东寺庄自然村地处面前埔自然村东北面二百米，位于面前埔与云头之间，西北面隔溪为五显镇东塘。村民多蔡姓，清代从上宫迁入，灯号“青阳”，有五百五十余人。

深溪自然村地处面前埔西北三百米。同安东溪源头溪流至此，由西南方向，绕个弧形，转西北流向，水量大，溪流缓，溪床深，故名深溪。多叶姓，有三百二十余人，由佛岭叶氏九世春卿五子以实后裔分居。

上宅村

上宅村位于新圩镇政府驻地西两公里，辖上宅、后田洋两个自然村，六个村民小组，有一千六百多人口。村委会驻上宅，以驻地村名为名。清属同禾里山岬保。1943 年属公安乡祥云保。1950 年为祥云乡，属第六区。1959 年为上宅大队，属布塘公社。1961 年为上宅大队，属汀溪区新圩公社。1984 年改称上宅村委会，属新圩乡。1988 年属新圩镇。有耕地七百亩。

上宅村自然村地处新圩镇西面两公里，与同安区五显镇交界。明代叶姓自同安岭下迁此得名，雅称祥宅，多叶姓，有一千五百余人。村南有地名“葫芦山”，叶姓祠堂建于山下。同安佛岭叶姓始祖叶洙，名关，河南光州固始县人，为唐朝散郎，后升学士。十世以实(春卿五子)后裔分居长兴里上宅社。上宅开基始祖叶贡元，字文献，是佛岭十二世叶鹤第七子，灯号“郡马府”。明万历年间，五世析居后田洋；五世望春支系析居深溪、竹坝。明嘉靖至隆庆年间，四世子哲支系徙居南安泗溪屈汗畲。明万历十九年(1591)，六世泰纯徙居广东惠州海丰大圹乡，后次子朝桂又由惠州海丰移居大安筊杯口。清雍正五年(1678)，十世渡台，析居嘉义斗六。乾隆初，十二世春日渡台居桃园县新尾乡。

后田洋自然村地处上宅自然村西北一点五公里，东溪西岸。叶、李二姓共居，李姓角落现称杜厝李，后田洋则专指叶姓居住角落，有一百余人。现后田洋属新圩镇，杜厝李属五显镇。

诗坂村

诗坂村位于新圩镇政府驻地东南一公里，辖诗坂、下埕、新市三个自然村。有十二个村民小组，三千左右人口。村委会驻诗坂，以驻地村名为名。清属同禾里施王保。1943年属公安乡诗坂保（诗东、诗西两保）。1950年为诗坂乡，属第六区。1956年属汀溪区诗林乡。1959年为诗坂大队，属布塘公社。1961年为诗坂大队，属汀溪区新圩公社。1984年改称诗坂村委会，属新圩乡。1988年属新圩镇。有耕地二千二百二十五亩。为乾隆十五年（1750），文举人陈琅玕；道光二十三年（1843），武举人陈邦经故里。

诗坂自然村地处新圩镇东南面一公里，东寮自然村北面一公里。原为施姓居住，林姓住施坂前石，房屋建于平坦地段，且施姓人数较多，故名施坂。元末明初，陈坂陈姓迁此，繁衍为一姓村落，民国初改称诗坂。原有耕地和水塘将村子隔成东西两片，现已连成一片，房屋密集交错，形成蛛网式小巷，故有“诗坂巷”之称。多陈姓，有二千七百二十余人。明洪武年间，民安里十都蓬莱保陈坂社陈元达次子陈太奇开基施坂，尊陈元达为一世祖，自立灯号“云岭”。陈太奇后裔在施坂迅速繁衍成大族，后裔分衍东寮、院西、东村、廊内、御宅、井上、蒋尾、下埕、下洋、新市、岩后、颜厝、溪墘、六角井、高厝、都山边、下埔市、鹧鸪石，同安馆内、溪边、后炉、东山、上桥等地。陈元达长子太良分居新店白头、后坑、浦边、大嶝溪墘、小嶝、晋江等地；三子太江分衍永春、台湾等地；四子太源分衍厦门马銮、陈井。

下埕自然村地处诗坂自然村东北角近山岗处，原诗坂陈姓取较平坦处建晒谷埕，埕上建村，故名下埕。多陈姓，有二百二十余人。

新市自然村地处新圩南面，诗坂西北五百米处，与原下埔市（解放后废市，现为沙石粉厂）相连。1949 年，陈、蔡两姓在新圩市场因赌博发生斗殴，甚至举族械斗。诗坂陈姓乃在原下埔市西的道路两旁新建房子，开设店铺，取名新市，人口合诗坂计算。现为厦门市诗坂中学校区。

桂林村

桂林村位于新圩镇政府驻地南四点五公里，与马巷镇、内厝镇交界，辖桂林、草埔宫、七里、后寮、园下、前边自然村。有六个村民小组，二千六百多人。村委会驻桂林。历史上桂林土壤贫瘠，明清时迁界造成人多地少，俗称“鬼林”，雅化为桂林，以驻地村名为名。桂林清属同禾里七里保。1943 年属民石乡桂林保。1950 年为桂林乡，属第六区。1956 年属诗林乡。1959 年为布塘公社桂林大队。1961 年为新圩公社桂林大队。1984 年改称桂林村委会，属新圩乡。1988 年属新圩镇。

桂林自然村地处“沙溪七里口，无风沙自走”之处，风沙干旱，连松树也不易长大。近村人到此扒取落叶，在林边挂柴篮子。桂林与七里之间有发源于岩山、白云飞山的小溪。草埔宫四世长房沈钟云迁徙桂林肇基，多沈姓，有三百二十余人。

草埔宫自然村地处桂林自然村北面三百米。唐天祐年间，沈君荣率子沈勇（沈勇，官辅国大将军，后封武德侯）入闽居泉州府同安县金井乡（今马巷沈井），二世沈勇率第三子佛沛入漳州府诏安县，沈井沈姓的住宅因战乱被烧毁，而迁居东面草埔，后于村边建庙，称草埔宫，村以宫为名。多沈姓，有四百八十余人。草埔宫为同安沈姓祖居地。沈姓除分衍附近村落外，还分衍翔安境内新圩松兜、芸头、后溪。

前边自然村地处草埔宫自然村东北面，与东寮村交界。由草埔宫六世二房绍芳徙居，多沈姓，有一四十余人。

园下自然村地处桂林自然村东北三百米，因田园在村口坡下，故名园下。草埔宫沈姓五世长房（又称日房）钟霞迁居于此。多沈姓，有三百八十余人。

后寮自然村地处桂林自然村东北山脚下，草埔宫沈氏六世绍荣到此开垦荒地，搭盖草寮作栖身之处，草寮分前寮、后寮。后寮演化成村落，辖宅头、中乡、田厝三个角落。多沈姓，有五百余人。

七里自然村地处桂林自然村东面五百米处，出米岩西面山脚下。古代泉州府通往同安县城的官道，从小盈铺经店头铺，到此七里，故名。七里是明清时禁海迁界，沿海居民迁往新圩内地的中转站，依山建村，土地贫瘠，前有小溪。七里自然村到园下靠山一侧，到处是残砖碎瓦，是移民迁徙的遗迹。多林、谢、陈、蔡、徐、康、黄姓，现七里只剩下林、陈、谢三姓。多林、谢姓，有八百二十余人。林姓为闽林三十一世林实次子二房四世林刚中从马巷城场分居，灯号“凤山”。后七里林姓又分居莲塘东岗和新店前浯。蔡氏由乌山分衍，单户生六子，后改林姓。七里林姓现有四百五十余人。谢姓开基谢帆，先居住于县城内朝元观附近，后战乱逃难到洪塘塘边附近沟仔墘，因不适合居住，谢帆带三子及林姓一人迁居七里，灯号“宝树”。谢姓繁衍三房柱，至今九世，两百余年，有人口二百二十余。黄姓居住于七里东南面，角落名黄厝埔，最后剩下黄金锭一家迁居于鸿山村林下。康姓不知从何而来，后改姓谢。陈姓为官山衍派，由后溪迁此居住，有四十余人。

辽仔顶在白云山西南麓的凹地，原是白云飞山西南麓一小地名，二十世纪六十年代桂林大队在此建专业场，种茶叶、白菊等，无常住人口。

庄垵村

庄垵村位于新圩镇政府驻地南四点五公里，辖庄垵、何垄、西许、姑井、松兜五个自然村。有十五个村民小组，二千三百余人。村委会驻庄垵，以驻地村名为名。清属同禾里辜井、沈井保。1943 年属民石乡沈井保。1950 年为曾林乡，属第六区。1955 年属桂林乡。1959 年为桂林大队，属布塘公社，1961 年析出为庄垵大队，属新圩公社。1984 年改称庄垵村委会，属新圩乡。1988 年属新圩镇。为明崇祯年间，文举人庄鼎台故里。

庄垵自然村西与洪塘镇苏店村接壤，西南与马巷镇沈井社区交界。庄垵为冠姓地名，宋代庄姓建居于鞍形地带，命名为庄垵。多庄姓，有四百七十余人。庄姓入闽始祖庄森，字文盛，随其舅王潮、王审知兄弟入闽。七世仙福，字允畴，谥勤励，分居同安，开基鼎美、西溪两个祥露。庄垵、何垄、西许、何宅都有庄姓。

何垄自然村地处庄垵自然村西北六百米，原有何龙宫，祀保生大帝，村故以宫名。后以方言称今名。多庄姓，有二百四十余人。

西许自然村地处庄垵自然村东北六百米。据传明末清初，在雷打石山东面有个龙山市集，许姓从马巷后许迁入，建居于龙山市集之西，故名西许。西许原本村落小，人丁不众。二十世纪六十年代，庄垵大队在西许创办知青场，安插下乡知青。西许仅剩四户，三十左右人口，被迁居于庄垵、姑井。1981 年，有两户许姓又迁回原祖居地西许居住。

姑井自然村地处庄垵自然村西面，与同安洪塘镇苏店接壤。原为辜姓始居地，村民凿一大井，大旱不涸，并以冠姓井名为地名，后谐音为姑井。村西原有三座元代砖塔，现仅存两座，一座较完好。姑井多陈姓，有八百八十余人。陈姓有两个支派，一由开基祖唐进士、福建观察使陈道举卜居义井乡分衍；一派是唐南院太子太傅陈邕十五世孙，明朝陈义（名恕）的后裔，由厦门县后“银青”陈氏迁入，分三支派，各立三山为堂号，姑井“凤山”、沈井“龙山”、马塘“鹤山”有“同宗异支”之亲。陈姓由陈道举繁衍的后裔远多于陈义的后裔。

松兜自然村地处庄垵自然村南面六百米，与马巷镇沈井社区芸头自然村交界。松兜多沈姓，沈氏四世长房钟云分居，有七百二十余人。

马塘村

马塘村位于新圩镇政府驻地西二点五公里，辖马塘自然村。有一个村民小组，二百八十余人，常住人口两千多人。村委会驻马塘村，以驻地村名为名。清属同禾里郭山后保。1943 年属同禾乡布塘保。1950 年属第四区布塘乡。1957 年后属新圩大队。1993 年 3 月从新圩村析出为马塘村委会。

马塘自然村位于郭山北麓，村落地处山坳之中，西与同安洪塘镇、五显镇交界，北临上宅，东面是新圩镇区。全村共有二百七十二亩旱地，五百九十亩山地。村南、北、东三面小山环抱，西面为谷地，有马姓挖掘的池塘，故名马塘。现为陈姓居住。

唐南院太子太傅陈邕十五世孙、南宋银青光禄大夫陈义（名恕）的后裔，明代由厦门县后"银青"陈氏迁入同安东界，各立三山为堂号。马巷沈井与新圩姑井、马塘共承一派，分为三支，沈井为"龙山"，姑井为"凤山"，马塘为"鹤山"，灯号"银青"。

过去的马塘村，交通闭塞，土地贫瘠，用村民的话来形容是"灯不明、路难行、水奇缺"，人称"瘦马塘"。1980 年，全村人均收入不足一百七十元。由于村民贫穷，大部分青年到了结婚年龄成不了家，邻里流传俗谚"有钱不借马塘人，有女不嫁马塘郎"。由陈清水、陈清渊同志作为村两委的"领头雁"，率领仅有的三名党员发挥"敢为人先"的精神，投资创办罐头厂，带领广大群众闯出"以工强农、多业经营"的经济发展新路子。紧接着，马塘人还先后与澳洲外商、港、台商合资兴办厦门兴茂矿泉饮料有限公司、厦门吉源企业有限公司、厦门吉富实业有限公司、厦门银鹭食品有限公司，并于 2000 年组建创立厦门银鹭集团。一个现代化的银鹭高科技园区在马塘村拔地而起，小山村成为远近闻名的工业园。

大帽山农场

大帽山农场位于翔安区北部，距翔安区政府所在地二十三公里，同安城区十九公里。《马巷厅志》："东大帽山距厅治十里，广袤十余里，形若大帽。上有距石如阶九级，下有岩，天成石室，镌石佛其中，又有龙潭。"

大帽山农场占地面积二十二点四平方公里，辖有四个作业区，罗田、寨仔尾、上部、后炉、山后桥、中心、尾厝、下厝、加塘、山边、宫仔尾、红茂岭、刘厝、内官、村门、古坑十六个自然村，人口总数二千二百三十四人。由1943年属长兴乡古宅保的寨仔尾、罗田、上部、后炉和埔顶保的山后桥、埔仔、红毛岭、山边、村门、内官、刘厝、古坑、加塘组成。原大帽山后寮、大箱、后头洋、宫头洋、东塘、山坑洋、巷口、石厝等村落是血吸虫病重灾区。

大帽山农场始建于二十世纪五十年代，是原国家农垦部划定的垦区，属国有农垦企业。建场初期相当于副县级建制，在六十年代国家经济困难时期，农场安置大批厦门工业、企业调整人员，在特定的历史时期，农场生产大量粮食、农产品及剑麻，为国家粮食安全和国防建设做出积极贡献。根据厦门市委市政府《关于调整部分事权和财政体制的通知》，大帽山农场于2003年12月，下放翔安区管理。市委市政府实施大帽山农场移民造福工程，分两批对八个分散的自然村两千余人进行移民安置。2007年，大帽山古坑、后炉、上部、内官、村门五个自然村为第一批移民，共安置二百一十八户，一千人。2013年11月，罗田、寨仔尾是翔安第二批大帽山移民自然村。大帽山农场有林地二万三千亩（其中省级生态公益林一万三千六百零三亩，果地六千亩）、耕地二千四百亩；场内有两个十万立方米以上小二型水库，小型水库十四个，总库容量一百四十万立方米。辖区内有唐代古刹甘露寺、哪吒三太子宫及三角梅园区（已完成种植四百二十亩）。

罗田自然村地处大帽山农场最北部，大帽山农场西北五公里，观音山西北面，大峡谷谷口，北与南安东田乡凤巢村交界，传为罗姓始居住地。山脉起伏有致，上游十公里深山峡谷，沿溪两侧是亚热带雨林。罗田溪、寨仔尾溪自西北向东南注入溪美水库，流入南安境内。罗田自然村多黄姓，有三百二十余人口，金柄七房古宅瑶童后裔徙居。

寨仔尾自然村地处大帽山农场场部北面两公里，在虎头山东南，从古宅登十八弯，可到虎头山。村落建于寨仔山向北逐渐递降的山坡上，取寨仔山末尾之意，故名。寨仔尾多黄姓，有三百三十余人，由居于古宅的金柄七房瑶童后裔徙居。

后炉自然村地处场部驻地北三公里，多郑姓，有二百六十余人。大寮灵宫在后炉自然村，灵宫坐北朝南，如神虎坐山，绿树掩映，云雾缭绕，庙前有“龟蛇把水口”胜迹。有村落建于宫庙周围，以大寮为村名，多陈姓，有三十余人，由云头分衍。清顺治至康熙年间，清王朝为报复抗清复明的郑成功，累次出兵清剿石井乡。郑氏十三世郑成避居大帽山后炉，生二子，长子留居后炉社，堂号“荥阳”。后厝由路山头郑氏三房分衍徙居，堂号“荥阳”。大帽山农场建场时，先于后炉村北一块草埔地为场部，二十世纪七十年代，场部迁驻埔顶，此地称后炉埔，有郑姓七十余人。

后厝自然村地处场部东北二点七公里，后炉村民迁居村南谷地，房子建在原住房背后，故名后厝，多郑姓，有三十余人。

上部自然村地处场部东北三公里，寨仔尾东面，位于柏峰岭西南坡，与南安官桥镇九溪村接壤。原为榨蔗制糖场所，与古宅村下廍区分，此为上廍，后写作上部。多洪姓，有二百六十余人。洪姓始祖洪厚，由晋江英林村迁居杜田，其次子洪元宁于清初徙居大帽山上部。

大帽山十六个自然村有八个自然村集中在埔顶周围。沿大帽山路进入大帽山，第一个自然村是山后桥。由后山桥向东，转东南就到大帽山农场驻地埔顶。从东北宫仔尾往东北，往东南依次分布着红毛岭、山边、埔顶、东岭、加塘。刘厝在农场场部最东面。从东岭往东南方向，依次内官、村门，最远的自然村就是古坑。明代金柄二房黄进卿至埔顶社繁衍，为埔顶开基始祖。进卿生四子，长房居山边，次房居红毛岭，三房居尾厝、下厝、山后桥、山仔头、加塘、内官，四房居向东、向西、宫仔尾。原居住于大帽山的黄姓族人有四千多人。

埔顶大乡为现大帽山农场驻地。村落周围山峦环绕，房屋聚建于一略平的低山上，名埔顶。多黄姓，有九百余人。

山后桥自然村地处埔顶大乡西面五百米，村建于山坳里，村西有坑沟深涧，架一座石桥以通新圩，故名山后桥。聚落呈弧形，多黄姓，有四百七十余人。

山边自然村地处埔顶大乡东南五百米，房子建在靠坑沟的山坡上，故称山边，多黄姓，有四百六十余人。

宫仔尾自然村地处埔顶大乡东两百米，西接埔顶大乡。村旁有一座水尾宫，故村名宫仔尾。有一百七十余人，多黄姓。

红毛岭自然村地处埔顶大乡东五百米，原为洪姓始居地，名洪墓岭，后衍为红毛岭。多黄、洪姓，有一百三十余人。

加塘自然村地处埔顶大乡南一公里，村落处于一小盆地，底处积水成池塘，蒹葭丛生，名葭塘，写作茄塘，今同音简化为加塘。清代为茄塘保，是有上千人口的村落。后因天灾人祸，特别是血吸虫肆虐，村民或死亡，或外迁，逐渐成为废村。加塘林木茂密，坑沟纵横交错，地形复杂，是革命老根据地基点村，曾为中共地下武工队驻地。现村落由对面大帽山北坡的居民于1954年在废墟上重建。多黄姓，有七十余人。

刘厝自然村地处埔顶大乡东两公里，有一不宽的谷地将村落分隔成南北两部分。据传原居民从厦门文灶迁居于马巷，再迁南安县，后至此定居，故村名留厝，写作刘厝；另传原为刘姓始居住地，冠姓地名。多黄姓，有三百四十余人。

内官自然村地处埔顶大乡东南二点六公里，村落在峰峦之中，芦蒹叶长，菅叶锋利，故村名为内菅，衍化为内官。多黄姓，一百三十余人。

村门自然村地处埔顶大乡东南二点二公里，为埔顶通往南安的山口处，村落建于一山岗上，东西为群峦，面对通往南安县的谷口，似门户，故名村门。多黄姓，一百六十余人。

古坑自然村地处埔顶大乡东南三公里，村北零点五公里是石壁水库，村建于坑谷底，名孤坑，写作古坑。有一百六十人，多黄姓。

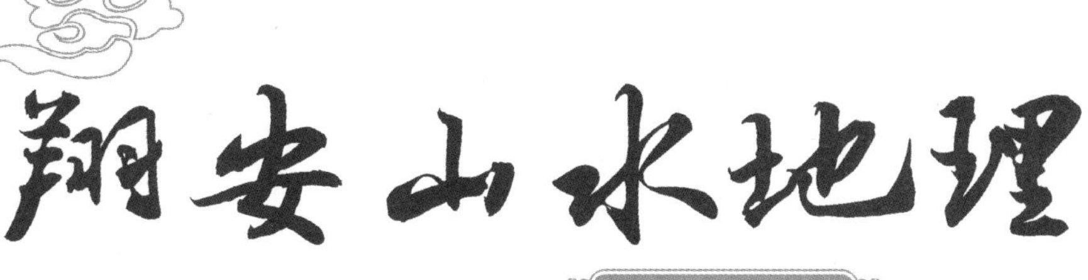
翔安山水地理
翔安

翔安区东北环山，西南环海，辖区内并无多少名山。北面自东西尖向东南延伸，有观音山、大帽山、妙高山、白云飞山、三魁山，至小盈岭，往东南是耸秀的鸿渐山。另一条山脉自香山、蜂巢山至鹊鸟髻山，把翔安区分成南北两部分。其他山丘均小，分散于马巷镇、新店镇一带。翔安辖区内主要溪流为九溪，溪流源头主要分布在内厝镇、新圩镇的山坳里，泉水涓细，常年不时断流；另一溪流发源于新圩镇东部山脉，是同安东溪的源头。

山丘

翔安区东北山脉延绵，自古居住于此的各姓氏族人都有自己的山界。以下是人们叫惯的主要山峰名称。至于贯穿于主峰之间的小山峦、主峰向平原逐层递降的山坡，各姓氏族人会依其形状，各有习惯叫法。一般称为寨仔山、象山、龟山、狮山，前面已涉及的部分，本节就不再细细赘述。

虎头山

虎头山位于新圩镇政府驻地北部七点五公里，西北坡陡峭险峻，以状如虎头，故名虎头山。面积约一点五平方公里，海拔三百五十六点二米，呈东北—西南走向。为燕山期花岗岩，陡峭部显露风化岩石。南坡辟有茶园，建有茶寮，是古代同安最早种茶点之一。

观音山

观音山位于新圩镇政府驻地东北七公里，因西部陡峭状若观音坐像而得名。面积约二点五平方公里，海拔四百零三点五米，呈东北—西南走向。基岩以燕山期花岗岩为主。观音山南麓有座唐代始建，明末清初僧无疑修葺的甘露禅寺。

加张尖山

加张尖山位于新圩镇政府驻地北部八点五公里，东麓有大帽山农场罗田自然村。因山上长有一种方言叫作加椗的树木，故名加椗尖，后衍为加张尖山。面积约三平方公里，海拔五百九十一米，呈东南—西北走向。由燕山期花岗岩构成。1970 年，新圩公社在北坡至隔溪的溪园建林场。

大埔山

大埔山位于新圩镇政府驻地东北部。山下自南而西环列金柄、尾林、后埔三个自然村。山顶有一片平地，故名大埔山。面积约二平方公里，海拔三百米，由燕山期花岗岩构成，黄土壤。山顶有棵百年相思树，村民外出，以此指认故乡方向。东北部有金柄、后埔的茶园。

高仓头山

高仓头山位于新圩镇政府驻地北十点五公里，东南为牛岭山，西南为西格山，三山成鼎足，与他山相比最高，故名高仓头山。面积约一点五平方公里，海拔九百四十六点一米。此山虽为翔安之最高峰，但与翔安没有关系，人迹罕至，也非翔安所独有。基岩为燕山期花岗岩。

大帽山

大帽山位于新圩镇政府驻地东北五公里，曾溪水库北侧。因原同安县西南部也有大帽山，也称作东大帽山。《马巷厅志》云“东大帽山距厅治十里，广袤十余里，形若大帽”，故名。面积一点六平方公里，海拔五百六十四点九米，呈东北—西南走向。由燕山期花岗岩构成。峰顶略平，北麓为大帽山农场。

白云飞山

白云飞山位于新圩镇政府驻地东南五点三公里，内厝镇政府驻地北六公里，曾溪水库南侧，西与金排寨相连，在新圩镇、内厝镇境内。因山巅常有白云环绕，故名白云山，俗称白云飞。面积约三平方公里，海拔四百六十五点八米，呈东北—西南走向。由燕山期花岗岩构成。

金排寨山

金排寨山位于新圩镇政府驻地东南三点五公里，东与白云飞山相连。山上有金排寨遗址，据传为北宋杨文广征闽十八洞之一，山以寨名。面积两平方公里，海拔二百九十五点四米，呈东西走向。由燕山期花岗岩构成。新圩镇桂林村在此山有茶园。

蜂腰山

蜂腰山位于新圩镇政府驻地东五点五公里，是翔安区和南安市的界山，在新圩镇、内厝镇境内。山体中部凹下，状若蜂腰，故名。面积一平方公里，海拔四百点二米。由燕山期花岗岩构成。

妙高山

妙高山位于内厝镇锄山村东北部，东与南安市交界。

山上建有佛国寺、妙高庵，故名妙高山。海拔五百一十五米，呈东北—西南走向。大部分为侏罗系岩体，小部分为燕山期花岗岩构成。

出米岩山

出米岩山位于内厝镇驻地北四公里，白云飞山南麓，北与白云飞山相连。据传南宋末年，宋帝昺南逃时曾驻跸此山，半山腰有圣泉，有巨岩出米以赡军士，故名。巨岩石前建有三宝殿、米岩古庙，祀奉保生大帝。

乌营寨山

乌营寨山位于内厝镇政府驻地东北五点二公里，西麓山脚坑沟高地是内厝镇琼坑村。面积约五平方公里，海拔四百九十三点四米，呈西北—东南走向。从西往东观望，主峰由三座山峰构成，中峰高耸，左右两峰稍低，故也叫三魁山。山上东、西部有两处古寨遗址，据传为北宋杨文广征闽南十八洞之一，故称乌营寨。由燕山期花岗岩构成。乌营寨山东麓原有广化寺，毁于北宋年间。

小盈岭

小盈岭位于内厝镇政府驻地东六公里，是翔安区与南安市的分界。位于小盈自然村东南，山以村命名。面积约一平方公里，海拔一百六十五点五米，南北走向，西坡平缓，由燕山期花岗岩构成。岭上有同民安关隘，“同民安”三字系朱熹手书。清顺治八年(1651)郑成功于此大败清军。

鸿渐山

鸿渐山位于内厝镇政府驻地东六公里，与南安市交界。“山峰耸拔高骞，如鸿之渐于逵”，故名鸿渐山。又因山上遍生黄菊异花，又名黄菊山。面积约十六平方公里，主峰海拔五百一十六米，一般山峦海拔三百米左右，呈西北—东南走向，东陡南缓。由燕山期花岗岩构成。山顶时常有云雾，古时农民、渔民常根据云雾变化预测天气变化。

洪山

洪山位于内厝镇许厝村东面北一公里，因赤色土层，故名红山，方言谐音为洪山。面积二点五平方公里，海拔九十九米。东西走向，东南坡较陡，余均平缓。由燕山期花岗岩和变质岩构成。西麓建有红山烈士陵园。

狮头山

狮头山位于内厝镇黄厝村东部。其形如狮，故名。面积四点五公里，海拔二百一十四点七米，呈西北、东南走向，东北、西南两坡平缓，东南、西北稍陡。由燕山期花岗岩构成。内厝镇在此建立林场。

鹊鸟髻山

鹊鸟髻山位于新店镇与内厝镇交界的东南部，沙美社区北面，黄厝村东烧尾自然村西南面。以“其形如鹊之跂”，故名。面积约两平方公里，海拔二百三十米，呈东北—西南走向。由燕山期花岗岩构成。

蜂窠山

蜂窠山位于鹊鸟髻山与香山之间，在新店镇和内厝镇交界处。面积约两平方公里，海拔二百一十米，呈西北—东南走向，东、西坡陡峭，南、北坡较平缓，俗称香山湖。由燕山期花岗岩构成。

香山

香山位于内厝镇许厝村南面，新店镇大宅社区后宅村东北面，陈坂村的背面。旧名荒山，因“山巅有石，状如香炉，晨夕云烟袅绕”于明代改名香山。面积约三平方公里，海拔一百一十六米。呈东西走向，南缓北陡。由燕山期花岗岩构成。山上多奇石，有香山古寺，祀奉清水祖师。寺后有南宋朱熹手写的“真隐处”古迹。

东山

东山位于内厝镇莲前村南部，新店镇大宅社区北面。在乍画山之东，故名东山。崚嶒苍蔚，上有石鸡、石猿，与香山之土鼓相对。面积约一平方公里，海拔九十六点九米，呈南北走向，由燕山期花岗岩构成。

横山

横山位于新店镇东园社区和茂林社区之间，呈南北走向，由象山一直延伸到海边，山峦起伏，故名横山，面积约一平方公里，海拔四十六点七米。由燕山期花岗岩构成。

后山岩

位于新店镇祥吴社区东面，后山自然村东南，山上有庙，名清水岩，祀奉清水祖师，也叫后山岩。面积零点五平方公里，海拔六十七点四米，南麓有后山岩烈士公墓。

市头山

市头山位于马巷镇市头社区境内，以市头自然村村名为山名。面积零点三平方公里，海拔六十二点五米，黄褐色土壤。

马头山

马头山位于市头社区南面，形似马头，故名。面积零点七五平方公里，海拔七十四点四米，呈西北—东南走向。黄壤土，低缓处有梯田。

印斗山

印斗山位于马巷镇黎安社区林柄自然村西南面，“山形延袤，顶如印斗，有巨石仙人迹，居人常于此祈雨”，故名印斗山。面积零点五平方公里，海拔四十七点八米。红壤土。因新区开发建设，已被铲平作为商品房建设用地。

熊山

熊山位于马巷镇官山社区西北部，南宋帝昺过此，也称御山。面积零点二五平方公里，海拔四十四点四米。

庵埔山

庵埔山位于马巷镇同美社区山头自然村西，因古时在山坡草埔上建有奉祀普庵佛祖的宫庙，故名庵埔山。面积零点五平方公里，海拔三十七点五米，多红壤土。

崎头山

崎头山位于马巷镇西面海滨，西部隔海与同安区西柯镇何厝成犄角，西南隔海与丙洲相望。由庵埔山向西延伸，至海边又突起一座小丘，其形如乌龟抬头，与蛇形的丙洲有“龟蛇把海口”之称。此山处于海岸崎岖处，故名崎头山。面积约零点一平方公里，海拔二十三点一米。北部有海堤连接西炉自然村。

东陈山

东陈山位于马巷镇至琼头社区公路东南侧。原此山建有一亭，其周围村子为侯亭陈姓居住，故方言衍为东陈山。面积约零点七五平方公里，海拔二十八点六米，呈东北—西南走向。黄壤土。

牛头山

牛头山位于马巷镇琼头社区东北面，山形似牛头，故名。面积约零点二五平方公里，海拔五十米，呈东北—西南走向。红壤土。

九宝山

九宝山位于新店镇钟宅自然村北部，据传“上有竹架、棋盘、金箱、玉吊、石楼等九宝”，故名九宝山，也称九保山，后讹为狗母山。面积约二平方公里，海拔六十二点二米，呈南北走向，四面平缓。由燕山期花岗岩构成。

西岩山

西岩山位于新店镇垵山社区山头自然村东北面，山上多岩石，故名西岩山。上有普陀岩寺，祀奉清水祖师。岩右稍上有崖名唤次崖，明林希元构书舍次崖下，故人称次崖先生。面积一点五平方公里，海拔五十八点二米。呈南北走向。由燕山期花岗岩构成。

盘山

盘山位于新店镇洪前社区山前自然村西南，山体浑圆似盘，故名。面积五点五平方公里，海拔六十五点六米，呈南北走向，四周平缓。由变质岩和燕山期花岗岩构成。

东山

东山位于新店镇洪前社区南面，耸石巍峨，中有双鲤朝天石，又有石壁周围数丈涧。前后有金箱、玉印石遥相辉映。面积约一点五平方公里，海拔三十五点六米。呈南北走向，四周平缓。山麓有温泉。

五营山

五营山位于新店镇东界自然村南面。“突起一山，下多磐石，上有墩阜。前明倭寇，土人团练乡兵防御，多于此了望焉。又海氛未靖时，官军尝置营垒，故名五营，今有烽墩遗址。”面积约一点二平方公里，海拔三十三点五米，呈南北走向，临海略高，余皆平缓。由燕山期花岗岩构成。

双过山

双过山位于新店镇炉前社区双过山自然村北部，山上两峰并峙，状如双髻，故名双髻山，方言谐音为双过山，又名钟鼓山。面积约一平方公里，海拔九十七点五米，四周平缓。由燕山期花岗岩构成。

溪流

翔安区自古属丘陵地带，多山，多沙壤地，少水。溪流经常断流，农业灌溉大多围堰造坝蓄水，或挖掘陂塘、水井。随着翔安区开发建设，农业保护用地集中在新圩镇、内厝镇一带。汀溪水库已转化其职能，干渠不再作为灌溉使用。翔安区以生活服务、工业生产用水为主。九溪潦溢旱涸的现象，不再影响翔安的飞速发展，只是环境保护不容忽视了。

九溪

九溪由九条支流汇合而成，故名，也称莲溪。《马巷厅志》载："一自香山北流经蔡塘，一自茶山经黄厝至横溪，一自九都老岭经内头，一自小盈经后垵，均至岭下溪；一自覆鼎东经沙溪、官塘社后，一自覆鼎西经西塘保塘头社后，一自杏坑经店头汛赵岗社后，一自出米岩经官路下社前，均至内田溪。岭下、内田均至溪尾合流董水，过通利桥入海。以上诸溪潦溢晴涸，源无常流。"这当中只叙述翔安九溪中的八溪，尚有一条发源自白云山西南麓，经桂林、七里，至赵岗村西的小溪。九溪依地势，呈东北—西南流向。

曾溪

曾溪发源于白云飞山北麓，大帽山西南麓，泉水汇集于曾溪水库。由曾溪水库分两支流，一条流经御宅、金柄，一条流风路与乌山交界，到云头西北曾坝洋与发源于古宅的溪流汇合，呈东西流向，汇进同安东溪。

古宅溪

古宅溪发源于古宅东北山麓，泉水汇集于古宅水库。新圩镇后亭村西北的群山东麓数条溪流自西北向东南汇集于古宅溪，过面前埔村西北，呈东北—西南流向，流入同安东溪。

岛屿

翔安区大嶝街道是岛屿型社区，周围环海，自古与金门岛息息相关，民国初期至翔安新区成立时，一直隶属金门管辖。1958 年"八二三"炮战中，大嶝岛、小嶝岛、角屿被国务院、中央军委授予"英雄三岛"称号，

大嶝岛

大嶝岛位于翔安区东南海面，大嶝航道和金山港之间，是大嶝街道办事处驻地。北距大陆最近点一点三公里。从金门海面看翔安大陆，此岛犹如登陆的台阶，故名。岛屿呈梨形状，面积十一点八平方公里。岛内最高点为部队驻地寨仔山，海拔四十一点八米。地面表层为第四系残积及现代冲积物，偶有花岗岩裸露。多红壤土、盐土、沙壤土。海岸线长十七点二公里，有环岛公路。周围水深零点二至一点九米。岛上有淡水井，现在从大陆引水解决生产、生活用水。周围海域盛产海蛎、紫菜、对虾、江蓠、石斑鱼、鲍鱼。岛上建有全国唯一的厦门大嶝对台小额商品交易市场。大嶝岛东南端有"八二三"炮战旧址；蟳窟社区有大嶝革命烈士墓。

小嶝岛

小嶝岛位于大嶝岛东面三公里，金门东北水道北侧，西

北距大陆最近点二点五公里，因小于大嶝，故名小嶝。呈东西走向，长一点七公里，宽零点四八公里。面积零点八一平方公里。由花岗岩构成，岛上多红壤土。东北部较高，最高点西悦尾，海拔二十八米。海岸线长五点一三公里，最近处距金门岛仅三公里左右。小嶝地面上有原始状态的明碉暗堡、战壕以及对台广播的原址，地底下有纵横交错的坑道。海域养殖紫菜、海蛎、斑鱼。有码头两座可通大嶝、莲河。小嶝岛为宋末元初理学名士丘葵故里。

角屿

角屿位于小嶝岛东南侧，西北距大陆最近点四点五公里，多岬角，故名。呈东北、西南走向。长一点三四公里，宽零点一六公里，面积零点二平方公里，由花岗岩构成，岩石多裸露，海拔二十四点九米，岛上多红壤土。海岸线长三点三五公里，为基岩海岸，最近处距金门仅一点八公里。西部有澳，筑小码头。周围水深一至六米，东南多礁石，产石斑鱼。

鳄鱼屿

鳄鱼屿位于新店镇垵山社区西部海面两公里，东咀港东南部。鳄鱼屿形如新月，似两条鳄鱼相交横卧海面，故名。属马巷镇。东北、西南走向，长零点六一公里，宽零点二一公里，面积零点一三平方公里。花岗岩构成，表层多红壤土，海拔十六点零五米。岸线长一点七四公里，多泥沙岸，有淡水井，有耕地四十五亩。周围水深零点三至三点一米，多沙质滩涂，潮流顺时针方向旋转，原盛产文昌鱼。

翔安已废村落

翔安

人难有的记忆，掌故的传承，没有文字载体为依托，长久的生命力。翔安大地上随处有可挖掘的地下废墟，一些叫得出村落名称的，大都荒废于明清时期和解放前；那些叫不出社名的，则是自宋元以前，村落就已不存在。

本章内容夹杂一些民间传说，其中的一些禁忌前面也有所提起，有识者可权当掌故，或是传说，区别对待，不必信以为真。所谓“仁者见仁，智者见智”。

大小嶝岛废村

大小嶝岛已知的废村共有七个，这些废村，有的因倭寇大肆劫掠而废，有的因明清时迁界而废，有的因瘟疫流行而废，有因解放初期炮战时所废。因年代久远，只能选人们还叫得出名的几个村落，简要叙述如下。

一、佘砱社

佘砱社原地处小嶝前堡中段南面海边，为佘姓聚居村落。因佘姓居住于弹丸之地，加上村落条形状，犹如砱石，故名佘砱。清末，瘟疫先起于嘉禾岛，在同安地区迅速传染，波及小嶝岛，佘砱社灾民幸存者无几，孤男寡女相约背井离乡，漂洋过海，逃至广东潮州、汕头等地谋生。佘砱社于是空无一人，满目疮痍。几年后，金门后埔村许八（许姓，名八）渡海逃难避居小嶝岛，单枪匹马继承佘族的全部财产，在小嶝岛繁衍生息。但至今两百多年，居住他乡的佘姓后裔时而有人回小岛祖居地周围徘徊。

二、前吴社

前吴社是原翔风里大嶝保双沪乡西面的村落，现位于大嶝街道办前面，临海而居。废村落遗址范围相当大。据传明代倭寇从海上入村劫掠，杀人放火，村落被夷为平地。

有拼死逃入双沪村的，其他幸存者去向不明。后原前吴社人不忍再回祖居地前吴，前吴从此成为废乡。

三、湖边社

湖边社位于双沪乡附近的湖边，故名湖边，为郑姓居住地，在原翔风里大嶝保寨仔山山脚下。当年因倭寇强盗抢劫，后来与临乡产生土地纠纷，于是郑氏五户迁往台湾，湖边社剩下几户拼入双沪乡。清朝末期，村落逐渐成为废墟，仅留下地基，后双沪村在原湖边社旧址建寿堂。

四、小北门社

小北门社在原翔风里大嶝保山头社北面。由金门蔡氏迁入大嶝小北门居住。后脱离东星大队，成为北门社区中的蔡姓。小北门社名从此消失。

五、院兜社

院兜社位于原翔风里大嶝保双沪社后，下红壁社前，现大嶝电厂及军营处。因当年战争炮击，院兜社住民分散迁居双沪社、下红壁社。二十世纪五十年代初期，尚存几座古厝和宫庙。今废村旧址仅存一座圆宫，丘葵隐居嶝岛，曾为此得名“秘藏院”。留下《秘藏院》诗：“才入空门里，尘心便欲抛。土花生石缝，野蔓上林梢。栋老蜂钻穴，檐低雀结巢，僧中无贾岛，得句自推敲。”

六、下尾社

下尾社旧址位于大嶝街道水厂前面，广播站榕树边。

当年小村建筑两座厝宅，仅二三户郑姓人家。因炮战时，无防炮洞，迁入山头村居住。废村后成为军营。

七、来垄社

来垄社原旧址位于大嶝水厂前面，广播站榕树边。当年小村建筑三座厝宅，五六户郑姓人家居住。因炮战时，无防炮洞，迁入山头、土厝和红壁村居住。废村后成为军营。

新店镇已废村落

新店镇位于翔安区南部，镇辖区西南临海，是翔安区海岸线最长的镇。新店镇以前也是倭寇、海贼最猖獗肆虐的地区；新店镇有澳头、刘五店等码头，又是与外界交流最密切的区域。地处沿海既有有利因素，又有不利因素。因此，新店镇废村也最多。

一、东园社区周边已废村落

明清民国时，东园社区周边有十八个社里共同生活在湖地（盆地），他们曾共生息，共患难，共兴衰。湖地东至霄垄，西至红山，北到清内湖（盆地），南到海边。香山的涧水汇成一支溪流穿过湖地，此处山清水秀，风光旖旎，钟灵毓秀，这风水宝地曾经繁衍生息几万人。但“天有不测风云，人有旦夕祸福”，明代中期倭寇和海匪勾结，横行东南沿海，烧杀掠抢，残害百姓，东园社区北部湖地同样遭受其害，小村落乡民流离失所，背井离乡。明至清中叶，湖地曾经发生两次大瘟疫，许多社里人走房空，乡里荒芜。清初郑成功抗清战乱，如此天灾人祸，导致大部分社里荒废遗弃，唯独东园张、李两大姓氏至今仍人丁兴旺，社里繁荣。风水先生称赞说，是湖地十八社水归东园出水，所以东园源远流长，兴旺发达。

这些社里消逝已有历史，但至今令人难以忘怀，下面列出这些社里的方位、坐向和遗址以及姓氏，供人们追思怀念。

1.清内湖

清内湖是鹊鸟髻峰南面山坳的小村落，社名虽称为湖，但不是湖泊，只是山中小盆地而已。鹊鸟髻峰东南侧有一条山脉由东南向西南蜿蜒，山脉东南面是现在沙美社区。这条弧形山脉与鹊鸟髻主峰之间形成小盆地，清内湖就处于小盆地之中，西南是村落的主要出口。这个小村落不知形成于那个年代，至今地基乃在，砖头瓦片清晰可见，住何姓氏已无法考证。清内湖出口处是一条南北走向，曲折流向海里的溪流，俗称大溪。它汇集鹊鸟髻峰南麓倾入清内湖的雨水。大溪东岸由北向南，顺山势依次是湖邱社、下厝仔社、新寮社、内宅社、大路口社。

2.湖邱社

在大溪和发源于犀房社的小溪之间，还有一座小山峰，因山上有巨石仰面平坦如眠床，故山名叫石眠床。发源于鹊鸟髻山的大溪出清内湖村口，绕石眠床山东北流向东南。溪东岸的湖邱社面溪结社，背靠沙尾，顺地势坐向西南。湖邱社原住民是什么姓氏，因年代久远不详。

3.下厝仔社

下厝仔社在湖邱社下游，村落坐东向西，彭姓。民国初期，村小人少，彭姓大部分移居东北面与沙美彭姓居住在一起，部分分散迁往周边社里。临解放时，下厝仔有一彭姓大姐带小弟迁住东园，姓氏不变。

4.新寮社

新寮社也在大溪东岸，隔溪西面是埕前社。新寮社在下厝仔社南面，周围的旧瓮窑址清晰可见。在鹊鸟髻山东北麓的东烧尾也发现过唐代窑址，因此可以初步断定早在唐末，这里就有新寮社，姓氏不详。新寮社瓮窑所占地理优势胜过东烧尾，货船迎溪逆流而上，停靠新寮社码头，只要把烧制好的瓦瓮等成品搬上货船，顺大溪驶向大海，就可以往各地销售。

5.内宅社

内宅社在新寮社南面下游。村落坐东向西，王姓，明清年间，因年年战乱，王姓移居霄垄和珩厝。

6.大路顶社

大路顶社因村落建于大路北面而得名，在内宅南面，依溪而居，村落坐东北向西南。村落南面有一条古民道，古代金门、大小嶝民众登上莲河码头以及从南安过来的客人，沿古道过根岭五版桥通向马巷古镇。邵氏祖先早在元朝就到这里开基繁衍，明代倭寇横行，邵氏移居东园社区西连理，人口续传。

7.琼树社

琼树社在石眠床山南面，背山而居，村落呈东南走向长条状，林姓居住。林姓移居外地之后，土地归东园。琼树社夹于大小溪之间，但村落远离溪涧，村民在村落周围挖了无数水井，从水井的数量，分布的范围，可以证实当时琼树社范围广，人口众多。琼树社外迁原因不详。

8.埕前社

埕前社分为上、下埕前两社，村落位于琼树社南面，天然盆地，水流充沛，是宜居之地。村落坐向东南，有东西两座庚寮，原住蔡、王姓和钟姓。[①]

清末民初，钟姓有“佑、庆、文、武”四字辈续传。清朝末年，钟姓为逃避瘟疫，多数下南洋谋生。民国初期，华侨钟庆在曾回埕前维修自家的祖屋；1965 年，其家族钟文贤再次回埕前整修，钟文侯也回家乡修祖坟，树碑为记。埕前社蔡姓早就迁往茂林，延至 2009 年，埕前社被厦门大学校区征用，仅有的三户移居东园，从此，埕前社彻底消失。钟氏后裔迁徙新加坡、马来西亚繁衍的有五千余人。

钟氏族谱载：西晋“侯景之乱”时，钟会正从江苏一带入闽避乱。钟期、钟余慕于唐代来闽仕宦而留居闽省。钟氏尊钟会正为入闽始祖。宋末，钟氏一百零三世（始祖名讳已失传），迁居沿海民安里十都埕前社。历史上钟氏多属畲族，埕前社钟氏属汉族。其昭穆名行“如世声鸣起学，则柔敦厚信敏，源远乃尔毓秀，久长自是兴昌”，字行“国朝大开文运，时怀翼赞振扬，继承思存作德，传衍定克荣宗”。明万历年间，钟成任同安主簿；景泰间，钟起任同安县丞。钟鉴任泉州府儒学。

埕前由兴到衰有一段传说。洪朝选，字舜臣，又字汝尹，号芳洲，别号静庵，福建同安县翔风里十三都洪厝人，明嘉靖二十年（1514）进士。历任户部主事、郎中，吏部郎中，四川按察副使，广西右参政，山西左参政，太仆寺少卿，都察院右佥都御史、左佥都御史，刑部右侍郎、左侍郎。隆庆三

① 庚寮（gnī liáo）：解放前，因海盗、土匪横行，大族村落往往在主要位置，建枪楼守夜护贼。

年(1569),辽王案起,朝选奉命赴襄阳勘办,他不阿附权相张居正坐以"谋反"私意,严词拒绝在成案上签字,据实勘查,以"淫虐有实,谋反无据""法可正,国不可除"复命,惹怒张居正,张居正借考核机会使朝选罢官归籍。

洪朝选罢官居家,愈加坚守正直忠诚的品德,读书写作之外,诸如国计民生、朝中情弊、地方善恶,时刻关注。当时倭寇作乱,加上连年旱灾,他忧恤黎民,向地方官提出许多防患赈灾的措施。但张居正仍存报复之心,暗中唆使福建巡抚劳堪勾结同安知县金枝罗织罪名,于万历九年(1581)岁暮将洪朝选逮捕。翌年正月二十四日,朝选被害,惨死于福州狱中,是为明代一大冤案。

据传洪朝选案万历十五年(1587)获昭雪,同年十月由其长子洪兢扶柩回乡安葬。棺材运回祖居地途中,圣旨准其棺材可以横抬。从福州到同安地界,沿途逢树毁林,逢厝拆房。棺材抬到东园东北面的埕前社,停柩过夜,第二天,棺材抬不动,于是就地葬于埕前的宗祠。

9.顶溪头社 下溪头社

顶溪头社、下溪头社在埕前社南面,依地形,北面较高为"顶",南面较低为"下"。顶溪头社为陈、康两姓开基,在埕前村口湖地西侧;下溪头社不知由哪一派苏姓分衍,在湖地南侧。顶、下溪头社,两个村落相邻,不同姓族人,相处和谐,据传陈姓族人由金门下坑分衍。不知于哪个年代两个村落同时消失,迁往同安县城东面的顶溪头、下溪头。

10.西垵社

西垵社在东园社区北面的两条小溪之间,横山东麓,废村已久。村落坐西向东,姓氏不详,砖瓦片随地可见。

11.刺柏

刺柏是一个已废村落的现地名，因村落早已人去屋空，荒废的村落旧址长满杂刺，东园人为耕种方便，把这个村落旧址取名为刺柏。刺柏位于西垵社东南侧，西面两条小溪的交汇处上游，有天然形成的小山丘，因周围环水，如水中浮莲，俗称水浮莲山。村落分前后崙，姓氏不详，有望风楼（枪楼）一座，“文革”之中被毁。

12.溪南社

溪南社村落坐向朝北，隔小溪与刺柏对峙，废村已久，原居住姓氏不明。

13.林厝社

林厝社地处新店镇东园社区东北侧，废于明朝万历年间，村落坐向朝北，部分旧址已被现东园社区所侵用。

14.篮青社

篮青社在东园社区西面，村落坐西向东，背靠横山，姓氏不详。原有庚寮（枪楼）一座，农业集体化时，已废。

15.埔边下社

香山湖东南侧有一座象山，因山形如大象故名，东侧象头分两支山脉，一支山脉往东北偏东方向绵延，凸起中山和鹦哥山两座山峰；另一支山脉由象头向东南偏南方向蔓延，不时突起一座座小山丘，一直延伸到海边，尽头处有一棵大榕树。埔边下社就在榕树西面一公里处，沿海滨形成村落，原住李姓。李姓于明代迁住李厝，埔边下社成为废村。如今已经和东园合村，有三百余人，世代与东园张氏和睦相处。李氏宗祠坐南朝北，与坐北朝南的东园张氏宗祠遥相呼应。

二、茂林社区周边已废村落

茂林社区北靠香山，村南面临董水湾，村落南面据海湾围堰造塘。东面横山小丘陵山脉衍自香山与鹊鸟髻山山脉中间的蜂窠山，俗称香山湖。象山是蜂窠山南面较高的山峰，因山形如大象，故名。象山东南面象头分衍两条小山脉，一条向南延伸到海边的埔边下。另一条呈东南偏东走向，隆起中山、鹦哥山两座小丘陵。两条山脉环护如今的厦大新校区。

从茂林东面沿横山西侧修建的水泥公路，到茂林社区北面的狮山，狮山的狮头朝向东南。经狮山头东侧到象山头南侧，公路分两叉。一条经象山头，绕东南向西北，达香山寺东北；一条从象山与狮山之间向西北通向香山山门，山门前的小山丘其形如牛，故称牛山。牛山牛头朝向西面的陈坂、大宅。象尾、狮尾、牛尾在山坳汇合，交叉点以前建有土地庙，俗称“一庙坐三尾”。

这一带环境优美，景色宜人，以前这里曾经分布着三个村落。犀房社坐落在象山象头东南山麓，村落依山顺山势而建。

1.黄宅社

黄宅社在茂林村东北面，狮山东南面一百米处。横山西麓与现通往香山的水泥路之间有一座小山丘，名叫狮寨山。黄宅社依狮寨山西麓形成聚落，原为黄姓始居住地，故名黄宅。厦大翔安校区施工时，尚于此挖到成捆的质地细腻、上乘的青花瓷碗，可惜都被挖碎了，可见黄宅社在当时相当富有。黄宅社废于何时，因年代久远，已无法考证。

2.埔内社

埔内社位于象山西面象尾山平缓地带，村落顺山势形成长条状。埔内社是这一带较晚出现的村落，茂林的蔡姓族人到狮山北面一带开垦，因离茂林社路途遥远，蔡姓族人开始在牛尾山搭寮居住，以后聚居的族人越来越多，村落就形成了。村落远离祖居地，蔡姓为防土匪、盗贼，村落中建有庚寮。解放后，埔内社还有两户蔡姓，但陆续迁回茂林社。埔内社虽然还有几间房屋，但都是中午做饭、歇息，并不在此过夜。公社化时，茂林村在“三尾”交叉的山坳围堰造坝，埔内社和“一庙坐三尾”的土地公庙消失在坝底。

3.潘林社

民安里十都香山湖边社，因潘姓开基村落，又称潘林社。社在香山山门前八十米处，村口就是坐“三尾”的土地公庙。潘林社北靠香山南麓酒抱山，东有绵延的象山，西靠牛山腹部，南面是狮山北侧开阔的平缓地带。潘林社潘姓在这福地洞天的宝地中，苦心经营，亦农亦商，很快发展成富甲一方的旺族。潘姓虽然富足，但并未给族人带来多少好处，土匪如苍蝇见血般地盯住这个村落，搞得潘姓不得安宁。最可恨的是，倭寇入侵，潘姓在内外贼寇的侵凌之下，潘发祥三个儿子忍痛告别祖居地。长子潘丰隆迁居民安里八都柏坑，后又迁居顶沙溪。次子潘丰际迁居民安里九都沙溪顶，开基新厝社，后改社名顶沙溪。三子潘丰泰迁居马巷西北面印斗山东麓开基林柄社。潘林社旧址还残遗有石构件、水井等。

4.湖边前社

茂林社区北面原有一个村落叫湖边前社，因村落位于低陷的湖地附近，故名。湖边前社原住李姓，村落不知废于何时。

5.犀房社

清内湖社西面有一座小丘，名叫风炉山。从风炉山往西南顺山势，依次分布着鹦哥山、中山、横山，横山由几座突兀的小丘组成，一直向南延绵到海边的大榕树。风炉山与鹦哥山西北有一个小村落叫犀房社。从横山西侧的水泥公路可到达茂林社区东北面的象山，犀房社坐落在象山的东南山麓。村落依山势而建，坐西北朝东南，原住蔡姓。后蔡姓大部分迁居茂林社，村落只剩筒瓦、碎瓦片，大量石块在清末民初被运往沿海村落搭建“庚寮”。犀房社旁也有一条小溪，汇集蜂窠山南麓雨水流向东南；另一条小溪，由横山流向南面。两条小溪在东园乡东北处汇合，流入大溪。两条小溪之间由北向南依次是西垵社、刺柏社；发源于横山的小溪南面是溪南社，与刺柏社隔溪相望。溪南社西南面还有一个小村落叫篮青社。

三、吕塘社区周边已废村落

新店镇吕塘社区各取吕厝、塘边两个村名的第一字合称为吕塘，可惜种种原因，吕厝、塘边以及周围的几个村落已成废村。

1.吕厝社

吕厝社，又名“护榕树”社，地处吕塘西林山南麓西部，即九溪客家村溪尾的东部。清末，受瘟疫之灾，村落成为废墟。原为吕姓居住地，故名吕厝。

2.塘边社

塘边社地处香山岩南部，新莲公路吕塘段之北。东部毗邻新店镇大宅村，西部与西林自然村相邻，南临七保塘，北部靠大宅山麓。据《同安县志》载:塘边社为民安里十都李氏故里。清末受瘟疫之灾,村落成为废墟。幸存者迁居附近的中保村、林边村。

3.坑黄埔社

坑黄埔社,又名坑黄街,位于翔安区省道新莲路旁、新店镇吕塘社区的东南偏南。东与大宅社区陈坂自然村相邻,西与吕塘社区董水自然村毗邻,南与茂林社区接壤,北靠吕塘社区牛心石崎山。据传,坑黄埔的地理风水为蜂巢穴,聚居于这个村落的各姓氏族人,都好走出家门与他乡姓氏械斗。民国十七年(1928),坑黄埔四姓民众经常与附近的茂林人打得你死我伤。当时,茂林社蔡姓一族和谐,势力较强,坑黄埔的杂姓居民敌不过,只好远走高飞,四处投奔。民国二十二年(1933),废村,原住有蔡、郑、陈、谢四姓。

4.越仔内社

越仔内社地处吕塘董水狮山山麓,陈沧江假墓前一百米处。明朝万历年间,遭受瘟疫、海盗抢劫两灾而废村,幸存者逃亡过南洋,多姓氏无考。

5.新厝社

新厝社地处翔安九溪出海口东南部,董水狮山山麓北侧。西偏北部与吕塘社区林边自然村相邻,东偏南部与董水自然村毗邻,东北部靠吕塘林边自然村的松柏林山,西偏南部与九溪出海口的六坎桥相望,是依山傍水的小村落。清雍正至乾隆间,历任福建水师提督、浙江提督、广东提督的胡贵任游击时驻于此建提督衙,其家属、兵卒开基新厝社。时新厝聚居胡、王、郭、叶、罗、郑、蔡、柯、李、谢十姓的家属或后裔,发展成为一个村落。由于村落左右襟连林边与董水两个自然村，依地理环境与新组建村落为村名，故称“新厝”。

新厝港属大嶝岛北面内海湾，明清时是同安主要汛口之一，属金门镇左营管辖，派驻汛兵二十五名，乡勇若干名，配有码头、哨船。设立汛口以履行稽查洋盗、倭寇和缉捕偷渡奸民的主要职能。

清宣统末年，大宅社商人陈某有一艘装载布匹的货船，停靠在新厝港码头等待卸货，不料被邻村盗贼假冒新厝社之名前往抢劫。盗贼得逞后故意窜经新厝社里，嫁祸栽赃给新厝社。货船老板恨之入骨，派员跟踪。大宅社陈某马上报官遣兵攻打新厝社，枪刀格杀声、妇稚呼救声一片，新厝社尸骸枕藉，其中四人头被砍下丢进井里，两人被逮捕。新厝社民莫名其妙，加上杂姓不好协调，只好逃迁吕塘林边社、中保社。被捕的两名李姓，后迁居东园乡李厝埔角落插户，与李姓聚居，繁衍生息。新厝社于民国二十三年(1934)废村。1972 年，新厝社旧址被吕塘大队辟为耕山果林园。

提督衙建于狮山麓，雄踞狮山穴，背负鸿渐山。鸿渐山、香山、狮山，群峰逶迤，襟连董水湾、大嶝海、金门海，波涛滚滚，称为“前三叠海，后三重山”。提督衙就在三重山和三叠海的中轴线上，确实是山川毓秀、风光旖旎的风水宝地，这说明胡贵当年在择址颇具匠心。提督衙为三进的土木结构，是清代的建筑风格，燕尾翘脊，倒凹寿三川门宫殿式的装饰，门口还有砖仔埕，建筑面积约达四百平方米，规模宏伟。后进供游击及其家属住宿，中进大厅为办公处所，前进东西两侧厢房(东厅)为汛兵宿舍。提督衙居高临下，面临五平方公里水域的港口，俯视着来往商船。据险扼要，不容敌人窥视。提督衙随着改朝换代，形势的变化，直到

1934年尚存前落，中厅供奉一尊一米多高的胡贵坐像。遗址的墙基于“大跃进”时被拆除挪作他用。挖掘地基石时发现有多块大砛石，宽一点八尺，长一点八丈余。现村民在原址上建有奉祀胡贵的小庙一座。胡贵在任期间，加强海防建设，在社会治安方面建树良多，因此群众还在虔诚地纪念他，这正是“正则可为神”的佐证。胡贵是否住过董水汛口，史书虽未曾记载，但群众口碑及塑像建庙奉祀之事实，令人不容置疑。

提督衙左侧有明按察使蔡贵易的陵园，右侧有墓道碑“望洋阡”石坊，前是九溪汇合入海处的通济桥。该桥建于北宋，历史悠久，是新店地区东南部通往南安、泉州的民间捷径。狮山下的九溪宫，供奉朱、邢六姓府王爷，是该村的挡境佛。提督衙周边星星点点、熠熠生辉的古迹，是“福人居宝地、宝地福人居”的具体象征，是怀古和研究明清海防建设及海上贸易的古文物，值得研究和保护。

6.松仔头社

松仔头社(榕仔头)，又名“上头”，村落位于长有榕树、松林坡地上，故名松仔头。松仔头社遗址在吕塘行政村西林山南麓的东部，东接翔安新莲公路、七保塘大池塘，南临中保自然村，西八十米为尾头下自然村，背靠西林山。清代受瘟疫之灾，村落成为废墟。灾民幸存者迁居附近的尾头下村。民国十四年(1925)废村，原为鲁姓居住。

四、前浯社区周边已废村落

1.铁灶社

铁灶社位于前浯的西边，村庄的南面是彭厝社区和后墩自然村，西面是洋塘村和下庙村、马池塘村，北面是山头村和竹浦村，有条铁灶溪从西南边流过，村中住着洪、郭两姓。

南宋著名文学家洪迈，字景卢，号容斋，又号野处，洪皓第三子。绍兴十五年(1145)，洪迈中进士，授两浙转运司干办公事。因受秦桧排挤，出为福州教授。乾道二年(1166)，知吉州，后改知赣州。洪迈到任，重视教育，建学馆，造浮桥，便利人民。后又徙知建宁府。洪迈博学多识，一生著述无数，最有影响的是《容斋笔记》。《容斋随笔》受到一代伟人毛泽东的终生珍爱，毛泽东对此书真可谓爱不释手，临终时此书还摆在他案头。

洪迈第二次进福建时，爱好闽南地区的山光水色，年阜物华，四季如春，决意卜居闽南。相传吕祖曾托梦于他说“松柏开花是汝家”。一年春节，他乘封印之机，快意游览闽南各地，来到同安翔风里柏坡时，正值元宵佳节，入夜时分，但见村童手执花灯嬉戏于松柏之间，远观如松柏开花，正应吕祖所托梦示。又见柏埔四周“东宝西金明秀拱朝 南龟北鲤精华类聚”，确是风水宝地，于是为子孙卜居于柏埔。时洪迈次子洪植随任，也知道有此宝地。洪植于南宋开禧元年(1205)任南安县宰，秩满后又调任信州府知。洪植晚年带两个孩子入闽，长子洪希炀定居于柏埔。次子洪希焰定居于桃林，是为桃林开基祖，灯号“桃林”。大约于明朝后期，其后裔迁居铁灶社。

后村十六世郭景裕之子郭伟茂入赘竹浦谢家，为竹浦郭家始祖。其后裔一部分迁居铁灶社。洪、郭两姓在铁灶社和睦相处。铁灶社自古村小人少，村落建筑坐东朝西，地势东高西低。在村落西北角有一小村子——倭厝，系土匪贼窝。解放前，彭厝与后村之间的海域里盗贼横行，大村落如欧厝、彭厝、后村，可以组织族人防御盗贼。铁灶社小，无法自保，族人整天提心吊胆，生产所得只够维持日常生活所用。还遇到瘟疫流行，常常是今天有人得了瘟疫，明天出殡，后天抬棺材的人就染上了，一人传染过一人，人口骤减。为躲避盗贼，躲避瘟疫，铁灶社人不得不迁入较大的村落。铁灶社郭姓因来自竹浦，故复回旧地。洪姓如投靠洪厝堂亲，迁回洪厝，因路途遥远，照顾不了铁灶社附近的土地，所以就近迁入彭厝社，因彭厝是单一姓氏的村落，洪姓与彭姓不同姓，不能相容，只好选择前浯这个本来就是一个多姓氏村落为落脚之地。

1958 年炮击金门之前，铁灶社全村只剩下两户人家，皆为洪姓，后来都迁入前浯，这是前浯洪姓的来源。铁灶村的大部分田地归入前浯村，使得前浯的地界能西至下庙村；小部分归入竹浦村，土改时期，通过土地置换，竹浦地块也归入前浯，由于天灾人祸，房屋尽倒，经改造后都成为耕地。

有一种说法，因为村庄正对下庙村的鼓锣岩寺，得罪开闽王，招致神明发怒而废村，这当然是无稽之谈。

2.七厝社

前浯社区南部，鱼池仔南边有个地名叫七厝。据说这个小村落，只有七座闽南古厝，是施姓居住村落。也许是奇怪的村落名称，导致这个小村落的消失。虽不必取名万家村，起码叫个利来尾什么的。七座古厝不大的话，顶多住上四五十人。

清末，鼠疫流行，盗贼横生，百姓生活困苦，四处迁移，有的下南洋谋生，导致人口减少；剩下的人寡力薄，只好就近迁居前浯这个杂姓居住村落。据说前浯部分姓杨的，祖上就是七厝施姓来合家的。前浯村中有棵红柿子树，是清末民初施红所种。七厝村落形成于何时，施姓又从何而来，没有记载，无法考究。大约民国前期，七厝社废村，现在该地已被开垦为耕地，偶尔能挖到红砖片瓦。

3.倭厝社

倭厝社位于前浯社区西部，俗语"恶甲若倭咧"，形容作恶多端，就像倭寇那样凶残。明英宗正统十四年(1449)起，百余年间，倭寇累次进犯我国东南沿海。据《同安县志》记载，从嘉靖二十七年(1548)至隆庆三年(1569)二十余年间，同安的从顺里与翔安的翔风里一带罹倭患计十次，大嶝、东园、霞浯、珩厝等滨海乡社人民屡遭洗劫。在前浯西部，大墓口以南、营尾以西的铁灶溪旁，一处狭小地方，以前有个村落叫倭厝。倭厝社可能是倭寇的贼窝，也有可能是土匪的老巢。

早期铁灶溪既长又宽，且深。从前浯港可以行驶三桅帆船，直到现在的洋塘村。倭厝和劫匪打家劫舍，常常从浯海劫持商船入倭厝。此事引起官府的重视，派兵围剿。一年的农历三月初三，倭厝妇女结伴到外地进香拜佛，社里只留下那些爷们，饮酒猜拳，喝得不亦说乎。官兵一来就把倭厝围起来，不管良莠，一概剿灭。官兵凯旋，妇女们回家发现村落已毁，慌忙四处逃窜，于是，倭厝成了废村。

4.刘五店社

初看刘五店，不禁令人生疑，偌大的刘五店怎就成了废村。

在前浯的西南部，从大肚(地名)旁的彭厝路连接学生路，有条村道名叫刘五店路，说是村道，其实只是一条宽田埂。小道因南边小村庄刘五店而得名。刘五店小村落何时形成，村民从何而来，因年代久远，皆不得而知。据说明朝从广东潮州有几个石姓兄弟坐船驶入铁灶溪，船未靠岸就被倭厝的歹人劫持。石姓兄弟一人藏在心前（地名），以后在附近建立村落，一个逃到厦门岛内坂美社。可能心前的村庄就是刘五店，因为两者靠得很近；也可能村落名称本来就不叫做刘五店，而是石姓留下老五，以后在此开店。

估计小刘五店的消失，和瘟疫在前浯一带流行无关，这个村落早已被人遗忘。如果不是村民开垦荒地，挖出石墩、砖瓦等建筑部件，就没有人知道有这村落的存在。

5、吕垅社

后村社区汪厝宫东面原来有个村庄叫吕垅社。吕垅社大部分人凭借海边港口优势，大搞海上运输。他们从明代早期就从事海上贸易，且规模愈来愈大。朝廷的所谓海禁，大部分时候不过是一纸空文。当时海禁的主要目的是抗倭防倭，一旦海寇活动减少，政府也就失去禁止海运的动力。实际上，地方官员对民间海上自由贸易也是睁一眼闭一眼。成化年间，朝廷准予沿海岛民复业。吕垅人很快富了起来，虽很富有，却很吝啬。

有一位风水先生外出营生，为安全起见打扮成乞丐的模样，路过吕垅社。突然乌云密布，下起倾盆大雨，风水先生赶忙躲在大户人家前凹寿的屋檐下避雨。主人一看是个乞丐，就不好声色地把他赶走了，更别说讨一口水喝。风水先生看到吕垅人如此小气，心里恨恨不平。

第二天，他打扮成算命看风水的模样，带着道具又来到吕垅社。此时正是货船靠岸，渡口装货卸货忙得不可开交。风水先生踱到渡口，故意对吕垅社的风水大加赞赏。吕垅人听了，满心欢喜，都聚拢过来。风水先生接二连三地说，可惜，可惜！又说如果想要村运兴旺，添丁发财，需在社后北方修建一条围墙，抵挡北方的风煞。吕垅人听信风水先生的“忠告”，就在社后修建了一条围墙，结果该村从此走向衰败，最后变成无人村。

原来，这个村的风水龙脉是“蜈蚣穴”，风水先生叫他们建一条围墙，像一只公鸡的“鸡冠”，公鸡克蜈蚣，哪有不衰败的道理。话虽这样说，归根结底还是因为瘟疫泛滥，海盗横行造成的。

五、张厝社

张厝社地处新店镇彭厝村刘山东南山麓，与布厝自然村睦邻，西北八百米隔张埭海湾与西滨村毗邻，周边为国防观察哨阵地。张厝社为彭厝村彭氏长房（即长子及其后裔）后裔的聚居村，故名长厝，以后衍为张厝。清末年间，海边流寇横行霸道，小村落无依无靠，被逼背井离乡，远处逃居金门，近处逃居西滨社而废村。多为彭姓、徐姓。

六、垵山社区周边废村

垵山社区是新店镇西面的行政村，在下许社区南面一公里。垵山西北海中两公里是鳄鱼屿，西南有虎空山，东面是西岩水库，东北面五百米是西岩山。西岩山古称普陀岩，山上有普陀岩寺。《马巷厅志》：“普陀岩寺在翔风里普陀山上，山有两崖，其次崖为明林希元读书处。”山头村周围有四景，东有双狮弄球，西鳄鱼把水口，南呈半月朝江，北布七星坠地，是不可多得的旅游胜地。

1.石厝社

石厝社，又名下石社，冠姓地名。石厝社地处垵山自然村西部的海岸线旁，东临麝圃宫，西近崎河仔池，南靠麝圃埭，北与内垵村毗邻。清宣统年间，石厝社经常惨遭海盗抢劫，石厝人整天提心吊胆，劳动所得无法保证家人的基本生活。石姓族人纷纷背井离乡下南洋；一部分不愿远离故乡的幸存者迁居垵山村内垵社和南边社。

2.下店社

下店社地处垵山自然村西部，村落地势呈半岛形，周边石筑海岸线，东、西、南三面临海，南侧突出部有一座石拱桥，北侧毗邻垵山村山头自然村。明清时期，居民开设染布行、榨油厂，以此为业。因地处海边，海上交通便利，一部分林姓从事经商活动。清末，下店社频遭海盗抢劫，林姓族人时染鼠疫，只好放弃故居，迁住于山头、内垵等社。

3.庵边社

庵边社地处垵山社区中部，东临山头村，西邻下石社，南至麝圃宫，北与南边社接壤。村落形成于明朝中叶，废村后居民去向不明，多康、黄、吴姓。

4.岩前社

岩前社地处垵山自然村东部普陀岩山麓，故称岩前社。村落东至宋洋社、洪厝前埔边自然村，西临普陀岩，南部靠石塘村，北至山狗厅坡。岩前社原住林姓，清末废村，林姓迁入山头社。

5.前墩社

前墩社地处垵山村东部，东与浦南村接壤，西与鳄鱼屿相望，南面毗邻刘五店村，北靠麝圃埭。前墩原住汤姓，部分汤姓族人好逸恶劳，常结伙纵横于海洋中抢劫，曾受到林希元的劝阻，但死不悔改。汤姓在刘五店一带海域抢劫日本货船，遭倭寇围剿，部分居民迁入浦南村与蔡姓杂居。

垵山社聚落靠近翔安西南海滨，特殊的地理环境使之成为外来姓氏迁居的聚散地，多姓氏选择在此扎根定居。周围村落废村之后，原住民多迁居于南边社，南边社成为多姓氏杂住的村落，现有康、郭、黄、蔡、陈、吴、刘、池、石、洪、王、丁、戴、林十四姓。

6.湖边社

湖边社地处新店镇刘五店行政村中部低田埔。东依红林尖小山坡，西与浦南自然村睦邻，南至翔安区水刘线公路，北临刘五店社区浦南与垵山社区山头两个自然村的小海港。元末明初，方、李两姓先人迁徙于此湖边建村，繁衍生息，讨海为生。古同安同社名村落很多，明代中叶，相传嘉禾里也有个湖边社，居民得罪朝廷，朝廷派兵清剿。带兵官员弄不清里、保，把翔风里的湖边社误认为是嘉禾里谋反的湖边社，竟然遣兵从刘五店码头登陆，误杀翔风里海岸线旁的湖边社居民，村落毁成废墟。幸存者手无缚鸡之力，忍痛逃离，迁居浦南村。解放后，刘五店村民将湖边社废墟挖深，四周围岸，取名为湖边潭，用于蓄淡水灌溉良田。

七、洪前社区周边废村

1.高厝社

高厝社地处新店镇新店自然村西南两百米，位于洪前社区东莲自然村与东坑社区之间。清顺治年间，高姓迁徙于此建村，繁衍生息，人丁兴旺。清末，鼠疫在嘉禾里流行，很快传染到翔风里沿海一带，高厝社不能幸免，惨遭严重灾害，高姓被迫迁居新店镇刘五店村。高厝社成为废墟，仅存一座称为“高厝宫”的建筑物。

2.皇恩社

皇恩社地处新店镇洪前社区中路的东侧，东临洪前社区东头角落，西与洪前社区大中角落相邻，南与马头山相望，北依李仔沟。南宋端宗炎景年间，元兵陷福州，康氏始祖妣赵氏率二子护驾宋帝经同安逃广东，帝昺以赵氏同姓，及康氏兄弟护驾有功，诰封康姓二子为“兄弟学士”。康姓兄弟定居洪前社，取名为皇恩社。清末，瘟疫流行，皇恩社康姓四处逃亡，一部分飘洋过海抵台湾定居，另一部分下南洋，迁徙印尼廖省峇眼港口分衍。

八、刘厝周边废村

1.刘厝溪社

刘厝溪因刘姓居住于溪流附近而得名，原指九溪流域从根岭五版桥到董水六坎桥一段。

一种说法，明永乐年间刘谩由村尾内社卜居新店镇宋厝社附近的刘厝溪社。另一种说法，元朝中期刘元真留长子敏于祥芝大堡，带次子刘谩、三子刘宗、四子刘宁居住于同安民安里十都西林，尔后刘谩迁居于刘厝；刘宗移居大庭，后定居海头；刘宁移居海滨置五铺，后取名刘五店。不管哪种说法，都跟刘谩息息相关。刘姓居住在刘厝溪西岸，古同安从刘五店、澳头到沙溪的古民道都要经过刘厝溪社。刘姓族人很懂得经营，他们把住刘厝溪这咽喉地带，以经商为主，很快就积累起巨大的财富。刘五店的刘宁也购置大量渔货船从董水湾进出刘厝溪一带。

所谓“枪打出头鸟”。刘家的巨大财富招引来海盗、山匪，刘家不好在刘厝溪社居住，只好迁到附近的宋厝，刘厝溪社成为废墟。

2.梨仔宅社

梨仔宅社位于新店镇祥吴社区后山岩北麓的山坳，以当时建村时周围生长成片的梨树林而命名。原村落处于小盈岭，经根岭五版桥，通向刘五店的古民道旁，依山傍水，交通发达。村落居住着林、张、薛等姓，分住三个角落。顶峰时，梨仔宅少说也有七八百人口。

薛齐十一世孙薛令之，晚年携家眷迁居嘉禾屿，令之孙薛沙居薛岭。到了薛令之十二世孙薛之偓，于宋仁宗天圣年间迁同安在坊里岳口村，同安县城里的薛氏人文蔚起。明末清初，郑成功与清兵激战，薛氏为避乱纷纷外迁。薛顺通携族迁后山社以耕种为生。后山古称梨仔宅，分上乡、中乡、下乡、前乡四社，住四个姓氏，薛氏住上乡，民国初，人口曾达二三百人。

张姓不知由哪里迁徙梨仔宅，有说是从东园迁此，但东园族谱并不记载。张氏后来出了一个有名的才子，叫张天昭。虽然家庭贫困，但张天昭为改变自己的命运，努力求取功名，熟读四书五经。时值大比之年，张天昭撇下老母妻子，匆匆上京赶考。入夜投宿客栈，他刚一进店门，店主连忙笑脸相迎，热情款待，并答应说，张贵人光临客栈，一切食宿费用全免。张天昭莫名其妙，追着店主说明缘由。店主把前天夜里土地公托梦说有个张姓贵人前来住店，是今科状元，要他好生款待说了一遍。张天昭满心欢喜，坐在太师椅上开始做起白日梦，琢磨高中状元后，应该做的三件事。他发下毒誓：一是卖掉麻脸的妻子；二是荣归故里后，要在住家前插杉，后插竹。第三件事该做什么呢？他想到平时呆在家乡，总是受到“顶三洪”的欺负，于是拿定主意，必须把“顶三洪”的人抓过来打着玩。

第二天一早，张天昭用完早餐正准备起程，店主突然改变了主意，拦着要食宿费，张天昭无奈之下，只好照付。等到揭榜那天，哪里考得上状元？所幸还得了个小官职。几年过后，张天昭经过苛扣盘剥，还是得意地满载而归。回乡后，他建了一座府第，特意在后寿堂挖了一口二尺直径，深不见底的古井，并用石板把古井盖得严严实实，古井里装着什么，至今无人知晓。但一切努力都没能给他带来多少好的结果。

梨仔宅多林姓。清朝末年，一场瘟疫席卷马巷各地，梨仔宅社也未能幸免。他们举家纷纷逃往外地避难。薛姓有四户迁居十三都东坑，疫情平定后三户又迁回后山；有三户迁居马巷五甲尾，一户迁马巷后滨张林社；张姓本来人丁较为稀少，经此一劫，只剩下一两户。瘟疫过后，他们又陆续迁回祖居地，只是把村落迁到后山岩北面的小山岗南麓，取村名后山。

马巷镇已废村落

马巷镇废村相对较少，不是说马巷镇躲过历代战乱、瘟疫、迁界的侵扰，只是马巷是古同安东界的政治、文化、经济、交通中心，人烟辐辏，车水马龙。很多原本已废的村落，又在后人的努力中新建居住。

一、下窑社

翔安同美社区打埔周围有一座新建宫庙叫龙聚殿，奉祀西岳大帝（同安五岳之一）。龙聚殿旧址原在海边村落下窑社，为下窑社挡境庙。

大约宋末明初，张姓选中马巷西面海边开基，取村名下窑社。村落靠海滨，有天然良港下窑港。张姓充分利用地理优势，把下窑社打造成码头，同时经营杉行、油坊、建筑红料，其规模远胜过唐厝港。清道光时，下窑发展达到顶峰，约有人口三四百。下窑张姓昭穆“清河”，分堂号“儒林”，虽是同姓族人，但因村中有一条南北走向的鸿沟把村落分隔成东西两个部分。西面张姓依靠后麝纪姓荫护，东面张姓凭借官山陈姓势力，虽同祖同宗，但张氏之间明争暗斗，于是两败俱伤，走向衰落。

下窑当时还有大户人家，可惜生了个白痴儿子，名叫张忞倚，其父为他找了门当户对的石浔望族吴氏。结婚当天，张忞倚一直把吴氏当客人，洞房花烛夜也独睡床下地板。

张恷倚发现吴氏大红棉被掉落地上，连声说："人客啊，被子掉地上了。"吴氏无奈下地相就，突然张恷倚大叫一声，冲出洞房，直往野地里跑，躲进荒地荆棘里。张姓连忙敲锣集众，打虎捉贼似的找遍村中每个角落，寻至社外，最后从虎蛇常出没的荆棘里拉出张恷倚。张恷倚捂住脑袋直喊："我不回，流血了，我杀人了！"弄得张姓哄然大笑。吴氏羞愧难忍，一时想不开，上吊自尽。石浔吴姓鸠集族人，登门兴师问罪，几乎灭了下窑张姓，张姓开始往外迁居。

相传崎头地形如龟，故称龟穴岛；丙洲形如蛇，也称蛇穴岛。龟蛇把住下窑湾海口，海水自然吞吐，环境整洁，下窑所处位置确是风水宝地。西炉黄赐围筑龟后埭，截流以资灌溉，但却破坏了下窑湾的自然环境。张姓生意越做越差，加上海盗侵凌，内侵外乱，开始落败。1939 年，只剩下最后一间房屋，又因附近大种鸦片而遭国民党兵围剿。到 1958 年，张姓宗祠被拆，材料送至其他地方建碾米场，下窑社从此废弃。张姓族人有的迁居厦门岛内，有的就近分散居住于西炉、打埔、双溪湖等社。

二、上林社

马巷镇亭洋社区东面有一座小山丘，因为小丘顶部平坦如桌面，俗名桌盘顶，桌盘顶东麓，有一处废村，名叫上林社。上林社原住林姓，因年代已久，昭穆派衍无法考证。上林社旁边原有水塘，名为上林潭。

三、岭下社

后郭自然村在山亭社区西南面。凤寮岳庙在后郭西南面，海翔大道北侧五百米，庙坐西南偏西。凤寮岳西南有小村落，叫作岭下。岭下社原有徐、林二姓；后寮社原住林、谢、徐姓。岭下社现已拼入后寮社，归属井头社区。

四、江厝社

江厝社位于后郭自然村西南，凤寮岳庙口东南五百米处，原为江姓开基村落，冠姓村名。南宋景炎三年（1278），江万里次子江铸追随叔父江万载，扶宋帝昺进入同安县，定居嘉禾里。江铸生二子，长子江肇祖，次子江承祖。江承祖迁居现马巷镇井头社区北面，开基江厝。江承祖生三子——世盛、世隆、世富。世盛留居江厝，子孙繁衍成族。江厝土地贫瘠，江姓族孤势弱，族人为生活所迫，于清末民初或外迁，或飘洋过海，江厝便逐渐衰落。部分江姓族人迁居文崎，与洪氏杂居；另有部分族人散居在新店、西滨、桂园、马巷、三乡等地。民国时，江厝仅剩一位老人，以后不知去向，解放初期，村落因农改被夷为平地。

五、浦尾社

在窗东洪姓从小嶝岛迁居于翔风里十二都之前，海边早就有村落浦尾社，浦尾社在清乾隆时期为十二都浦尾保，原住宋姓大家族。古同安东界一带宋姓和曾姓一样，早在宋朝时就已广泛分布在各个村落。宋姓族人见多识广，农商结合，懂得经营，每到一处几乎都发展成望族。优越的家庭环境往往会产生一些不良子弟，宋姓也不例外，他们凭借早已在浦尾社扎牢根基，时常把住沿海滩头，欺负新迁住在附近的洪姓族人，刚上岸的洪姓渔被获收走大半。

宋姓家族没落初期，为改变宋氏宗祠坐向，曾往仙宫圆梦，得谶“若改宗祠坐向，厝前厝后红彤彤”。果然经战乱、瘟疫，死伤大半，举族向新圩方向迁徙，一部分居住于铁狮豹山东南麓的后亭；另一部分迁居于民安里九都鸿鼎保锄山社，后来又从锄山外迁，不知去向。浦尾社废村后，洪姓族人入住经营，又获得新生。

六、坂仔埔社

坂仔埔社位于曾林社区东南坡面，后许社区北面的红土坡。海澄圳尾蒋均生开基曾林社，在曾林社定居繁衍后，一部分蒋姓族人迁徙开发坂仔埔。清朝后期，坂仔埔蒋姓多次遭受土匪洗劫，因村落小，人丁不众。一部分蒋姓迁住于马巷五谷市后；另一部分蒋姓准备迁回曾林社。蒋姓族长召集各房派房长，商议坂仔埔蒋姓的安置方式。因担心坂仔埔蒋姓回居曾林社后，居住过于集中，有可能妨碍其他各房派的发展。于是，曾林蒋姓决定把坂仔埔迁回的蒋姓分插在各房派，以防抢夺各自的福气。因此曾林房派中有“三柱半”的说法。

七、电沟院 古董埔 后垵埔 赤土埔

电沟院、古董埔、后垵埔、赤土埔四个村落只是曾林社东北面与营上交界的十几个村落的一部分。除了电沟院所处位置有曾林蒋姓村民耕地时挖到的，刻有“电沟院”三字的石块，可以证实确有电沟院这个地名之外，其他三个地名只是根据现有的耕地名而估计的村落名称。村民们耕地时，经常发现瓦砾、块砖，甚至是较大的石柱础和铁碴遗迹。

电沟院俗名也叫“定光院”，也不知道这里在当时是什么处所，有可能是佛教、道教的寺观。这一带有十几个村落，原本住着黄姓。大约宋末，这里是同安东界七里店尾山西南面的繁华之地。黄姓十几个村落，人口众多，天不怕，地不怕。不知到了哪个朝代，这里来了个巡抚。巡抚一到，也许装腔作势，也许是得罪黄姓，竟被黄姓杀了。预感到大祸临头的黄姓族人，预先逃的逃；来不及逃的，等到官府大兵一到，杀了个鸡犬不留，从此只留下遍地残砖片瓦和像是被血水染过的赤土埔。

内厝镇已废村落

内厝镇为原同安东界民安里八九都。古人临山靠水而居，内厝镇就有这样的地理环境，翔安九溪源头都在内厝镇。元宋以前已废的村落已不可考，内厝镇已废村落大多是明末清初郑成功与清兵战乱时造成的。民安里八九都原住民两面不讨好，有时得罪国姓兵，有时得罪清兵。“八月，屯兵马家巷，拆毁八九都屋宇，荒其三冬，使之贫穷，以隆武妃故也”，覆巢之下，焉有完卵。内厝镇范围之内的村落，是清康乾时期形成的聚落。

一、茶山社

茶山社位于翔安香山景区东部鹊鸟髻山半山腰，民安里十都东烧尾西南面。茶山水源充沛，是翔安九溪的源头之一，是宜居之地。

宋氏五世宋骈迁徙同安，开基民安里茶山社，发展为望族。十四世宋建翁长子宋之秀，于宋理宗端平三年(1236)由莆田双池迁回同安茶山祖籍，其季弟宋之望为嘉熙二年(1238)进士，承事郎，知海丰县，留居莆田双池沟头。明末清初郑成功反清复明时，茶山宋氏因族人支持郑成功反清，遭受清兵的围剿，村舍夷为平地，死亡无数，幸存者迁入民安里九都莲塘边社(今内厝镇黄厝村内塘边)定居。

又说，明清时期，著名堪舆师黄妙应踏遍晋、南、同一带，寻找风水宝地，无意中走到茶山社口，发现茶山社得天独厚，山水绝佳，心想有这种宝地，一个家族独享，以后不知会发生什么不测。他来到一大户人家讨杯水喝，一边喝，一边问北面村落姓氏。主人告知他为黄姓聚居地，黄妙应心中暗自庆幸，好在事先问清周围情况，否则茶山龙脉一断，必将殃及黄姓本家。堪舆师告诉主人，茶山风水虽好，于宗祠前左右再挖两口井，就是好上加好。茶山宋姓偏听路人的夸赞，果然在宗祠前挖了两口井。不久，宋姓日逐衰落，最后剩下几家，不得不迁移到东面内塘边居住；一部分迁居翔风里十都蓬莱保东园社。

二、围内社

围内社地处香山北麓二十四崎底下东面，茶山西北面，原为黄厝派下分衍。村落不大，仅有几户人家。清末，这一带土匪出没，黄姓深受其扰，艰难度日。民国初期，围内因靠近香山北麓，山沟里就是虎穴。老虎不分白日黑夜，自由往返出没，四处觅食，见人就伤，附近许厝、后房、黄厝的人也时常被老虎叼走，围内南面深沟里阴气森森，生活环境极其恶劣，剩下几户人家迁回黄厝居住。后来房屋倒塌，仅剩几堵矮墙也在农改时消失。

三、面前治社

面前治社地处内厝镇许厝村东畔、面前山西侧。许厝开基祖许文强入居许厝，七世单丁，八世元英生五子，迅速繁衍，子孙向周围发展。当时许姓繁衍角落仅限于小丘西侧，逐渐向东迁居。有一房派迁到许厝东畔面前山西侧，顺小丘半腰建住宅，村落取名“面前治”。康乾时，发展到二十几户人家，顶峰时已有两百左右人口，这样的村落已具相当规模。

面前治和许厝祖居地仅隔一条南北走向的深沟，相距不超过两百米。小村落的形成是为平时日出而耕，日落而息创造有利条件。清朝末期，局势动荡，民不聊生，面前治虽然靠近祖居地，毕竟不是世外桃源。在劫匪的几次洗劫中，许姓渐渐举家迁居于西面的祖居地。

后来，源于同安汀溪干渠水从村落上坡经过，仅剩下的几间古厝，也在潺潺细流中摇摇欲坠。

四、刘宅社

刘宅社位于内厝镇许厝村面前山东面。那里有一片范围颇广的平坦耕地，二十世纪七十年代，村民在此开荒造田，发现该地到处残砖片瓦，不适合种植农作物，故改为种植龙眼树。村民称其为“下坂”，因埔地于山坡底下，地势平坦而得名。下坂古时不知有几个村落。据传，这里有废村，许厝村民只记得其中有一个村落叫刘宅。刘宅是刘姓聚居地，冠姓地名。关于刘宅废村有两种说法。明洪武年间，江夏侯奉明太祖之令，到闽南一带断龙脉，所到之处，发现有风水宝地，不仅仅是断龙脉，连居住于“龙脉”周围的村落也一概斩草除根。刘宅附近村落即遭此厄运，百姓无一活口，血流成沟，引来野狗吮血啃尸，至今血水汇集的地方仍叫作“狗槽”。另一种说法，明末清初，郑国姓因下坂一带不纳粮，举兵围剿。

五、埔薑林社 后窑社

内厝镇鸿山村内头、小光山自然村西面有一座小山名叫西瓜山。山南是周后自然村。西瓜山西北面原有两个村落，埔薑林靠山里凹平区域，后窑在西瓜山谷口，内头陈姓三房分居于此。两社所处位置风大，俗语称“犯飞”。1958年公社化时，巷东公社动员两个社和内头村民迁居于小光山。后来内头居民又迁回祖居地，埔薑林社、后窑社的陈姓就在小光山长住。埔薑林、后窑成为废村。

六、瓮窑社 竹后 顶东坑 下东坑

瓮窑社在内头水库西北面，龟山南面，村落不知废于哪个年代，也不知原住姓氏。黄山前准提寺东面山坳，龟山北面分布着竹后社、顶东坑社、下东坑社，多汪、林、陈姓，村落也不知废于何时，解放初期，仍可见断壁残垣。

七、大埔社

大埔社位于鸿渐山腰，原住洪姓。大埔在前垵、沙溪一带是闻名的富裕村落。大埔周围没有几亩良田，洪姓致富一靠外出做生意，二靠居山放高利贷盘剥百姓。每年山脚下贫苦农民缺粮少食，都找洪姓借贷。洪姓立下规矩，村民还贷时，以升旗的颜色为信号。升红旗，就还红米；升白旗，就还白米。后来山下孙姓等按升旗的颜色挑米上山还贷，可不到一半路程，旗帜突然改变颜色，孙姓不得不又挑米下山换成洪姓需要的米，一来一往有故意刁难之嫌，百姓怨声载道。后来洪姓衰落，消失在鸿渐山一带，大埔社成为废村。

八、下新厝墘仔

鸿渐山山脉往西南有一座山峰名象山，象山是前垵村背靠的山峰。象山往西南延伸山脉如象鼻，最底端以前有一个村落叫下新厝墘仔，旧址在前垵自然村西北部，原住郭姓一族。清朝末年，郭姓前辈往仙宫圆梦，预卜郭姓前程，圆得地瓜苗被霜冻死。郭姓举族商议，地瓜苗被冻死不是好的兆头，东南面村落正是孙姓的居住地前垵。“孙”字文读正好和“霜”同音，郭姓族人认为和孙姓村落靠在一起，会被孙姓“冻”死，没有发展前途，举族迁往他乡。如今，前垵孙姓已有人住进郭姓所村落。

九、蔗下社

蔗下位于锄山南面，白云飞岩东麓谷底，从公婆寮有山路可通废村落；另外，从小盈岭也有山路沿三魁山东麓直达蔗下社。在这一年四季常青，水源充沛的“世外桃源”中，居住着刘、余、陈三姓。这三姓族人的祖先，又是闽南一带顶呱呱的人物。

清代嘉庆前，蔗下有两千余人，刘余后人占大部分。

二十世纪七十年代，巷东人民公社计划在锄山下游修建蔗下水库，从乌营寨钻隧道引水入巷东，解决缺水难题，后经南安县阻挠而放弃。在这次行动中，蔗下村民集体迁居到巷东农场墩后附近，新居住地乃取名为蔗下。山坳里的蔗下社从此成为废村。

十、土坑社

因 1977 年,巷东公社修建蔗下水库,土坑社也和蔗下社一样移民迁居于后田农场。虽然蔗下水库工程最终因种种原因而放弃,土坑社尚有几座未拆住房,因无人居住而成为废村。

十一、田中央十八社

翔安区内厝镇新垵村田中央自然村,这个村落古老而又稀奇,特殊的地理位置造就了神奇的村落。早在唐朝开元年间,从沙溪往同安方向开辟古道六十九里,这条古道经店头、沈井……到宋朝,又另辟一条通往马巷的民道,这条民道从沙溪经莲塘、内厝;明、清两朝,沙溪又有一条民道从沙溪经塘头社、下尾店、圣林,直达刘五店。沙溪的西南部历代交通发达,官道、民道如蛛网。田中央社北靠三魁山,就处在官道和通往马巷的民道之间,地势平坦,溪流纵横,素有龟穴之称。

田中央自然村,民国之前属民安里九都,民国时属民石乡锦田保,相传"田中央十八乡,一个卖货郎三天走不完"。如今十八乡只剩下田中央,其他村落的族群或迁往外地,或迁入田中央。

已废的村落现在都成了野外地名,但仍是田中央的辖地。田中央辖地东与三魁社(现下沙溪)交界,西与莲塘、东岗接壤,南与新垵相邻,北至三魁山麓,面积一点五平方公里。十八个村落中,现在田中央就由三个村落组成,即原大长社居住黄姓,位于现在田中央西北面;顶埔头社居陈姓,位于田中央北面；大路墘社南面就是通往马巷的民道，故名大路墘，为王姓居住地。古驿道之南有坝仔头社，居住黄姓，龟山口社居住郭姓；古驿道之北三魁山麓为珩厝社，居住方姓，马仔泉社居住梁姓；花枞社居民相传是从刘五店分居。田中央东部箖埔口为柯姓居住，三魁山中寮仔后社、水镇尾社居住陈姓，广化坑社居住黄姓。此外，还有顶下窑社、竹仔林社、石路磐社等居住什么姓氏，因年代久远，已无从稽考。

田中央地处沙溪口，风大水缺，土地贫瘠，虽有众多溪流，雨季溪水暴涨，旱季溪床干涸；三魁山山陡涧浅，虽有山泉涓涓细流，养活不了多少民众，故各姓氏避风就水，村落小，分布广，聚落大体形成于明末清初。

田中央最早开基的黄姓于明朝景泰三年(1452)，由南安前园黄体续次子黄玉□分支入住大长社与坝仔头社。以后各姓氏逐渐迁居于周围，十八姓和睦相处，从未有过口角之争，实属难能可贵。但因种种原因，许多村落逐渐废村。有几个村落废村较为典型，其他小村落都是因为人丁稀少而就近迁入田中央。

1.珩厝社 竹仔林社 花丛社 马仔泉社

1971 年，南安修建山美水库，九都彭口李迁居到三魁山南面山脚的花丛居住，在李姓迁居前这里有四个村落都已成为废村。李姓居住地虽叫花丛，但不是以前的旧花丛，而是旧花丛西面的珩厝社、竹仔林社、马仔泉社。以珩厝为中心，旧花枞在珩厝社东面，竹仔林在珩厝社北面，马仔泉在珩厝社西南面。

马仔泉社原居住梁姓，后移居于顶埔头社，民国初期，梁姓一族三户没有男丁，其中有一女子与本村陈溜结婚，本约定承续梁陈两姓，但后代见梁姓没落，也都归属陈姓。另一女子与本村柯权结婚，女方奉父母终老，儿女均属柯姓。有梁雀妻死后带一女儿到茂前社承接梁姓香火，1950 年，其女梁华招厦门岛内文良为夫，1958 年文良带妻携子返厦定居。

珩厝社方姓迁居田中央，花丛社、竹仔林社村民不知迁往何处，已无从稽考。

2.龟山口社

龟山口郭姓历经几百年，到民国初期，只剩下郭筑入赘新垵陈家与林望婚配，迨后子孙均归陈姓；郭杉到下尾店入赘杨家，其子孙自然也归属杨姓；郭德（绰号“臭脚德”）移居马巷垵边，因垵边也有郭姓，可能是归宗。龟山口社从此废村。

3.大路墘社

大路墘社居住着王姓。清嘉庆年间，王守者以放贷出租为生，但为富不仁，放贷手段恶劣，苛刻债户，在村不得人心。莲塘六林也受其愚弄，民恨极大。莲塘十四世孙宏路二世林文有一身好武艺，有一日，林文鸠集群党，入田中央攻打王守者一家。王抵挡不住，退守枪楼，其他王姓并不出面解围。林文一举将王守者全家大小全灭，其他王姓本无他碍，但事后人心惶惶不可终日，三五户王姓四处徙居，只留下“林文攻枪楼”典故。

4.寮仔后社 水镇尾社

水镇尾社在三魁山半山腰山坳里，寮仔后社在水镇尾社的上方。两个小村落，依山而居，都没几户人家，直到解放前，两村落还有陈姓居住。解放后，因交通不便，两社陈姓商议，待在山沟里没有前途，于是迁到田中央与陈姓合住在一起。

5.广化坑社

广化坑社因北面原有广化寺而得名。三魁山东南麓唐宋时有广化寺，北宋时就已废寺。广化寺南面地势较为平坦，几户黄姓人家依地势筑屋而居。黄姓和寮仔后社、水镇尾社的陈姓族人一样，也因交通不便，在解放后迁到田中央与黄姓居住在一起。

十二、磐边社

磐边社位于新垵自然村与茂前自然村之间。村落原居住吕姓，由南安水头朴兜吕姓迁居于此。清光绪年间，不知什么原因，吕姓族人举族迁往面前山，磐边社成为废村。

十三、董坑垄社

董坑垄社位于霞美村后坑自然村东面，塘头东北面，临流经新垵村西面小溪流西畔结成村落，冠姓地名。清末民初，鼠疫传染董坑垄社，居民死的死，逃的逃。村落荒废后，后坑邱姓继承董坑垄社的耕地，把废村落开垦为田地。董坑垄社现只留下董坑垄埔的地名。

十四、营盘口社

营盘口位于出米岩山麓西面山脚下的南侧，因南宋军队扎营于此而得名。小山坡的西面是七里村。后因福厦高速铁路建设需要，挖山取土大半个山丘，小山丘尚在，但规模小了很多，营盘口的地理也发生变化。

明朝末年，金门下坑陈恒元兄弟俩触犯官司，从金门背负普庵佛祖逃到出米岩，因营盘口荒无人烟，仅剩断壁残垣，便于隐藏，兄弟俩暂时在此居住下来。

山脚下的营盘口，沙壤地质，水源奇缺，号称"沙溪七里口，无风沙自走"，环境恶劣，根本不适合族群居住繁衍。陈恒元兄弟短暂居住后，便又背负普庵佛祖，穿过官路，沿官路下埔迁徙到曾厝，此时的曾厝早已无曾姓族人居住。村北有一座南向九架二落大厝，人去屋空，整个村庄空荡荡的。陈恒元兄弟于是择居于曾厝社。

十五、顶曾社

顶曾社位于官路下自然村南面，曾厝村北面之间。元朝，从金门下坑迁住于顶溪头的陈姓，有几户人家知道曾厝住着同是金门下坑徙居的族人，也迁过来住进顶曾社。顶曾社和南面的曾厝社一样，只靠东面从出米岩山脉深坑里流出来的溪水，一年中溪流时断时续，加上从三岭口吹过来的山风，一年四季得不到好收成，劳动所获，难以果腹。

清朝末年，顶厝几户人家下南洋到马六甲谋生，剩下几户勉强艰难度日，二十世纪五十年代，汀溪水库东路主干渠正好从顶厝上方挖过，顶厝不好再住人，剩下几户只好移住下曾。几间遗留下来的破屋，留作曾厝村集体兴办畜牧业和油料作坊的场所。几间破房经不起农业学大寨的折腾，最终被夷为平地，但也种不出几颗粮食，顶曾于是废村

顶曾社原村落不大，又处于地形凹陷之中，世称"畚箕

穴”。据老人传言，畚箕都是暂时装土，总要往外倒的。顶溪头陈姓族人还没迁来，顶曾就无人居住。后来虽有人居住，也未遇到瘟疫或战乱，但都居住不久又往外移居。

十六、西林社

西林社在锄山村北二点五公里，不知从哪个朝代开始，美山王姓一部分族人迁居于此。因为血吸虫病，王姓只好迁回美仙湖。解放后，美山大队从各生产队抽调个别强劳力到西林社复垦，植树种茶，建立耕山队。体制改革以后，耕山队解散，西林社茶园改为个体承包。

新圩镇已废村落

新圩镇东、北两面环山，同安东溪源头就在崇山之间，历史上倭寇较少到达新圩；明清迁界，新圩镇都不在范围之内；历代瘟疫流行，又大多在沿海一带。新圩镇沿山一带虽有很多废墟，又都叫不出村落名称，大体都是废于宋元时期。因此，废村基本都毁于土匪流贼及血吸虫病。

一、“百间厝”

在新圩镇庄垵自然村与姑井自然村之间有一片古代村落废墟，原村落规模不小，有一百多间古大厝，现地名为“百间厝”。据传百间厝为辜姓始居住村落，后辜姓不知迁居何处，只留下百间厝旧址。明朝嘉靖年间，沈井曾遭倭寇洗劫，也许波及辜姓居住的百间厝，辜姓被迫迁移。现姑井自然村就是以辜姓所挖的井，冠姓井名为辜井，而衍为姑井。

二、石壁社

七里沿山一带直到后寮东北面山麓，不知有多少消失的村落。如今，山坡上到处是砖块瓦片，这些村落不知毁于哪个朝代。七里、后寮东北山上有金牌寨，据传说，早在宋朝，金牌寨就是土匪的老巢，七里八沟均是土匪出没的地方，土匪杀人越货可能是造成村落消失的原因。

石壁社在孤岭山山麓，现在连后寮沈姓老人都说不清石壁社居住什么姓氏，毁于何时，已无法考证。只是农耕时，从地里挖出无数砖块而常常留给人们无限的遐想。

三、东村社

东村社在东寮社区院西自然村东南面，虽然东寮附近各个村落居住的都是由诗坂繁衍的陈姓族人。但解放前，同姓之间也会有摩擦，东村村落小，人丁稀少，常受到大族的欺负。东村陈姓族人索性迁居于院西南面，自成角落为东村份，原东村社村落荒废。

四、刘厝埔社

刘厝埔社位于新圩镇东寮自然村东部，现东寮学校周围，二十世纪六十年代尚有尺把高的矮墙头。刘厝埔不知住何姓氏，但据地名，应该是刘姓始居住地，至于村落废于何时，已无法考证，新圩从七里、后寮开始，原本就是土匪横行的区域。

五、蒋厝社

蒋厝社位于新圩镇东寮社区蒋尾自然村西南面，原为蒋姓始居住地，不知废于哪个朝代，可能与刘厝埔同一时期废村。

六、都山社

明初，朱熹后裔朱国安因避元末亦思法杭兵乱，从泉州西街五塔巷迁徙新圩东南开基都山社。朱国安经营棉织作坊，产品质地上乘，销路畅通，财源滚滚，很快就富甲一方。

后遭匪劫，其长子避迁新圩后街居住，为后行朱姓宗支。都山社成为废村，其地现在是东部固体废弃物处理中心。

七、顶曾社 下曾社

顶曾社、下曾社在曾溪水库西北部，始为曾姓居住地，故名。宋代之前，曾半朝居于此，已成同安东界望族。《同安县志》载："曾三娘，同禾曾溪人，年及笄，流贼煽乱，其父被掳。三娘乘马操戈，率众陷阵，欲救其父。见势不敌，遂自刎死。数年之后，其地每逢月黑之夜，犹闻马迹声。乡人感其孝烈，筑宫祀之，有祷必应。"曾姓被迫迁居外地，不知去向，后何姓、张姓住过。民国初期已无顶曾社、下曾社。

八、田边社

田边社位于乌山与松管院之间，原有顶、下两个田边。下田边社村民于解放前陆续移居乌山村、松管院自然村，至1950年已成废村。顶田边社现仅存一座房子，屋主也移至乌山村。

九、李厝寮

李厝寮自然村隔溪与金柄相对。李姓先在此搭草寮居住，后繁衍成村落，"辽"与"寮"谐音，也写作李厝辽。李厝寮原为李姓居住村落，后李姓不知迁居何处，金柄黄姓入住。相传李厝寮背靠蜂穴山，宗祠建于蜂穴。大帽山山后桥黄姓在蜂穴山东侧烧木炭，李厝寮居民开始外迁。解放前李厝寮也常遭受匪盗抢劫，几度废村。黄姓迁厦门岛内曾厝垵等处。

十、辜宅社

新圩镇古宅自然村，原名“辜宅”，曾经是辜姓族人的聚落，后衍化为“古宅”。古宅村里至今还有一个角落仍称为“辜厝头”，在古宅黄氏宗祠北面。据说辜氏主人在这儿居住了很长的时间。直到解放初，“辜厝头”还留下不少的无主空屋。辜氏族人何时彻底离开这个祖辈繁衍的地方，现在已经很难查证。据传，清末民初还有辜姓族人在这里生活，后来因战乱举族播迁海外而销声匿迹。当时留下部分空屋和一座辜氏祠堂，一直到“大跃进”时，才被夷为平地，开垦成农田。

辜厝头所处的田野中，现在还有一些残垣断壁。在辜厝头附近，发现一块《辜仅娘圹志》，志中记载：“仅娘，本邑辜文兴之女，赍志早逝，今卜佳城于十八弯下，名邦坪埔。”十八弯就是古宅十八弯，邦坪埔是当地小地名。

十一、洪厝社

新圩镇后亭村由下烧、洪厝、宋厝、圳仔下四个小村落组成。下烧位于东北角，洪厝位于东南角，宋厝位于西南角，圳下位于西北角。金柄黄姓四房后裔原迁居于五显镇寨仔内社。明末清初，黄姓又从寨仔内社迁寨仔山。寨仔山是塔尾山的支脉，后亭村背靠寨仔山。洪姓原住下烧、洪厝，但不知什么原因，基本已无洪姓人居住。黄姓开始从寨仔山迁入下烧、洪厝。宋姓族人由翔风里十二都浦尾社迁此居住已久，看到黄姓人多势众，担心在此居住会受到欺负，想到锄山住的都是宋姓本家，于是到仙宫圆梦，预卜迁居于锄山。但梦境并不好，一小丛薄蒿荫覆在大榕树底下，宋姓眼看没有前景，只好和黄姓做邻居继续居住。每年冬至，黄、宋两姓互赠粿品，黄姓送冬至圆，祈望大家团团圆圆；宋姓送面龟，则意味着只好在此居住。闽南语“罔龟”是硬着头皮住下的意思[①]。

十二、山根社

山根社位于古宅水库东北。村子背靠山，建于谷底故名山根。二十世纪三十年代，村落屡遭匪患，村民或迁古宅，或迁罗田，山根渐成废村。

十三、血吸虫病重灾区

血吸虫，古代文献称“蛊”或“水蛊”，多因皮肤接触了有血吸虫幼虫的疫水而感染。感染后，初期可见发热恶寒、咳嗽、胸痛等症；日久则以胁下症块，肝脾肿大，臌胀腹水等为特征。患者丧失劳动力，甚至死亡。血吸虫的虫卵随病人粪便排出，在水中孵化出毛蚴，毛蚴进入中间宿主钉螺体内，发育增殖成胞蚴，再由胞蚴变成尾蚴后逸出螺体，回到水中，一旦人、畜的皮肤接触尾蚴便受感染，寄生在肠系膜血管里。血吸虫病一般多发生在潮湿多水地带，卫生环境差，居民有使用生水习惯的地方。

血吸虫病导致新圩镇许多村落成为废村。村尾村村民刘火一家四人染上此病，先后死了三兄弟，自己四处寻医，八方求神，想摆脱病魔折磨，但钱财耗尽，依旧骨瘦如柴，腹

① 罔龟(vōng gū)：意指无可奈何，只好待着。

大如桶，呼吸困难，痛苦难忍。最后，他用剪刀刺破肚腹，放出腹水，也悲惨地结束自己的生命。

1.溪仔墘社

溪仔墘社位于现新圩镇政府驻地东六公里，倒坪山西南面，曾溪水库上游溪涧旁，村建于溪涧边缘，故名溪仔墘。清代诗坂陈姓迁居东南面溪仔墘、六角井等处居住。溪仔墘因血吸虫病、匪患、虎患、人口逐渐减少。二十世纪三十年代村民只好迁回诗坂、岩后等祖居地居住；四十年代，只余个别户，后成为废村；六十年代，诗坂大队在此建耕山队，种植水稻等农作物，辟有菜园。体制改革后，溪仔墘耕地改为承包，现无常住人口。

2.六角井社

六角井社位于新圩镇曾溪水库东北，村尾自然村北面。据说杨文广征闽南十八洞，用金枪凿成此井。井为石砌六角形，故名。井底岩石有林希元之篆刻。村落因有六角井而得名。六角井村落原住诗坂陈姓，周围水源充沛，钉螺大量繁殖，血吸虫病困扰着陈姓族人。陈姓族人人口逐渐减少，幸存的只好迁回诗坂居住。六角井于是废村。

除了溪仔墘、六角井，清代诗坂陈姓也有人迁住高厝、都山边、鹧鸪石的小村落，高厝、都山边的陈姓和溪仔墘一样，也因血吸虫病流行而迁回诗坂居住，都山边旧址就是现在垃圾填埋场。鹧鸪石靠近南安曾山，已无人居住。

大帽山已废村落

大帽山农场的废村也和新圩镇的一样，主要是血吸虫病流行造成的。市委市政府实施的大帽山农场移民造福工程，前面已有交代，这里不再赘述。

一、东岭社

东岭社位于大帽山农场驻地东南一公里，原村落建于东岭北麓，故村以山名。1949 年后，村民陆续迁居于附近山边村落，东岭成为废村。

二、大箱社

大箱社在大帽山农场驻地东四点一公里，南安石壁水库西岸，以自然实体地形如大箱而命名。二十世纪六十年代，大帽山农场于此建房，设专业队，体制改革后，专业队取消，现无常住人口，大箱已成废村。

三、后头洋社

后头洋社在大帽山农场东北四公里，石壁水库西北岸，因地形似开着口的人头，村子建于“喉部”的略平地，命名为喉头，写作后头洋。后头洋社是大帽山山区血吸虫病的重灾区，后成为废村。20 世纪 60 年代，大帽山农场在后头洋组建专业队，后取消，现房子已拆，乃成废村。

翔安地名辩析

翔安

地名多变，历朝历代所传地名，常常以讹传讹，导致一些地名失去意义。如“双髻山”后来改为“双过山”，大概是“髻”字复杂，不好写，也就改过来。双髻山以山的形状命名，符合前人对实物的取名习惯，香山就有很多以实物进行命名的景点。“鹊鸟髻山”改成“鹊鸟过山”就不伦不类。虽然实称名称改了，实物并未移动，闽南语口音也没改变，对百姓日常生活不会有影响。地名张冠李戴，让人很不舒服。

三魁山出米岩之辩

有些人对内厝镇辖区内的几座山的山名有看法。按道理，山还是那座山，名还是那个名，不会有多大的变化。说误了，以讹传讹，对子孙后代不好。不身临其境，光凭书本，靠自己的理解，不足以了解实际地理。

第一种说法："《同安县志》载：八都民安里店头铺北数百步，有三魁山（白云飞、广界化山、鸿渐山），有南宋淳祐三年（1243 年）建成的'保生大帝'庙。相传南宋的陆秀夫、张世杰扶幼主帝昺于景炎二年（1277 年）避元军南逃，驻店头铺大道宫。后有山洞流米供奉的传说，故宫庙改名'出米岩'。"

第二种说法："出米岩为我邑名山之一，在县城东部，三魁山的主峰下，古属民安里八都，今内厝镇境内，距古道的店头铺数百步之遥。"

以上两种说法把出米岩和三魁山联系起来，实际上出米岩和三魁山一点关系都没有。他们可能根据《同安县志》"维鼎率民兵败寇于三魁山出米岩下"这句话认为出米岩是三魁山的一部分。这句话中，三魁山和出米岩是并列的，意指三魁山至出米岩一带。

前一种说法"三魁山（白云飞、广界化山、鸿渐山）"，耐人琢磨，三魁山在店头铺东面，不在店头铺北。白云飞山不属于三魁山的范围之内，反过来可以说三魁山是白云飞山的支脉上隆起的一座山。锄山公路的最高点叫三岭，路西北以前有三岭宫。白云飞山到这里分两条山脉，一条蜿蜒而向西南，可叫得出山名的有宝盖峰（六乡山）、店头北面的大脊崙山，再向西南就是出米岩，出米岩西南麓就到七里地界；一条纵直而向东南，凸起三座偎依在一起的山峰，中峰突起，两肩紧靠，这就是三魁山，俗称乌营寨，琼坑就在西面坑底，再往东南就到小盈岭。

民安里八九都的人没有广界化山的说法，顶多说广化山，《马巷厅志》称拱会山。广化山是因为三魁山东南山坳里有座北宋之前修建的广化寺而得名。《马巷厅志》："广化山在民安里九都，上有广化寺故名。今寺颓废。寺后有寨，系民人筑以御寇，寨成而寇平，号曰'太平寨'。"

《马巷厅志》："鸿渐山离厅二十里，与南安分界，耸拔高骞，如鸿之渐于逵，多产黄菊异花，又名'黄菊山'。浯洲隔海遥望竦秀。"三魁山与鸿渐山以小盈岭为界，鸿渐山在东面，三魁山在西面。鸿渐山是同安东界的名山，海拔五百一十六米，有其神秘感，上有千人洞，一般很少有人登临。洪受《沧海纪遗》："且文公尝至鸿渐曰：'鸿渐脑已渡江矣。'又曰：'鸿渐反背皆是同，乃向浯也。'"把鸿渐山也纳入三魁山的范围之内，三魁山的名气就大了。可见"三魁"这个名称确实可爱。

《马巷厅志》："三魁石在厅东十五里，三峰奇秀，为群山冠。"民国十九年《同安县志》："较远为三魁山、鸿渐山、香山。三魁山在县东四十里，三峰奇秀，为邑之冠。鸿渐亦距县四十里，与南安分界，耸拔高骞，如鸿之渐于逵，多产黄菊异花，又名黄菊山。"三峰奇秀，"为群山冠"或"为邑之冠"是对三魁山的独特描写，三魁山也因为有独特的三峰而得名，不要把三峰理解为独立的三座山。更不要把香山也挪到“三峰”范围里面来。

确切地说，出米岩是白云飞山南麓突起的一座山峰，岩在半山腰。第二种说法到这里也站不住脚了。

翔安马巷一带都知道内厝镇北面出米岩供奉的是保生大帝，南面香山奉祀的是清水祖师。《马巷厅志》：“东大帽山距厅治十里，广袤十余里，形若大帽。上有距石如堦九级，下有岩，天成石室，镌石佛其中，又有龙潭。山之阳曰‘白云山清水岩’，宋绍兴三十一年建，以祀昭应慈济大师。建时有童子衣缁坐险石上，谓人曰：‘岩成之后，当名龙归。’忽不见，寻有甘泉涌于石下，遂名‘圣泉’。”大帽山范围很广，“山之阳”指的是山的南面，白云山指的就是米出岩所在的山峰。白云山俗称“白云飞”，其山峰上常可看到白云缠绕山尖而得名。大体山名是依山的形状，鹊鸟髻“其形如鹊之跂，故名”；双髻山则因“两峰并峙，亦名钟鼓山”。

白云山清水岩到底在哪里？住在民安里八都的人不清楚，住在新圩岩山脚下桂林七里、后寮一带的老人也不知道。只听七里自然村的老人说过，以前曾有人在七里东面山脚耕地时，无意中发现清水祖师神像，可惜毁于“文革”之中。如果说白云山清水岩指的是出米岩，就应该供奉清水祖师，可供奉的是保生大帝。宋隆兴二年(1164)，下牒敕封清水祖师为昭应大师。吴真人则得宫号因《同安县志》称：“宋乾道二年(1166)，赐祠额曰慈济。”“昭应慈济大师”特指清水祖师。

明末蔡献臣《重募龙归岩竣工疏》：“龙归岩者，即邑东出米岩也。其传自宋，其事甚奇，而其庙宇则茀废久矣。司寇丁哲初公曾以黄毓源居士之言，倡募新之。”蔡献臣写“竣工疏”是为募捐而让广大民众知道。黄文照是金柄人，对龙归岩就是出米岩一说没有异议，则龙归岩就是出米岩确切无误。所以出米岩建于宋绍兴三十一年(1161)，而不是南宋淳祐三年(1243)或帝昺景炎二年(1277)(实际上“景炎”是宋端宗赵昰的年号)。至于宋绍兴三十一年(1161)建白云山清水岩，为什么祀奉吴真人保生大帝，有待进一步探讨。

古人云“尽信书不如无书”，古老的文字记载也不可尽信，古人也有观察不到位的时候。《马巷厅志·山水》说：“按马家巷山环水聚，天然都会。其山蜿蜒曲折，自小盈岭右旋则拱会山、出米岩、大帽山、白云山、层叠顿伏。由施阪折七里山，过路山、曾林至塘仔头，平衍突起，为石茂山，铺毡而下，以结厅治。治右为印斗山，迄内垵；治左为卧龙、马头至于庐山，有金山，五营、普陀、双髻，以为南面之案。自小盈左峙为鸿渐、三魁、鹊山、香山、磨山、乍画山、东山至于海，界南安之莲河。海中门户则有丙洲、白屿、槟榔、虎仔、烈屿、浯洲、变山、夹屿、角屿，森罗于烟波淼茫之中。”又说：“小盈岭右旋则拱会山、出米岩、大帽山、白云山……”其排列顺序有误，出米岩应该放在最后。“小盈岭左峙为鸿渐、三魁、鹊山、香山……”三魁在马巷厅治东十五里，香山在马巷厅治东南十五里，而鸿渐山在马巷厅治二十里，把三魁列在鸿渐后面也不合理。同安早期的地图就是最好的佐证材料。

马巷与踏石之辩

下面是有关于马巷就是踏石的说法。

“马巷”最早是荒芜、杂草丛生的小土岗，形如一条大木船，据传马巷是船穴，古称“舫山”。马巷又如一块染布时用来“过光”的踏石。古时西边街仔内一带都是家庭布作坊，到处都是“青学”（装染料的地窖）和踏石，因此人们就根据地形命其名曰“踏石”。另一个传说是，古代唐厝港的帆船直航至马巷中心小学西边的一个叫坝仔下的古渡口，现因泥土淤塞，已经变成小沟道。五十年代深挖土地时曾出现土木船板，同时岸上遍地都是地基和瓦砾，这就证明这里曾有村庄存在。这个村庄据传就称“踏石”。试想这里既是古渡口，必然设有栈间，有人装卸，也会有人再次摆摊设点供应茶水。作为古渡口，舟楫货运频繁，人来客往，进出口商品繁多。元代至元间已设立踏石巡检司，后又裁撤。康熙十九年（1680）又由官澳巡检司改驻踏石。《马巷厅志》，踏石即“马家巷”。巡检司设于五甲尾。踏石巡检司直至清乾隆四十年设马巷厅署于铁器穴麓三府衙内（同安二中），始改照磨司，后毁于清末寇患。

以上虽属传说，但比较可靠的是《同安县志》（民国版）及《马巷厅志·沿革卷》均明载“踏石”即马家巷。马巷一些年高资深的前辈，他们也都以为不错，只是“踏石”命名的由来说法不一。

不知以上说法出自谁人之口，作者文笔细腻，推理合理。认为马巷就是踏石的可能大有人在。马巷也称舫山，清代马巷书院就以舫山为名；马巷也称马家巷、马厝巷，但从没听说过马巷有"踏石"的叫法。引经据典，头头是道，《马巷厅志》从没这样写过。

以下是《马巷厅志》有关踏石的几句话。说马巷就是踏石的根据是《马巷厅志·官署》："官澳巡检司在十七都，国朝移驻踏石。"

明清时，金门归属翔风里十七、十八、十九都。官澳就在十七都，并未指明踏石在哪一都。如果马巷是踏石的话，就连官澳巡检司也移驻马巷了。

《马巷厅志·官署》："踏石巡检署向在金门金山宫，乾隆十三年，移驻马家巷，在五甲尾，均未建署。"这句话有点清楚了，在金门就称踏石巡检署，而不是移驻马巷才称踏石巡检署。只是迁马巷后没有更名为五甲尾巡检署而已。

《马巷厅志·官署》："浯洲场盐大使署在翔风里阳田保。乾隆八年，就踏石司废宇重修。"这句话就更清楚了。"踏石司废宇"就在"阳田保"。马巷也不属于阳田保。

不要把马巷和踏石牵扯在一起，踏石只是个地名，这个地名再好也无法提高马巷在历史上的地位。

《金门志·沿革》："元始建场征盐。至正六年，置管勾司。至大二年，改为司令司。洪武元年，改为踏石司，旋改为盐课司"，"浯洲场盐课司，在县东南浯洲东埔石鼓山下"，"浯洲场盐课司在十七都"。

马巷没有踏石的叫法。

古文选

从现有的资料中，想找几篇明清时的文人有关于翔安的著作确实不容易。在蔡献臣的《清白堂稿》、何丙仲汇编的《厦门碑志汇编》和乾隆、光绪时的《马巷厅志》等书中找到了一些，摘录如下，方便读者阅读、考证。读者可从中搜寻有关翔安明清时地名、形势、时局等信息，加深印证翔安古地名的真实性，多了解翔安明清时的历史、地理。

邑侯叶允昌重修便安桥记

同安负山襟海，上达京国，下通百粤，七泉之巨邑，南北之要冲，孔道也。去沈井五里而近，地曰坝山，有溪一带，横溪为桥，以渡行人。郡守经之，因名五马桥。据溪上流，受溪涧诸流之委注，一遇雨潦则猛湍，冲决击啮，故恒善坏。其路逶南而北折，而东行道汙焉。乙未冬，适桥圮，邑侯后林叶公顾而叹曰："善坏弗安，行迂弗便，弗安弗便，其曷善政。"延相地势，移道自南，在属之东，去其环折，移桥于下流，以避汛湍。为梁三接，厥途孔迩，厥桥孔硕。侯顾而乐曰"迩则弗迂，弗迂则便。硕则弗坏，弗坏则安"，乃更名便安。于是，耆民某辈相率以记，请次崖。林子曰："吾于斯桥而知侯之政矣。"昔先王经理天下，城邑、山川、井野、市里罔弗条悉，至于桥梁道路，亦罔或后。然则非政之所先而可以观政也。侯制百里之命，僚佐弗具，政事如猬毛，人将日给不暇而顾若无事，于桥梁、道路，尤有余力焉，可谓难矣。侯讳允昌，字某，别号后林，浙之慈溪人。

编者按：本文为林希元所记。便安桥在同禾里沈井铺，去府署八里。《通志》初名"五马桥"。嘉靖十四年(1535)圮，知县叶允昌修，更今名。万历三十五年(1618)，通判陈钦福修。复圮，邑人陈廷佐重修。康熙二十五年(1686)，施俊复修。

林希元，字茂贞，号次崖，福建同安县山头村人，生于明成化十八年(1482)，卒于明嘉靖四十五年(1567)，享年八十五岁。明正德十二年(1517)进士，先后任南京大理寺评事、寺正、泗州判官、北京大理寺丞、钦州知州、广东按察司佥事。

现因各项建设，沈井一带不再有常年湍流的小溪，但便安桥仍在，只是不再作为人来车往的通途。

邑父母谭公功德碑

赐进士出身、中宪大夫、广东按察司副使、前浙江监察御史、邑人刘存德撰文。

赐进士出身、中顺大夫、南京太仆寺少卿、前四川按察司副使、提督学校、邑人洪朝选篆额。

赐同进士出身、承德郎、南京户部广西清吏司主事、邑人林丛槐书丹。

世治,周为盛矣。猃狁内侵,整居焦获,至烦卿士而后定。时维吉甫,以文武居其成功,犹谓薄伐,以至于大原而已。明德克类,奄覆内外,倭夷匪茹,肆其弗靖,非诚有志于中国者。初以岛民私其市易,诱置内地,多所侵谩,以致其穷恚,至于攻剿践蹂之变成,则揭竿之子又起而从乱,蔓延郡邑,芟薅不施,动有损军陷城之虞,是谓中国人胁夷狄侵中国耳。论者易之而不知事势所难,非周比也。盖猃狁以夷狄侵中国,待之以夷狄可也,来则同仇,去不穷追,以三公莅其军,尽民力而饷之,以为当然,中国胁夷以逞,虽御之以夷狄,而终不可失其待中国之意。欲究其武,是仇民也;欲含其辜,是纵逆也。劳及卿士,即守令失其官;费及正供,则大农亏其藏。古人所谓不患夷狄者,以名义与势皆得也。而今皆失之矣。当此者,不亦难乎?

同安介于漳、泉,负山襟海,盗贼常薮其间以伺进退。

公至于嘉靖己未冬十月，时倭、饶二寇纵横境上，漳民林三显、马三岱、黄大壮、洪治、杨三诸逆乘机倡难，所在窃发，皆能雄长万夫，助倭为乱，以辛酉夏五月大举围晋安。前是年余，部落散居，期得间于同者屡矣。公至而劝民，使自为守，旬月之间筑堡百十有余，连什五之法，为社百有六十，相助守望。时其耕获，遂使野无所掠。复结倭酋阿士机、尾安哒进薄浯州屿，意公必阻海不至也。而公攻之愈急，遂得其酋以归。逾岁，贼复拥众突犯，挫衄尤甚，故解而向晋安，马三岱负其智狡，谓晋既受敌则同必懈，乃率倭杂其所部，直趋同安。公出民兵击之，擒斩殆尽。三岱仅以身免，自是胆落，不复再至。公曰："维是可以战，而后可以抚，不抚则黩矣。"于是，条请当道广布怀柔，得侦者辄释不杀，令归谕意，且宽及从乱家众，曰："可来则来之，不可来则自致而执之。"自是日就解散，林三显首以部众自诣，用其策破杨三，擒黄大壮，奔郑大果、王子琪于安溪，馘之。独马三岱骁绝负固，且有宿怨于同，怀之不至。公闻其妻与母尝力贫，不有所掠。三岱甚以为念。乃致而遗之，至则涕泣不食，誓以必死。岱为动其天性，且愧且悔，夜以数骑携母妻偕遁，达旦伏辜庭下。时值疫作，民怯于战。朝处岱城中，暮则贼攻其南关，莫不以为变生不测矣。公下令，令勿疑，且以兵授岱，立解其围。晋安剧寇数万所以效顺于一朝者，皆风声所被也，岂功在于同而已哉。

公讳维鼎，字朝铉，长于粤之新会，以明经魁于乡，屈就百里，将以文教成俗，顾以武功显者，时为之也。公爱人下士，出于天性，虽在干戈偬遽，无所虐谩。民有讼于庭者，必诲谕所不能释而后以理平之，必刑罚所不能宥而后以法治之，既往必复教之，示无弃也。同之民无厚赀，率以力作给公上。数年夺于兵荒，困于征求，公为之停调计处，与监司争其可否，不宽不已。故虽以之从事于危，而民不怨者，其力赡也。未可以战，则谋所以守；既可以战，则谋所以抚。皆视民之念重而功利之念轻，岂徒以权示羁縻而已。读其露布之词，真恻然有哀怜无辜之意，神人莫不鉴之。故公有所疑辄决于梦寐，如释王元景、阮崇德之狱，人争异之，岂非神所助耶？抚按集议，谓公当一令之寄，谋全军之事，神闲气闲，算无遗策，未论所斩获而计其所全活，盖不下百万，功可首伦。疏上，而公已奉朝议，擢贰本郡，谓非是无以借公也。甲子冬，又以觐行，同民思念其功德，俾德为纪其事。德初来归，托有径处，室家如故，皆公所畀，敢不据实书之以遗后人？使知当吉甫之事易，当公之事难；成公之功易，有公之德难，民其永思于无斁。

嘉靖四十三年甲子冬十一月朔旦。

（以下“乡官”署名不录）

编者按：碑在同安区大同镇碧岳铭恩亭内。刘存德，字至仁，号沂东，明代同安城内东桥人。嘉靖六七年（1537—1538）联第进士。林丛槐，字应昌，号三庭，明代同安县东市人。十一岁入县学，被誉为神童。嘉靖二十八年（1549）中举人，三十五年（1556）中进士，任广东饶平县令。

瓶台谭倭平寇碑

中国守其所以为中国之道，则华自华，夷自夷。失则华入于夷，而夷反乘之，自古及今不易之理也。昔辛有见伊川被发而祭于野者，曰："不十年此地其戎乎！"其后晋迁陆浑，而伊川之地遂沦于戎。乎被发而祭，何预于召戎？而辛有逆知其必然，而其言卒验者。以中华之人，行戎狄之礼，其习戎矣如之何？禁戎之不至也，甚哉！风声气习之感召，捷于禁令刑法之驱使也。

倭寇为国，在扶桑之东，去中国盖万余里，限隔大海。自国家受命，混一区宇。四夷君长虽在鲸波万里之外，靡不奉贡献琛，请吏锡封。独倭奴以桀骜屏斥弃外，不使预于荒服之列。又虑其伺吾边吏之怠，阻兵犯顺。自辽左以南至于岭峤并海州郡，列屯置障，烽燧相望，岛夷讋焉。自是以后，髡发带刀之夷穷窜于海隅；巾帻冠带之民恬熙于函夏。夷夏之防，一何严也。

嘉靖甲辰，忽有漳通西洋番舶为风飘至彼岛，回易得利，归告其党，转相传语，于是漳泉始通倭。异时贩西洋，类恶少无赖，不事生业。今虽富家子及良民，靡不奔走。异时维漳缘海居民习奸阑出物，虽往，仅计二三得返，犹几幸少利。今虽山居谷汲，闻风争至；农亩之夫，辍耒不耕，赍贷子母钱往市者，握筹而算，可坐致富也。于是中国有倭银，人摇倭奴之扇，市习倭奴之语，甚豪者佩倭奴之刀。其俗之偭仁弃义，自叛于中国声明文物之教如此，彼岛夷者恶得而不至哉？曾未数年，弓船蜈橹，逗沙舣岸；偏裍秃发，弥川亘野。手挥九尺之刀，足圆三石之弦者，跳跃于雉堞之前；扇摇蝴蝶之军。旗举长蛇之阵者，指挥于高原之上。已遂隳中国之名城，辱中国之衣冠，包裹中国之财帛，仆妾中国之士女，虏掠中国之人民。积骸成山，殷血丹水。

呜呼！自承平以来，中国之惨未有如斯之甚者也。而孰知其始于中国之人，失其所以为中国之道，风声气习有以召寇哉？水道既通，夷心渐广。猩猱之群岁岁不穷，凫鸭之泛汛汛如期。内兵不足以御之也，于是益之以召募；召募不足以御之也，于是益之以客兵。杼轴罄于征输，积聚竭于剽掠。始以倭奴内逆虏辱杀掠之惨，济以狼广召募剽夺剥挞之威。由是千里无烟，蒿莱极目，槲枥长于田间，狐狸嗥于户下。冤横之气塞于惨黩，沴毒之灾蒸为疫疠。遗黎残民非毙于锋镝，则死于疾病；非死于疾病，则殣于凶荒。虽有幸而脱者，而生理尽矣。于是奸雄生心，乘隙而动，因思乱。不逞之民连郡国豪杰之众，奋袂一呼而群凶蚁付，挺臂相续而肱髀互依。桀黠之长鼓众横行，饿殣之民扫境从贼。豪帅悍然有虎噬诸邑之心，阖郡骚然有覆亡可待之恐。

于斯之时，虽负匡济之才，未易图也。新会瓶台谭侯适奉命来令吾邑，于是岁为己未矣。邑据漳泉之冲，绾山海之要，为诸邑走集控扼之所，南北寇至咸受敌。侯至，固预以为忧，而尤以民政为首务。搜访逮求，不遗舆贱。于凡地方之利病休戚，靡不悉知，而持重不妄发。一日，于故牍中得弓兵事，奋曰“为同安之民病，孰有大于此者乎？凡为通省之巡司九十九，而同安得其八；为通省之弓兵六千二百，而同安得四百；为通省军饷加额弓兵之银若干两，而同安得若干两。是不待倭而自困也。”于是请于当道，均其役通省，又请蠲其加额之银若干两。一县弓兵之徭遂减什之七。

县临海，城南地即为舟楫辏。奸人缘军兴，诡输税助饷而实自罔利且惑上。人已得官给文书，许其为侩矣。侯再三执不可，因割以予商。商民翕然称侯为循良吏。乡间盗亟发，获盗者言侯冀得掠劾治罪。侯一纵释无所问。民固疑侯甚。至大盗纵贼垒中出，遇有获，纵如初，一均不问。诸盗往往德侯，阴欲报之。而民固望侯，至出怨语，侯亦不以介意。于是，岁辛酉，盗猬起。久驻长泰之倭寇、饶贼张琏、漳贼林三显、杨鳌山，土贼叶子溢、黄大壮、郑大果自南而北攻。新驻晋江、南安之倭寇、漳贼马三岱、晋南贼吕尚四、谢半番自北而南攻。或拥众数千，或聚党数万；或径薄城下，或深入内地；或践蹂村落，或驻攻堡寨；或去而复来，或扑而复起。一日而南北羽书交驰至。自三月至壬戌正月，盗不止。最后群盗平，而土豪王出类又倡乱。

侯自莅任以来，昼度夜思得兵之要。首令乡各团结子弟义勇以为兵，而藉其长，阴察其为人以待调发。城兵五百余，侯覈其堪战者三百，督以义总若干名。而于义总中，汛召特委以得其勇怯駷智。有应援发以行其勇且智者，抚待之恩尤厚。又诸盗魁故不出乡井中，人虽为盗，尚畜恋家心。操兵敌杀时，诚不可与人语，一见父母妻子，心固如割，不殊人意。以壮士挟质入营中缓颊，固可抚谕归。且兵法有以贼攻贼，若纯用吾兵，以我之脆当敌之强，其败可立待也。又贼粮寄于民间，资出哨以饱。大营坚可猝破，官兵每战辄北，难以得志。独要击其哨，使急卒无所得，则其势自不能久驻此坐困也。而贼昼攻剽，夜固沉酣熟寐，官兵惟劫营，每得利。侯破贼方略固已素定矣，而侯才高有心计，慷慨敢任事。闻贼至，即据鞍策马出城耀兵，贾勇作气。每遣间至贼中，侯亲授以方略。贼虽桀黠，往往坠侯计。善用人，其使人谲贼或令人说贼，悉识其才之所宜，故咸得其力用。临当遣人，虽顾盼间莫不有意。贼素倚为心腹之人，亦密送款于侯，为侯诇贼。其投戈归附者，侯接待之恩意尤备。有谗者，一不用。以是贼惮侯之多算，于是南北寇次第平。侯一用此策而降三显、鳌山，使内相图杀，至尽降三岱。使败夷兵护城援堡以济大功。伪以接济饷倭，而伏兵擒倭；密结夷酋腹心杀其酋；倭遂绝。其功尤奇。

始三显与鳌山同起事，各有众二三千人，党与蕃炽，连吾邑近漳之人俱从。贼屡攻剽内地，势披猖甚。侯多方说诱，始同听招。而各令杀贼立功以自赎。于是两人各怀相图心。会三显上杀饶贼功，鳌山独否。鳌山心不能无忿，语言籍籍。而三显部党多邑之邻漳人，劝三显先发。于是杀鳌山。鳌山既杀，三显势不能独全，三显又杀。三显与鳌山既杀，二党势又不能不相仇杀，于是相图杀至尽，巨魁歼焉，而大盗遂平。

马三岱者，桀黠雄果，为倭所服，推为帅。倭攻城时，合众至二万。侯固闻三岱虽为贼酋，而性孝，其妻良家女也。遣其母至营中说三岱，而妻亦抱幼儿以从。三岱计犹豫未决，因激于母妻，竟归附。贼方攻城南隘甚急，不虞三岱之贰己也。忽见三岱袒而麾刀大呼陷阵，惊曰："马酋降矣！"哄而奔。三岱发矢射倭酋，中其左目。贼遂遁退。攻石浔堡，侯又俾三岱往援。贼方阵，见三岱至阵嚣，又遁。是时城与堡危甚，微三岱归，国倚为锋，几不全。往时，贼营处，奸民往往载米酒以饷贼，而贼厚以银货售之，虽厉禁不止。侯潜令与贼通者往饷如旧，而伏兵于旁。倭至伏发，擒真倭二人以归。其后凡奸民实以接济，往者咸以为侯遣，皆不信。而漳之新安，旧与贼往来交结最厚，以其地界于漳泉间，不严，其通贼一如故时态，以两舟往，倭悉杀之尽，无一人归。遂拔营往南安。彭高四老者，夷大酋也。有少年邑子虏营中，与卧起，因用为心膂。侯令其舅潜入营中，说以杀酋。少年密许侯矣，而耎怯不能手刃，且恋旧恩，不忍，仅携其鍪以归。于是贼疑左右皆侯间，愈不敢近吾邑，而邑境遂无一倭。

于是阖邑士民胥颂侯功，而邻漳居民某某等以迫近乱区，侯亲脱之汤火，德侯尤至。相率刻石以纪侯功，而征文于余。余尝读史，见祖逖英概义烈，有赞世才具，而义从宾客，皆暴桀勇士。盗贼攻剽，逖非惟不戢，反慰问之。或为吏所绳，逖辄拥护救解。贺若敦与侯瑱对垒湘罗间，患土人乘轻船载米粟、笼鸡鸭以饷瑱军，乃伪为土人装船，伏甲士于中。瑱军望见，谓饷船之至，逆来争取。敦甲兵遂擒之。此后实有馈饷瑱，犹谓敦之诈。李元直、岳武穆，一代中兴名将，而取元济、擒杨么，咸用贼将以成厥功。以谓自昔大度之士，其所规为建立，皆出人意表。而今世喜用绳墨以概天下士，此宜无成功。然士于今亦未见有恢廓大度，可以比方古人者，岂天生才之难欤？抑有之而人莫之识也？然则侯之功，其可无纪？于是不辞而为之文。

侯名维鼎，字朝铉，广东新会人，以乡进士来令吾邑。其辞曰：蠢彼倭奴，国于海东。自我受命，万国来同。彼独弗顺，逞其枭雄。明明圣祖，绝弗与通。乃见海城，崇崇其墉。乃置墩微，联络其烽。岛夷屏迹，海氛以空。于万斯年，圣祖之功。谁引彼逆，入我中国？海滨奸民，居华而狄。以身死贷，不畏复溺。遂令髡徒，麇至蝇集。麾其长刀，电光闪射。彀其大弓，如月满魄。岂无我兵，荷戈负戟。阵则怯斗，以背向敌。战则亟走，以足为翮，愈骄彼夷，择肉而食。墟我村落，屠我家室。陷我城池，卷我郡邑。天未悔祸，加以疾疫。人不聊生，相劝从贼。奸雄生心，群起草泽。惟饶有寇，亦来侵逼。于古有言，一器犹难。其来滔滔，谁敢与干？桓桓谭侯，有勇有略。十步百计，方之未足。岂惟勇略，知政之首。民信兵食，其孰先后。乃蠲烦苛，与民休息。乃除市征，便商贸易。民既大信，侯果吾仁。商船四来，吾市不贫。岁在辛酉，群盗猬兴。凡我四封，其免侵陵。上天降割，乱无已太。匝膚皆疮，医以炷艾。惟侯胸中，百万甲卒。使诈使贪，群策毕屈。寄我耳目，于贼心腹。置我轲政，于贼童仆。显我段煨，使夷贼族。岱吾却锜，使射敌目。岂彼之能，机自相激。人发杀机，夷胡能识。百楼不攻，况我千堡。汉一当五，况我万旅。其告尔贼，各还尔家。缚彼岛夷，两项一枷、来效来献，以滌罪瑕。其告吾民，各安尔宅。尔田尔耕，尔蚕尔织。祭祀宴衎，祖考宾客。伟哉谭侯，其施何极？一时之功，万世之绩。何以征之，视此刻石。

编者按：本文选自《芳洲先生文集》。洪朝选（1516—1582），字舜臣，又字汝尹，号芳洲，别号静庵，同安东界翔风里十三都洪厝人。明嘉靖二十年（1541）进士。历任户部主事、郎中，吏部郎中，四川按察副使，广西右参政，山西左参政，太仆寺少卿，都察院右佥都御史、右副都御史，刑部右侍郎。以左侍郎致仕。

谭维鼎，字朝铉，号瓶台，广东新会人。嘉靖三十七年(1558)为同安知县。当时，境内倭寇常来侵扰，掠杀乡里，他发动百姓筑碉堡自守。嘉靖三十九年(1560)，倭犯金门岛，他亲率乡兵渡海增援，连战连捷，俘获倭首阿士机等七人。翌年，倭寇伙同土贼，每次纠众近万人，一再掠夺沿海地区，攻击县城，他率兵民，频频出击，大小数十战皆获胜，最终迫使倭寇退却，同安赖以为安。嘉靖四十年(1561)夏六月，倭党马三岱掠东界。时贼合党数万，环匝晋南。三岱自南来侵，维鼎出乡兵战于三魁山、出米岩之间，斩获无数。三岱仅以身免。同安绅民为感戴他的恩德，在城郊岳口村建造“铭恩亭功德碑”，以示纪念。

本文是洪朝选歌颂同安知县谭维鼎的著作，我们可以从中了解明朝内匪与倭寇勾结，流毒东界一带，与翔安村落的荒废有直接的关系。

《亡室蔡氏圹志》节选

庚申、辛酉岁，群盗大起。余居东界，无一片净土。人避贼山谷间者，风餐露宿，重以饥饿，又杀尸弃原野，腐臭腥烂、熏蒸传染，即人人病，不能逃惹，乃共议保城中，逃而寓予家者二三百人。端淑自余过京后，每夜纺至三鼓，隔垣呻吟者，与资用乏绝者，与饥饿垂死者，端淑人人抚之。已而，余母先卒，端淑竭有无，勉强效世俗饭僧以报亲。继而余女又卒。先时，隔垣有染疫死者，与男子死而妻在者，莫不曰："端淑，贤德人也。"平生于喜愠不见辞色，尊辈卑行、臧获良贱无一人不叹称之，于妯娌相处不尝有一违言。自其在家时，见其家法："归女不出外户限，不见中表兄弟，不詈人以恶语。"虽处吾家久，一如在家时。呜呼！端淑为妇而妇，为妻而妻，为母而母，风人所称"鸡鸣""静女"之义，端淑应是矣。

编者按：本文为洪朝选所写的《亡室蔡氏圹志》，端淑为朝选亡妻蔡氏，从中可以看到明朝期间，群盗肆掠与疾疫传染所造成的祸害。描述绘声绘色，令人有身临其境，毛骨悚然之感。庚申、辛酉，即明嘉靖三十九、四十年（1560、1561）。

石帮记

石帮洪瀑，雨必成灾。殒吾良陌，且伤观瞻。余心不忍，倡导修治。垒风水石担十丈有八尺，筑槽道百有二十九丈，即此为夷世代。

万历辛卯秋月，季韬谨撰。

编者按：位于翔安区大帽山上。黄文炤（1556—1651），字丽甫，又字季弢，号毓源，明末清初同安县金柄人。

重募龙归岩竣工疏

龙归岩者，即邑东出米岩也。其传自宋，其事甚奇，而其庙宇则茀废久矣。司寇丁哲初公曾以黄毓源居士之言，倡募新之，其前后土木之工亦将就绪，而募僧心钵不及竟其事以去。比乡保之良，咸发善愿，复属戒僧筏喻来终之。而涂塈净室之役，犹有待也。筏喻以告司寇公，公曰："吾不可再也，虽然是役也，乌可以已乎哉？其以累蔡子。"蔡子向亦效有微助者，兹谊弗获辞。

夫僧家之募缘修建者，岂第掫徒糊口计哉，要为佛祖庄严弘法而已；吾侪之助缘修建者，岂第福田利益计哉，亦以表名胜，垂后观而已。彼敛众人之金钱以为利者，固当坠阿鼻狱，乃若爱杨子之一毛，靳及泉之九仞。侈前施之见德，忽千尺之合尖，亦岂仁人君子所能恝然者？是用再勒募疏，遍告我缙绅衿佩、巨室俊人共襄竣役之举。若附岩农家者流，瓦石之作，惟力是视，即为豪矣，万勿强也。夫今日之筏喻，固非昔日之心钵，而蔡子兹疏，则犹司寇居士之意也乎。

按：本文摘自《清白堂稿》卷八，为蔡献臣所写的劝募疏，为我们提供了证明龙归岩就是出米岩的有力证据。

黄毓源，即黄文炤，字丽甫，号季弢，同安县金柄人，明万历中诸生。自幼卓志性学，不意仕途，潜心力行，是朱熹学派的理学传人，有"品高嵩岱。学溯关闽"之誉。晚年隐居同安轮山，著有《道南一脉》《两孝经》等。

重修马巷通利庙募疏

邑东有马家巷焉，昔为孤寂耕种之乡，而今为东方市易之凑。通利庙者，此乡之神刹也，所由来远矣。故老言，正德癸酉曾一大修，自是之后，颓举非一，岂不以人哉？兹岁癸酉，东壁毁于风雨，而栋宇复多蠹敝，岌岌乎将不支矣。夫昔之寥寂撑持犹藉有人，矧今之肩摩车击、繁华喧闹，视之安永城邑间不啻过之。则所芘神休者，当益夥且众矣，而坐视其颓可不可也。乡老朱文基、潘以本来谒余，以募簿为属。余数过是刹而少休焉，又寄市肆数楹于此。即微来谒，固将趣之，且计其工费尚在百金之内，以众擎之，宜无甚难。窃谓是举也，当先近而后远。请聚族列肆于此者，先量其力之所能，捐两捐钱。即四方数来市易者，亦请无吝分文，而后及邑之士夫君子。第取苟合、苟完，数十年有支无坏而可矣。毋徒事虚饰观美为也。

编者按：本文摘自《清白堂稿》卷八，为蔡献臣所写的劝募疏。往昔朱子预卜马巷“五百年后必有通利之所”，明朝时，马巷果然已成东方市易之辏。

香山岩新佛像建僧舍募疏

邑东之山最高且大者，莫鸿渐若，是泉之望也。委折数里而起雀髻，又起香山。其盘大而峰多者，莫香山若也。分支擘脉，其为民居村落者夥矣，而岁时、而祈祷，必登兹山。盖其中有岩焉。岩中尊奉世尊、观世音，而其左为清水祖师，又其外为妈宫。凡有祈必应，故东方之人咸宗之。惟僧房旧在佛殿之傍，而来往之众火食之需，即在殿廊之下。岩僧圆璧以为不便，欲新佛像而建僧舍于岩右，又欲并修岩殿之敝陋处，谓非募之于有众不可。余颇难其工力，然香山既擅东方数十里之胜，而兹岩又擅香山之胜，即稍鸠众力以为庄严计，未为不可。乃书簿授岩僧，使谂诸有力者勿靳檀施，且使村落向义之民，小小捐助，庶几岁时者、祈祷者更增一壮观焉。

编者按：本文摘自《清白堂稿》卷八，为蔡献臣所写的劝募疏。文体虽为劝募疏，但对鸿渐山、鹊鸟髻山、香山的地理位置都有描写。

小盈岭观音庵亭募缘疏

小盈山肇于金鼎之麓，其巅为南、同分界。鹫岭丰隆，山岚盘郁，宛延不数里许，而高峙东镇，曰鸿渐。此山上通北极，南彻瓯、粤，重关叠障，吾邑之封疆丽焉。旧有观音亭构岭之巅，以憩往来而休车徒。斯不亦大要冲而小歇脚乎？顾兴废摧剥不知其几何年矣？今其故址犹有存者。

戊巳间，道人振阳及僧源洪往返兹土，弘愿兴复，而索募疏于直心居士。夫释教以清静无妄念为主，顾平居无事之时，善念于是焉兴，而杂念亦于是焉萌，即善信市井宁有异乎？惟道路之奔走，筋力之劳绩，人世所至不堪，而一引而置之佛阁僧舍之间，譬腹燥而濯以甘露，肤炎而洒以冷风。斯时也，善端粹白而妄念销融，虽担夫穷民，居然菩提体段。矧以大悲上善，挽五浊恶世，而为乐国不易易乎哉？则是庵、是亭之建，万万不容已也。夫菩蕯氏之诱世也，不靳以现在身续慈悲愿，矧兹庵、亭之费，议助几何而种德无极。则仁人长者，其可吝纤毫而忽永逸广善之图乎？故因二氏之请，而为之疏，庶共成是举也，有同心焉。

编者按：本文摘自《清白堂稿》卷八，为蔡献臣所写的劝募疏。小盈岭为南同分界处，观音庵亭始建于南宋绍兴年间，重修于明正统五年(1440)，1992 年再修。

修补董水通济桥公募疏

董水通济石梁，东西之通道也。创于宋之庆元、淳熙间，迄大定而敬斋乐礼公新之。其高丈八尺，其修百八十九丈，壮哉！盖同边海之第一桥也。万历癸卯秋仲，飙风大作，潮涌数丈，石梁飘折者三十余。邑藩相蔡传吾公募众鸠工而补葺之，然缺折者犹未尽完也。迄崇祯癸酉、甲戌间，风波不常，梁或仅存其二，或并柱板俱去，而植松铺木以利涉者，且亘数丈矣。趁今不修，后将弥甚，窃叹今人之不逮古人远也。夫经营之工，惟石最巨，坠地则折，驾梁维艰。予窃计之，非二百金不足济事，又非募众力不可。是役也，爰有金园黄德荣、鼓锣僧灵源等。毅然欲以身肩。故乘兹初秋之候，有事安峰庙者多，辄书此以遍告于往来者，或荐绅介胄之英、青云之彦，或温良之家，幸各发善愿，无靳檀施，随力厚薄，亦无相强，庶一方之永利是藉，俾履斯桥者，如履平地。其功德且与敬斋乐礼公并书邑乘，岂特藩相之补葺、藉以有成劳也哉？毋曰，吾第取措足，无复他顾也。

编者按：本文摘自《清白堂稿》卷八，为蔡献臣所写的劝募疏。董水通济桥始建于宋代，元泰定、明万历曾重修，是古代同安东界吕塘一带的东西重要通道。今虽已废，名尤存。

文崎澳严革海税记

山海之利，古推与民，后管于官。然官所不能尽管者，豪右或笼之以为利，下户窭夫，一摇手投足，即触厉禁，其税后倍蓰于官。此其敝，不与为民为官之意大相刺谬哉？宜为持宪振穷者之所隐也。

吾同文崎之民甚贫，而取蛤于海。其糊口之计甚簿，乃借海界豪名，而索税者是不一家，其情甚苦。澳民魏君阜、魏承邹等，于是援石浔之例，控于巡宪詹公。事下署篆贰守舒公，因得请于宪台严禁，勒石以示永久。澳民庆若更生，又恐其既去而渝也，相与磨石镌宪约，而乞言于予。予喜二公之能恤民，宜垂后观，且告之曰："今詹使君将晋秩久任，再子我民也。且邑有贤令，若侪何患豪哉？"佥曰："幸甚！"遂书之。

编者按：本文摘自《清白堂稿》卷七，为明蔡献臣所作的碑记，成文于明万历四十八年（1620）。文崎是下后滨社区的自然村，在东坑湾西南海角，文崎东北隔小海澳就是炉前社区，从"澳民魏君阜、魏承邹"可以知道，文崎周围在明末之前确实已有魏姓居住，现在炉前、双过山就是魏姓的祖居地。蔡献臣《文崎澳严革海税记》，记叙魏姓代表渔民百姓反抗沿海豪强盘剥渔民，提及官府严申禁令，还利于民的经过。

唐侯功德碑

三魁大坑堑于中途，原有桥埤以通来往，以备旱干，然而圮毁矣，不纪何年。询之遗老，咸无识者。其西南一片高原，久为石田。邑主唐侯顾兹羸者，甚恻之，思兴水利以润高田，宜造桥梁以济车马，捐俸命匠营建斯桥，仍召三魁居民谕修废坝。爱育至意，溢于言间，民欣趋之。匝月而成，从此灌溉有藉，厉揭无忧，方之河润何多让乎！视彼舆济实有光焉。窃仿苏公堤遗意而颜之曰唐侯埤。因为之颂，以志不朽。

颂曰：侯莅兹邑兮抚善除残，侯施仁政兮物阜民安。侯伤周道兮桥坏狂澜，侯征重葺兮褰裳无叹。劝筑废埤兮济旱续干，膏吾硗瘠兮勒石书丹。恩泽浩荡兮如水漫漫，声闻并著兮视此不刊。

雍正癸丑年蒲月谷旦，三魁合乡同立。

编者按：三魁乡是现沙溪自然村，以西北有三魁山而为村落名。碑原在翔安区内厝镇宽裕小学旧址旁，三魁山东南麓坑沟汇集泉水形成溪流，故需造桥与埤以通行人。

唐侯即唐孝本。唐孝本，字念淳，别号松岩，江苏武进人，任宁洋、晋江、台湾三县知县。清雍正九年(1731)，任同安知县；雍正十三年(1735)，又任同安知县，有惠政。

店头桥碑记

店头一桥为闽、广要冲，废坠已久，徒涉维艰。至壬子年，邑主唐侯来莅兹县，心为戚之，捐俸建立。旋□圮。岁辛□再修，丙辰冬重造，谕令坚固。完工，士民欣悦，勒石以纪盛事，颂曰："维斯桥兮，已建复圮。幸再造兮，功成完美。谁鼎力兮，维我邑侯唐公苦心而经理。"

乾隆元年腊月　日立。

编者按：店头桥在内厝镇莲塘村店头自然村东南，自国道三二四线通车以来，古道已少有人来往。碑现存同安博物馆。壬子年，清雍正十年(1732)。

改建同民安坊为关记

邑载：小盈岭界于南安，邑之屏障也。上接三魁，下连鸿渐，岭独低焉。先贤朱子鉴其阙也，建坊蔽之，扁曰“同民安”。盖将安斯民于无既也。

国朝雍正间，偃于风雨，民苦其害，修建未能，乃邑庠林君应龙、黄君河清，既怀复古之心，又建悠远之策。捐资倡募，改坊为关。縻费殚神，卫民固圉。是举也，功聿钜矣。为手记，并镌捐数于左。

编者按：本文摘自《马巷厅志》卷十七，为清乾隆三十三年(1768)，同安知县吴镛所作。林应龙，马巷田边人。

改建同民安坊为关劝捐序

盖闻精华融结，人杰必藉乎地灵；罅漏补苴，天巧还资乎物力。同邑三秀峙后，双溪汇前，鸿渐雄于东南，莲华秀于西北。固已极山川之胜概，壮疆域之巨观矣，惟小盈岭畔阙其一隅。迨至朱子簿同，遂手书“同民安”三字，建坊以障之，银钩铁画，仿佛兰亭，快剑交柯，摩挲石鼓。惟是人文蔚起，咸叨过化之新；井邑平康，尽识贻谋之远。惟善颂兼之善祷，故宜民且复且人，其验聿昭，厥功匪浅。不谓漂摇风雨，忽折铜盘，埋没荆榛，几迁愚叟。爰来斗蚁难求百室之宁，时见吞牛辄逞匹夫之勇。先民不作，谁为匡救。斯灾前事可师，何不弥缝其阙？龙等志切绸缪，思殷修复，已将修建情由，呈请邑尊，蒙准议捐，定期举造。谨告里人，务期同志，愿慷慨以从事，勿吝一毛；当踊跃以赴公，俾成千腋。漫云填海，敢辞精卫之劳；共乐补天，早踵娲皇之绩。将见苞桑盘石，年年保我黎民；通德鸣呵，户户增其余庆矣。是为序，时乾隆戊子端月也。

编者按：摘自民国十七年(《同安县志·附录中》)，清乾隆时期马巷秀才林应龙所作。

同安县知县吴君功德碑(残)

同邑盐自归县理，民始安生。本年马巷馆办叶光宗等倚强济奸，掺沙短秤，勒派婪索，四民推杨□芬、林□□□□□□青天廉明太老爷吴批准出示严禁，并拿叶光宗等究处，旋经审出情实，将叶光宗等重责收禁，比□□□□□□□□□□，亦甘棠之遗意云。

特调泉州府同安县正堂、加三级、随带纪录八次、记大功一次吴，为抗宪闭粜、婪□等事，据乡老林同等呈禀马厝□□□□泥扣克，以四十五觔至五六十觔为百觔，按季无单勒派，每户或一二百觔至以四百觔不等，仍索现钱，乡民□□□□叶光宗、陈瑞、陈适并陈元等究处外，合行出示严禁。为此示仰该馆办、巡等知悉。嗣后务须公平足秤，□□□□□□□前不遵宪令，定即按法痛究。本县言出法随，各宜凛遵毋违，特示！

乾隆三十年七月初十日给民安里马厝巷。

(以下署名不录)

编者按：知县吴君为吴镛。

舫山书院碑记

同邑东西，有巨镇二。其在西者，为灌口；在东者，为马家巷，均属人物辐辏，烟火稠密之区。乾隆丙寅，邑令昆水张公荃，以同为紫阳朱子过化之地，劝灌口诸绅士，建造凤山书院，以祀朱子。复以马家巷之通利庙，为朱子薄同日，预卜此地之富庶而名，谋之里人，即于庙后建成杰阁三间，中安朱子神像，其后以祀梓潼文昌帝君。嘱职监生林芳德独肩其任，计费金钱五百余缗。既落成，张公勒石以记之。余尝一过其地，瞻拜之余，凭栏而望。北通三秀，南面香山，美人西来，鸿渐东拱，同邑诸名山，莫不四面环列；复有莲、垵诸水，襟带左右，浮光耀影，浩乎渊乎，诚大观也。比年以来，兹土人文，駸駸蔚起，士之秀者制艺而外，兼通声律，时就阁中，论文拈韵，且见兹阁上下宽展，可供弦诵也者，爰亦称为书院，而颜之，曰“舫山”。以予昔者尝记凤山书院，遂亦以记见属。余惟书院之设，即在昔党庠术序遗意，以为一方秀髦聚处而讲习也。余于凤山之记，亦既详哉其言之矣。语云“百工居肆，以成其事，易称丽泽，诗美他山。”良以朋友磋磨之益之不可无也。每怪同之人士，保残守缺，专己自固，即遇大比之年，以文会友者，亦不少概见，岂诚快然自足，可以无事所资乎？夫亦讳疾忌医者多耳。今诸生徒雅意乐群，合志同方，毋尚标榜，毋争丑夷奇。共赏而疑与析，以获观摩之益，用能相与有成，联翩竞奋。舫山虽僻在一偶，且与通都大邑匹，休斯所称，善作善成，而书院不为虚设也。不揣不文为记其大旨如右。其以舫山名者，以兹土地形有似于“舫”，亦犹同城有如银锭，遂以称为“银”云尔。

编者按：本文摘自《马巷厅志》卷之十七，为时任同安县教谕何兰所记。舫山书院是乾隆时期在同安东界马巷建造的书院，址在今马巷公园北侧。

厅主桐轩程公去思碑
在刘五店花生埕

公名荣春，字桐轩，安徽婺源县人，以军功补福建大田县知县。咸丰六年春，调署马家巷抚民通判，政理民和。越明年夏，永春土匪林俊倡乱，攻泉州府城。时，岁歉谷价昂贵，所属骚然，道途梗塞，而马家巷素称难治者，民独安帖，不惟公之才足以镇之，亦公之德有以孚之也。今公去马巷六年矣，民思公不能忘，诸父老共为碑，以寄甘棠之慕焉。

同治二年仲秋谷旦，马家巷部民公立。

编者按：本文摘自《马巷厅志·附录中》。

镏江协戎曾公去思碑
在镏江渡口

镏江背山面海，地瘠民顽，自会匪扰后，附近乡村，山则同室操戈而械斗之风炽，海则驾舟窃发而劫夺之习成。惜乎无人以治之也。夫求治不在多言，顾力行何如耳。

同治丙寅之夏，协台曾公奉建后营府署，荣莅斯土，约束严明，爱民如子，强则抑之，弱则扶之，械斗由此息矣。晨则巡之，昏则缉之，劫夺由此除矣。民处其间，夜门不闭，得以聊生。盖由我公设兵护卫，不动声色，使镏江之地安如泰山者也。是岁五月，公调任海壇，卸篆之月，男妇老幼攀辕遮道，皆引领望曰："使公重莅斯土，吾民幸甚！尤愿接踵而官者，尽如我公，则民之戴新不同戴旧哉。"今公去矣，民思而不忘，与古之思召伯者何以异？公印文章号焕堂的。谨将德政芳名镌勒诸石，以垂不朽云。

光绪二年岁次丙子六月　日，镏江绅衿耆老暨标下并兵同勒石

编者按：本文摘自《马巷厅志·附录中》，镏江渡口，即今刘五店以前的渡口。

金嶝六景记

环嶝皆海也。其西北一带，风浪鼓激，望之崭然。蹲踞于波涛间者，猫儿石也。海尽山呈，冈峦朋列，右复逆掉一峰，以迎西来之爽气者，毙额也。山行里许，二水中分，一线联峡者，鹭鹚胆也。委伏突耸，鳌峰擎天，上余垛址，隐然如城廓者，南寨也。寨胡为？防寇掠也。曷名南？嶝之人私谓也。盖嶝有二寨，而此寨位乎南，故曰“南寨”也。由寨而南下，直抵海滨，有大石泊沙岸，可坐百余人，磐中黑纹蜿蜒，潜见与潮水相嘘吸者，石蛇也。遵海而东，复浮一寨，北偶有石数仞，巉巑壁立，与莲河菊浔为犄角者，虎头寨也。

夫嶝，海外孤岛，弹丸之区也，而其景堪流传者有六。余于是知夫天壤奇观，何处蔑有，其显与晦因乎人耳。得其人，则卷石勺水[①]，成色成声；不得其人，虽名川大川，孰耳而目之哉。余既喜得兹嶝之景，又善诸景之得人而显也，因为之记。有志于山水者，其亦可以兴矣。

编者按：本文摘自《马巷厅志》卷之十七，为张逢春所作。张怀升，号晴园，大嶝阳塘人，六十出贡，七十七授上杭县学左堂兼署正堂。

---

① 卷，同“拳”。

若不鐘而醒不輪而轉又在當身未生前各各自認取耳

重募龍歸岩竣工疏

龍歸岩者即邑東出米岩也其傳自宋其事甚奇而其廟宇則弟廢久矣司寇丁哲初公魯以黄龥源居士之言倡募新之其前後土木之工亦將就緒而募僧心鉢不及竟其事以去比鄉保之良咸發善願復屬戒僧筏喻來終之而塗壁浄室之役猶有待也筏喻以告司寇公公曰吾不可再也雖然是役也烏可以已乎哉其以

累蔡子蔡子向亦效有微助者茲誼弗獲辭夫僧家之募緣修建者豈第掫徒餬口計哉要為佛祖莊嚴弘法而已吾儕之助緣修建者豈第福田利益計哉亦以表名勝垂後觀而已彼斂衆人之金錢以為利者固當墜阿鼻獄乃若愛揚子之一毛靳及泉之九仞侈前施之見德忽千尺之合尖亦豈仁人君子所能恝然者是用再勅募疏遍告我縉紳衿佩巨室俊入共襄竣役之舉若附巖農家者流危石工作惟力是視即為豪矣萬勿強也夫今日之筏喻固非昔日之心鉢而蔡子茲疏則

猶司寇居士之意也乎

重興同安安福岩募疏 壬申

金柄黄季玟氏将興復安福巖而屬募疏於侍御元眉公侍御復轉以屬蔡子盖予嘗登安溪之清水巖矣按清水大師姓陳諱普足永春人而結廬於清水其蜕在焉牧牛徵異而祈濟輙應彼其山門之幽邃樹木之陰欝峰巒之高聳樓閣之層叠亦叢祠所罕儷云安福岩者本黄氏舊檟樾予闕然未得一至焉乃與中表黄美中同往遥望之則山節然石巖然及披蒙茸将至岩所

建之役詎可緩乎執夫六波羅密惟檀波羅密功德最勝侍御公之疏詳矣予無容喙矣而黃美中言茲岩也負癸向丁石壁崚嶒蓋火蓮云堂室三楹而僧居宜另搆其右以少避絕峰美中習堪輿家言其說良是用并識之以授密因上人且遍告諸宰官居士長者無令靳檀施焉

重脩馬巷通利廟募疏　癸酉

邑東有馬家巷馬昔為孤寂耕種之鄉而今為東方市易之湊通利廟者此鄉之神剎也所由來遠矣故老言

正德癸酉嘗一大脩自是之後頹壞非一豈不以人哉玆歲癸酉東壁毀於風雨而棟宇復多蠹敝岌岌乎將不支矣夫昔之寥寂撑持猶藉有人矧今之肩摩車擊繁華喧鬧視之安永城邑閒不啻過之則所芘神休者當益夥且衆矣而坐觀其頹可不可也鄉老朱文基潘以本來謁余以募緣爲屬余數過是剎而少休焉又寄市肆數楹於此即儆來謁固將趣之且計其工費尚在百金之內以衆擎之宜無甚難竊謂是舉也當先近而後遠請聚族列肆於此者先量其力之所能捐兩捐錢

即四方数來市易者亦請無吝分文而後及邑之士夫君子弟取苟合苟完数十年有支無壞而可矣毋徒事虚餙觀美爲也

香山巖新佛像建僧舍募疏　甲戌

邑東之山最高且大者莫鴻漸若是泉之望也委折數里而起雀髻又起香山其盤大而峯多者莫香山若也分支擘脉其爲民居村落者夥矣而歲時而祈禱必登兹山蓋其中有岩焉岩中尊奉世尊觀世音而其左爲清水祖師又其外爲媽宫凡有祈必應故東方之人咸

宗之惟僧房舊在佛殿之傍而來往之衆火食之需即在殿廊之下岩僧圓肄以為不便欲新佛像而建僧舍於岩右又欲併修巖殿之敝陋處謂非募於有衆不可余頗難其工力然香山既擅東方數十里之勝而茲巖又擅香山之勝即稍鳩衆力以為莊嚴計未為不可乃書簿授巖僧使諭諸有力者勿靳擅施且使村落向義之民小小捐助庶幾歲時者祈禱者更增一壯觀焉

重新雪山巖募緣疏　甲戌

三秀山者同安之坐山也其左攢雪山岩邑龍脉之聳

虛諸施主之善念則功德又有歸矣

小盈嶺觀音庵亭募緣疏　己卯

小盈山肇於金鼎之麓其巔為南同分界鷲嶺豊隆山嵐盤欝宛延不數里許而高峙東鎮曰鴻漸此山上通北極南徹甌粵重關疊障吾邑之封疆屬焉舊有觀音亭搆嶺之巔以憇往來而休車徒斯不亦大要衝而小歇脚乎頃興廢摧剝不知其幾何年矣今其故址猶有存者戊巳間道人振陽及僧源洪往返茲土弘願興復而索募疏於直心居士夫釋教以清靜無妄念為主願

平居無事之時善念於是焉興而雜念亦於是焉萌即善信市井寧有異乎惟道路之奔走筋力之勞勩人世所至不堪而一引而置之佛閣僧舍之間譬腹燥而濯以甘露膚炎而洒以冷風斯時也善端粹白而妄念銷融雖擔夫窮民居然菩提體段矧以大悲上善挽五濁惡世而為樂國不易乎哉則是庵是亭之建萬萬不容已也夫菩薩氏之誘世也不靳以現在身續慈悲願矧茲庵亭之費議助幾何而種德無極則仁人長者其可吝纖毫而忽永逸廣善之圖乎故因二氏之請而為之

疏庶共成是舉也有同心焉

脩造苧溪石橋募疏　巳巳

蓋聞濟世莫急於津梁鳩工必資於涓壤地當衝要寧容緩圖時際沍寒尤堪軫念吾同苧溪橋者漳泉之通道冠蓋之必經駕造多年往來如織維茲季夏洪水爲災巨石突圯貳間竪柱僅存半址駕木之計暫支目前伐石之貲誰能慮始邑大夫政先病涉并念兵荒之洊臻都人士頭切落成祗愁工料之浩費不鳩衆力曷建永功用是遍告達官貴人秀士長者各發弘願共襄盛

舉施金則祈多俾扳石鑿山浮海而至捐錢則無少裕工匠一人十日之需庶趂冬餘爰興茲役濟人利物是百年莫大陰功徒杠輿梁乃王政勤民首務是舉也仰成賢侯惠濟之德意佇聽行旅出途之歌聲同即小腴寧可以已乎敢借陳蕪疏無靳檀施

題募櫃詞

渡蟻為功濟人尤亟分文錢數各隨心力勝事共成福田自食旬日開櫃毫忽無匿

修補董水通濟橋公募疏　丁丑

董水通濟石梁東西之通道也創於宋之慶元淳熙間迄大定而敬齋樂禮公新之其高丈八尺其修百八十九丈壯哉盖同邑海之第一橋也萬曆癸卯秋仲颶風大作潮湧数丈石梁飄折者三十餘邑藩相蔡傳吾公募衆鳩工而補葺之然缺折者猶未盡完也迄崇禎癸酉甲戌間風波不常梁或僅存其二或併柱板俱去而植松鋪木以利涉者且亘数丈矣迹令不修後將彌甚竊嘆今人之不遠古人遠也夫經營之工惟石最鉅隆地則折駕梁維艱予竊計之非二百金不足濟事又非

募衆力不可是役也爰有金園黄德榮鼓鑼僧靈源等毅然欲以身肩故秉兹初秋之候有事安峯廟者多輒書此以遍告於往来者或薦紳介胄之英青雲之彦或温良之家幸各發善願無靳檀施隨力厚薄亦無相強庶一方之永利是藉俾履斯橋者如履平地其功德且與敬齋樂檀公並書邑乘宜特藩相之補葺藉以有成勞也抑毋曰吾苐取措足無復他顧也

晧公穀釋經精而敘事簡各挾所長以衛護斯文昭昭乎若揭日月而流江漢謂左氏與公穀爲史中之三經亦可也漢世表章六經一家之學轉相傳授武帝尊公羊宣帝善穀梁二子並列學宮而左氏尙微至東京而肅宗雅好左氏始置博士雖比諸家最晚出然出迺大盛高赤亦瞠乎後其顯晦固自有時哉夫膏肓廢疾買餅家排擊不謂不力矣抑執此以議開西漢宗風成學治古文者津梁於是乎在又非平綴卑弱如南宋所能厠足於其間夫不通衆經無以

窮一經之蘊不會諸傳無以晰一傳之精長袖善舞多財善賈此言雖小可以喻大乾隆四年秋

改建同民安坊爲關勸捐序　林應龍

蓋聞精華融結人傑必藉夫地靈罅漏補苴天巧還資乎物力同邑三秀峙後雙溪滙前鴻漸雄於東南蓮華秀於西北固已極山川之勝槩壯疆域之巨觀矣惟是小盈嶺畔關其一隅迨至朱子篤同遂手書同民安三字建坊以障之銀鉤鐵畫彷彿蘭亭快劍交柯摩挲石鼓維是人文蔚起咸叨過化之新井邑平康盡識貽謀之遠惟善頌兼之善禱故宜民且復宜人其驗彰昭厥功匪淺不謂漂搖風雨忽折銅盤

埋沒荆蓁幾遷愚叟爰來鬪蟻難求百室之甯時見吞牛輙逞匹夫之勇先民不作誰爲匡救斯灾前事可師何不彌縫其闕龍等志切綢繆思般修復已將修建情由呈請邑尊蒙准議捐定期舉造謹告里人務期同志願慷慨以從事勿吝一毛當踴躍以赴公俾成千腋浸云塡海敢辭精衛之勞共樂補天早踵媧皇之績將見苞桑磐石年年保我黎民邁德鳴珂戶戶增其餘慶矣是爲序時乾隆戊子端月

以額廟云歲癸亥市人重新之而巷之紳士因廟後遺址鳩工治材建文昌閣並祀紫陽越二載而落成林君芳德者實董其事方甲子冬予蒞同安過其地正在興築工費浩繁卒難告竣因勉囑林君林君亦感予言一力肩荷閣既成則請余一言以誌之余惟王道之大不外富敎兩端廟名通利義取諸富閣祀文昌朱子義取諸敎富敎備而民之安不煩耆蔡矣予因公往來每登斯閣遠眺山川之秀聳近看田野之平蕪熙熙穰穰民物往返以釀太和之元氣尤足

爲里中增一勝狀斯閣又曷可少哉抑余更有進焉夫事不惟其始惟其終不惟其名惟其實繼自今農服先疇士食舊德牽牛服賈裕愛心滅俾紫陽過化之工著于前代者亘千古而如昨將地靈人傑較鳳輝煌庶無負林君一力肩荷之雅而司土者亦與有光焉實所厚望爾於是乎書

舫山書院碑記

同安教諭　何蘭

同邑東西有巨鎮二其在西者爲灌口在東者爲馬家巷均屬人物輻輳烟火稠密之區乾隆丙寅邑令昆水張公荃以同爲紫陽朱子過化之地勸灌口諸紳士建造鳳山書院以祀朱子復以馬家巷之通利廟爲朱子蒞同日預卜此地之富庶而名諶之里人即於廟後建傑閣三間中安朱子神像其後以祀梓潼文昌帝君囑職監生林芳德獨肩其任計費金錢五百餘緡既落成張公勒石以記之余嘗一過其地瞻拜之餘憑欄而望北通三秀南面香山美人西來鴻漸東拱同邑諸名山莫不四面環列復有遊坡諸水襟帶左右浮光耀影浩乎淵乎誠大觀也比年以

來茲士人文駸駸蔚起士之秀者制藝而外兼通聲律時就閣中論文拈韻且見茲閣上下寬展可供弦誦也者爰亦稱爲書院而顏之曰舫山以予昔者嘗記鳳山書院遂亦以記見屬余惟書院之設卽在昔黨庠術序遺意以爲一方秀髦聚處而講習也余於鳳山之記亦旣詳哉其言之矣語云百工居肆以成其事易稱麗澤詩美他山良以朋友礱磨之益之不可無也每怪同之人士保殘守缺專已自固卽遇大比之年以文會友者亦不少槪見豈誠恢然自足可

以無事所資乎夫亦諱疾忌醫者多耳今諸生徒雅意樂群合志同方毋尚標榜毋爭醜夷奇共賞而疑與析以獲觀摩之益用能相與有成聯翩競奮舫山雖僻在一隅且與通都大邑匹休斯所稱善作善成而書院不爲虛設也不揣不文爲紀其大旨如右其以舫山名者以兹土地形有似于舫亦猶同城有如銀錠遂以稱爲銀云爾

改建同民安坊爲關記　同安知縣吳　鏞

邑載小盈嶺界於南安邑之屏障也上接三魁下連

鴻漸嶺獨低焉　先賢朱子鑿其關也建坊蔽之扁曰同民安蓋將安斯民於無既也　國朝雍正間傴於風雨民苦其害修建未能廼邑庠林君應龍黃君河清既懷復古之心又建悠遠之策捐資倡募改坊爲關縻費彈神衛民固圉是舉也功聿錍矣爲手記并鐫捐數於左

金甕六景記　張逢春

環甕皆海也其西北一帶風浪鼓激望之嶄然蹲踞於波濤間者猶見石也海盡山呈岡巒朋列右復逆復一峰以迎西來之異氣者蟲頑也山行里許二水中分一綫聯峽者鷺鶿脰也委伏突聳鰲峯擎天上餘垛址隱然如城郭者南寨也寨胡爲防寇掠也曷名南嶴之人私謂也盖嶴有二寨而此寨位乎南故曰南寨也由寨而南下直抵海濱有大石泊沙峙可坐百餘人磐中黑紋蜿蜒滑見與潮水相嘘吸者石蛇也遶海而東復浮一寨北隅有石數仞巉巖壁立與蓮河菊渟爲犄角者虎頭寨也夫嶴海外孤島彈丸之區也而其景堪流傳者有六余於是知夫天壤

奇觀何處蔑有其顯與晦因乎人耳得其人則卷石勺水成色成聲不得其人雖名川大川孰耳而目之哉余既喜得兹嶴之景又善諸景之得人而顯也因爲之記有志于山水者其亦可以與矣

誠嶴墳者言　康　褒

巳未春朝康子翻書於山閣風颷自東來庭花乍舞壁絃欲鳴柴扉轉樞卧龍溝口有客衣裋褐之衣著穿角之履賁然來見詢其居處則曰隣鄉叩其姓名吶吶竟不宜諸口坐爲間茶烟歇客曰無故不蹤

廳主桐軒程公去思碑 在劉五店花生埕

公名榮春字桐軒安徽婺源縣人以軍功補福建大田縣知縣咸豐六年春調署馬家巷撫民通判政理民和越明年夏永春土匪林俊倡亂攻泉州府城時歲歉穀價昂貴所屬騷然道途梗塞而馬家巷素稱難治者民獨安帖不惟公之才足以鎮之亦公之德有以孚之也今公去馬巷六年矣民思公不能忘諸父老共爲碑以寄甘棠之慕焉

同治貳年仲秋穀旦馬家巷部民公立

鎦江協戎曾公去思碑 在鎦江渡口

鎦江背山面海地瘠民頑自會匪擾後附近鄉村山則同室操戈而械鬬之風熾海則駕舟竊發而刼奪之習成惜乎無人以治之也夫求治不在多言顧力行何如耳同治丙寅之夏 協臺曾公奉建後營府署縈蒞斯土約束嚴明愛民如子强則抑之弱則扶之械鬬由此息矣晨則巡之昏則緝之刼奪由此除矣民處其閒夜門不閉得以聊生蓋由我 公設兵護衛不動聲色使鎦江之地安如泰山者也是歲五月 公調任海壇卸篆之月男婦老幼攀轅遮道皆引領望曰使 公重蒞斯土吾民幸甚尤願接踵而官者盡如我 公則民之戴新不同戴舊哉今 公去矣民思而不忘與古之思召伯者何以異 公印文章號煥堂謹將德政芳名鐫勒諸石以垂不朽云

光緒貳年歲次丙子陸月日鎦江紳衿耆老暨標下弁兵同勒石

文崎澚嚴革海稅記　庚申

山海之利古推與民後莞於官然官所不能盡莞者豪右或籠之以為利下戶窶夫一搖手投足即觸厲禁其稅反倍蓰於官此其敝不與為民為官之意大相剌謬抑宜為持憲振窮者之所隱也吾同文崎之民甚貧而取蛤於海其餬口之計甚薄乃借海界豪名而索稅者是不一家其情甚苦澚民魏君阜魏承鄒等於是援石潯之例控於巡憲詹公事下署篆貳守舒公因得請於憲臺嚴禁勒石以示永久澚民慶若更生又恐其既去

而渝也相與磨石鐫憲約而乞言於予予喜二公之能恤民宜垂後觀且告之曰今詹使君将晋秩久任一再子我民也且邑有賢令若儕何患豪哉僉曰幸甚遂書之

同李邑侯建銃臺脩壇廟記　甲子

傳曰國之大事在祀與戎兩者於今豈輕也哉第時平事緩加意者鮮矣勢急費詘措手者難矣蓋曰苟內外無廢防朔望春秋無廢禮乎吾計日而待遷何知其他任明李侯以名進士涖同五載治行尤異神人協和諸徽懿勒在德政碑中不具論論其興建之大者歲壬戌

后　记

《翔安地名》经过多年努力，广泛搜集，反复鉴证、核实、补充，认真整理汇编成集，即将付梓。故此，内心颇感欣慰！翔安区历史悠久，有大量的文化遗存，仅就翔安地名而言，就是一笔珍贵无价的文化遗产。

编者被翔安地名吸引的同时，自然地留意翔安境内的古地名，深深地感到，这一个个古地名，仿佛一颗颗闪烁的明珠，飘撒在翔安的大地上。它们不仅印证了翔安这座历史文化名城源远流长的历史，也展示了特色鲜明、内涵丰富的翔安文化精神。由此，我们产生了为家乡历史地理做笔录的想法。对于这么大的一个文化工程，绝非一人所能为，必须依赖大家共同努力。组委会这一决定，立时得到区委常委、宣传部领导的支持和同仁朋友的一致赞同。翔安区文化馆馆长潘志坚为确保本书可信、可追溯，对全区各村地名由来进行系统的核查，并搜集整理了多篇脍炙人口的地名故事。众人拾柴火焰高，经过几个月的编辑，终于完稿付梓。

《翔安地名》全书共分八章，从不同角度打开了了解翔安、认识翔安的窗口。前三章对翔安的历史沿革、村落地名与姓氏的关系、废村产生的原因作简要介绍，其中夹杂编者不成熟的见解，值得探讨。第四章是本书的主体部分，按镇街对各行政村、社区逐个叙说。编者以为光讲地名显得枯燥，因此，对村落现居住姓氏之渊源，只要能搜集到以血缘承传为脉络，以敬宗睦族、辨昭穆、序长幼为宗旨的资料，都进行必要的叙述。第六章是翔安已废村落，是翔安古代人民的血泪史，因为不可能有全面的考古资料，只能根据采访，择其扼要，简略概述。其中有情感饱满、寓意深厚的地名传奇故事，也有意境雄浑苍劲、耐人寻味的片段。最后，编者尽力搜集部分明清时期有关翔安地名的古文，足以让本书古今相得益彰。读者可从中了解一些翔安古代历史、地理。

编著《翔安地名》的初衷，是想以翔安地名为切入点，对翔安这座国家历史文化名城具有里程碑意义的细部历史，进行一次考察和追寻，力求详尽地从建置沿革、族群迁徙、地域特质、水系交通等方面进行介绍，也是想对翔安这座历史文化名城的文化精神进行一次深层探究和细致梳理。这是我区文化史上的第一次编辑这类图书，编撰过程中，由于作者水平有限、调查核实难度大、内容和时间跨度广等多方面的原因，加之又无更多资料可供参考。这给编著者带来了很多困难和挑战。为此，难免谬误和疏漏，谨请领导和同仁斧正，也诚心恳求诸位读者多多批评指正，以期本书更为臻善臻美！

编者是站在前人的肩膀上完成本书编辑，在此表示感谢。谨向关心支持本书出版的各位领导，向辛勤撰稿、对成册付出努力的郑水忠、张神宝、陈常德等老先生表示衷心的感谢！

陈炳南